明恵の思想史的研究

思想構造と諸実践の展開

前川健一

法藏館

明恵の思想史的研究——思想構造と諸実践の展開＊目次

第二部　明恵に於ける諸実践とその基本理念

第三部　明恵の戒律観

第四部　明恵『夢記』とその周辺

第五部　明恵以後の展開

明恵の思想史的研究

――思想構造と諸実践の展開――

序論　明恵研究の課題と本研究の目的

一　中世仏教研究の展開と本研究の視角

日本仏教研究に於いて、中世は長らく特権的な時代であった。それは「鎌倉新仏教」の誕生した時代だと信じられていたからである。「新仏教」とは、近代日本に於いて大きな影響力を持っている教団を遡行していった時に見出される「起源」であり、本来的に便宜的な概念である。今日、中世日本仏教、延いては、日本仏教総体を考える上で問題となるのは、「新仏教」という概念が、果たして歴史把握の上で有効であるかという点である。

近代以後、中世仏教研究の中心となってきたのは、「新仏教」であった。そもそも現代の日本の仏教教団は鎌倉時代の僧侶を開祖と仰ぐものが多いので、思想研究としては自然と開祖に集中しがちであった。一方、歴史学の立場からは、既に戦前、平泉澄の『中世に於ける社寺と社会との関係』（一九二六年）が、中世社会に於ける主流が旧仏教であったことを明確にしていた。

戦後は、古代的な土地支配に対抗して在地の領主が支配を拡大していくという「領主制論」が中世史研究の大きな枠組みとなり、新興領主層の宗教として鎌倉新仏教が位置づけられることで、新仏教が研究の中心となった。このような観点を代表する作品として位置づけられているのが、井上光貞『日本浄土教成立史の研究』（一九五六年）である（ただし、井上自身は単純な新仏教中心史観ではない）。この時期の研究の特徴としては、各宗の受容基盤の解明に大きな精力が注がれたことが挙げられる。これは、当時の歴史学に強い影響を与えたマルクス主義的な枠組みを反映するものと言えよう。

しかし、六〇年代頃から、領主制論は批判され、中世の権力構造を、それぞれに独自の統治機能を備えた諸「権門」の集合体と見なす「権門体制論」が大きな影響を与えるようになった。「権門体制論」の提唱者である黒田俊雄は、諸権門のイデオロギー的基盤であった主流派の仏教の在り方を「顕密体制」と名づけ、「鎌倉新仏教」は社会的には少数派であり異端であったと規定したのである（黒田［一九七五］。なお、これは実質上、平泉に代表される戦前の理解の復活を意味する。今谷［二〇〇二］参照）。この黒田説は、これまで周辺的な位置にあった「旧仏教」への関心を呼び起こすとともに、中世寺院の在り方や社会との関係など、広汎な領域に於いて新しい研究を生み出すものであった。

ここで改めて問題になってくるのが、「鎌倉新仏教」とは何か、ということである。松尾剛次は、僧侶集団の制度的位置づけに着目して、国家的法会に参加する「官僧」と、官僧身分を脱した「遁世僧」とに区分し、「遁世僧」によって担われた運動が「新仏教」であると論じている（松尾［一九九八］）。この見方では、叡尊や忍性などに代表される律復興運動は「新仏教」に分類されることになる。また、思想や教学の内容に注目するなら、いわゆる「旧仏教」の方も伝統を墨守していたわけではなく、様々な新しい動きが見られる。空海没後、事相（実際の修法）に偏っていた真言宗が、教相の体系化を行っていくのは平安末期からであり、独自の教学を有する独立した宗派としての真言宗が確立するのは、中世に於いてであると言えなくもない。別の面から見れば、浄土宗・禅宗・日蓮宗はそれぞれ、もともと日本天台宗の中に含まれていた念仏・禅・法華信仰を独立させたもので、その意味では天台宗との連続性があり、どこまで「新」と言えるかは実のところ微妙である（特に日蓮の場合、この点が大きな問題になる）。既に述べたように、「鎌倉新仏教」は鎌倉時代に於いては仏教の主流ではなく、勢力も微弱であった。彼らが大教団へと成長するのは、室町時代後半から戦国時代にかけてである。その際には、祖師たちの思想がそのまま受け継がれたわけではなく、かなりの変容を経ている。そのため、実態としては、「室町仏教」「戦国仏教」と言うのが妥当であるとも言われている（湯浅［二〇〇九］など）。

思想史には、他の学問にもまして、時代の子としての側面がある。戦後の新仏教中心史観が描き出したのは、古代的な国家仏教を、新興階級の新仏教が打ち倒すという図式であり、その背景にあるのは正統的なマルクス主義に代表される進歩的な歴史観である。一方、顕密体制論に於いて、新仏教は、体制に反抗し挫折し屈折していく異端として描かれる。首唱者である黒田俊雄自身がどこまで自覚的であったかはともかく、彼の説を受け入れた世代にとって、これは新左翼運動をはじめとする時代経験に合致するものとして受け止められたと思う。しかし、このような「秩序紊乱者」として宗教を評価する視点は、一連のオウム真理教事件やアメリカ同時多発テロ事件の後では、影の薄いものとなりつつある。

こうした流れを整理すると、中世仏教研究は、新仏教祖師への関心→新仏教受容層への関心→旧仏教を中心とする「顕密体制」の研究、というように展開していったと言えよう。こうした中で、比較的閑却されてきたのが、「旧仏教」に属すると見られた仏教者個人の思想研究である。戦後の中世仏教研究は、良くも悪くもイデオロギーを重視するものであり、そうした風潮のもとでは、「旧仏教」は全体として「体制側」と見なされ、個々の仏教者の思想やその展開がそれ自体として問題にされることは少なかった。

しかし、既に述べたようにイデオロギー的な関心が減退する中で、中世仏教研究は大きな曲がり角にあると言える。こうした中、むしろ必要なのは、拙速に新たな体制論（「大きな物語」）を提案することではなく、着実な実証研究であろう。従来閑却されてきたものの中に、新たな理論化への手がかりがあることは少なくない。本書では、このような問題関心のもと、一般には「旧仏教」の僧に分類されてきた明恵（高弁）を取り上げる。明恵を取り上げる理由は、資料が多いという実際的な理由の他、彼が中世仏教の様々な領域に関係していること、すなわち、中世仏教の一つの焦点であるということが挙げられる。彼は文覚が復興した神護寺の密教僧であり、東大寺に於ける華厳宗再興の一角を担い、法然の専修念仏の批判者であり、独自の禅思想の実践者であり、戒律復興の先駆者である。ここには、日蓮系以外の、中世仏教のあらゆる動向が網羅されていることが見て取れるだろう。明恵の思想の解明は、単に彼個人の思想を明らかにするだけではなく、「新仏教」「旧仏教」という枠組みを超えた中世仏教の全体像を見直す手がかりとなろう。

二　明恵研究の現状と本書の課題

明恵房高弁（承安三年〈一一七三〉～貞永元年〈一二三二〉。以下では明恵と呼ぶ）は、多面的な思想家であり、これまでにも様々な視角から研究がなされてきた。

それらは以下のように整理できよう（個々の文献については「参照文献」に一括する・敬称略）。

まず仏教学の分野では、明恵の思想を「厳密」（華厳密教）としてとらえた石井教道の研究は現在でも大きな影響力を持っている。仏光観や光明真言を主題とする小泉春明や柴崎照和の研究は、この枠組みのもとにある。また、華厳思想としての独自性に着目するものとしては坂本幸男の研究があり、日本華厳宗の中での明恵の位置づけを問題にするものに鎌田茂雄の研究がある。

一方、『摧邪輪』を中心として明恵の浄土宗批判を研究するものとして、石田充之や鈴木善鳳の研究がある。袴谷憲昭の研究も、明恵と法然との対立を前面に打ち出すが、それは独自の「本覚思想」批判の立場からのもので、従来の諸研究が浄土宗研究を基盤としていたのとは、かなり色合いを異にする。

末木文美士の諸研究は、こうした研究の動向を踏まえつつ、初期の仏教実践にも注目して、明恵に於ける仏教実践の在り方を明らかにしようとしたものである。

柴崎照和は、『解脱門義』を中心として明恵の華厳思想について大著をまとめている。柴崎は、『華厳経伝記』や善財善知識観が明恵に及ぼした影響についても論じており、極めて有益である。

仏光観とも密接な関わりのある光明真言信仰についてはマーク＝ウンノの研究がある。

歴史学の分野では、顕密体制論を踏まえ「顕密の行者」として明恵をとらえる西山厚の研究がある。

伝記研究の上では、田中久夫の『明恵』が現在でも標準的なものである。田中は、本書刊行後も、明恵について多くの論文で資料紹介を行っており、いずれも有益である。

明恵の著作の中、特異な位置を占めるのが、『夢記』である。本書に対しては、奥田勲の研究が基礎的であり、近年、奥田を中心とするグループが現存『夢記』の目録化を行っている。他に、荒木浩を中心とするグループも独自の成果を出している。心理学の立場からの河合隼雄の研究は有名で、広い関心を集めた。また、ジョージ＝タナベ、フレデリック＝ジラールらの研究も、『夢記』への関心が大きなウェイトを占めている。

文学の面では、野村卓美が、伝記や説話を中心として大著をまとめている。和歌については、吉原シケコらの研究が基礎的である。近年では、平野多恵が仏教思想との関連も踏まえて明恵の和歌について大著をまとめている。

資料的な面では、『大日本史料』五編之七、奥田正造編『明恵上人要集』が関係資料を集成している。戦後では高山寺典籍文書綜合調査団編『明恵上人資料』（第一～第五）が明恵著作の翻刻として特に重要である。また、同調査団を中心として国語学の面からも多くの業績がある。個別の著作の翻刻としては、納富常天校注『解脱門義聴集記』、木村清孝校注『華厳信種義聞集記』などがあり、近年では野呂靖や土井光祐の業績が注目される。

このように多様に分岐した明恵研究の現状を踏まえ、本書では明恵を総合的にとらえるため、具体的に以下の点を研究の課題とした。

第一に、明恵に於ける顕教・密教の内実を明らかにすることである。明恵が顕教（華厳宗）と密教とを兼学し、両者の融合というべき実践をも行っていることは周知のことであるが、顕教・密教それぞれの内実や同時代の思想との関係については必ずしも明らかにされてきたとは言えない。第一部では、明恵の師匠や同時代の仏教者との対比から明恵の教学の特色を示した。

第二に、明恵が試みた様々な実践が如何なる脈絡によって変遷していったのかという問題である。明恵は若年の頃から様々な行法を実践し、最終的に仏光観にいたるのであるが、このような行法の変遷は、何か一貫した理念に基づくものなのであろうか、それとも、いわば手当たり次第に様々な実践を行ったというに過ぎないのであろうか。第二部では、明恵の重視する「人法二空」の概念を手がかりにこの問題に答えることを目指した。

第三に、明恵に於ける戒の問題がある。明恵晩年の活動に、高山寺での説戒があり、明恵自身もこれを重視していたことが知られる。第三部では、戒及び説戒の活動が明恵の思想の中でどのような位置づけを有するかを考察した。

第四に、『夢記』と明恵の思想との関連である。『夢記』は広く関心を持たれているが、必ずしも明恵の思想展開と有機的に関連づけて論じられているとは言えない。本書では、『夢記』を明恵思想の形成を理解する上で活用したが、『夢記』に見られる幾つかの問題を検討し、あわせて明恵に関わる説話についても論じた。

第五に、明恵の思想がどのように継承されていったのかという問題である。一般に、明恵の華厳学は、東大寺の華厳学に対して高山寺系華厳学と言われるが、明恵以後の高山寺の華厳学については不明な点が少なくない。第五部では、明恵の高弟である喜海の思想を考察し、明恵以後の高山寺教学の動向を考える一助とした。

残された課題は少なくないが、従来等閑視されていた明恵の思想の諸側面を明るみに出し、明恵の全体像の把握に向けて一歩を進めたいと考えている。

第一部　明恵思想の教理的枠組み

第一章　文覚・上覚と明恵

はじめに――問題の所在――

明恵が仏教者としての教育を受けたのは、神護寺に於いてである。当時、神護寺は文覚のもとで復興されつつあり、明恵は、文覚の高弟である上覚（明恵にとっては叔父にあたる）を直接の師匠として仏教を学ぶことになる。『高山寺明恵上人行状（以下、行状）』[1]には、明恵と文覚との交渉が記されており、それらはいずれも明恵が文覚から大きな期待を受けていたことを示している。本章では、これらの記事をもとに、両者の関係を検討してみたい。

一　文覚・上覚と明恵との交渉

『漢文行状』によって、彼らの交渉を年表風に整理してみると次のようになる（数字は明資一の頁数・行数。文覚・上覚それぞれの伝記事項については、山田［一九六四］・同［一九七三］・同［二〇一〇］参照。○は行状以外の記事）。

承安三年（一一七三）　誕生（八九）。母は湯浅宗重の四女（八九・一～二）。

○上覚は宗重の子。この年五月に配流された文覚に随行。

○治承二年（一一七八）、文覚の勅勘が解かれ、以後、精力的に神護寺復興が進められる。

養和元年（一一八一）九歳　高雄山神護寺に登る（九〇・七）。上覚より倶舎頌を学ぶ（九〇・一〇〜一一）。

十二〜十三歳の頃、高雄山を出ようと思うが、思いとどまる（九一・八以下）。
○文治元年（一一八五）文覚、「四十五箇条起請文」を作成。
文治二年（一一八六）十四歳　文覚の要請により、所労平癒の祈請を行う（九二・一〇〜一二）。
○文覚、後白河院による高野大塔建立に参画。
文治四年（一一八八）十六歳　上覚を師として出家（九二・一三）。
○文治五年（一一八九）文覚、東寺修造奉行となる。
建久元年（一一九〇）十八歳　上覚より十八道を伝授される。しかし、不審の箇所を質問しても分明ではなかった（九三・一四〜九四・一）。

建久六年（一一九五）二十三歳　高雄を出て白上に隠遁（九六・三）。

建久八年（一一九七）二十五歳　文覚が奉行した西寺の塔の心柱が建立される。明恵も列席（一一六・六以下）。

（年月未詳）文覚より、高雄還住を勧められ、栂尾造立を要請される。栂尾造立の折には運慶作の釈迦像を付属することを約され、唐本十六羅漢を付属される（一〇〇・九〜一二）。
○（この時期か）四天王寺に逗留し、その後、上覚とともに上洛（報恩院本『漢文行状』別記所収明恵書簡　一二二・九以下）。
建久九年（一一九八）秋末　二十六歳　高雄に騒動あることを風聞し、白上へ（一〇四・八）。

同年十月九日「親受附属の釈迦の像」の前で唯心観行の修行を始める（一〇四・一一以下）。
○正治元年（一一九九）文覚、佐渡へ配流。上覚も随行。後鳥羽院の沙汰により、神護寺は東寺長者延杲が管理し、神護寺領は近臣女房に分与される。

建仁二年（一二〇二）　三十歳　上覚より受職灌頂（一二一一・一二・三。『高山寺縁起』明資一・六六〇・三。喜海造立卒塔婆銘）(2)。

同年冬「本山牢籠の事」によって、湯浅宗光宅に寄宿（一二一一・一五〜一二・二）。
○同年十二月二十五日、文覚召還の宣旨が下る。その後、対馬に再度配流。
○建仁三年（一二〇三）七月二十一日、文覚没（？）。六十五歳（『神護寺交衆任日次第』(3)、高山寺蔵文覚画像(4)）。なお、文覚の没年については後述。
元久元年（一二〇四）二月　三十二歳　文覚の招請によって上洛を企てるが、夢告によって中止する。その後、二月十三日に文覚が配流されたことを知る（一一四・二〜五）。
○同二年（一二〇五）九月十九日　三十三歳　上覚（か）にあてて書簡。『華厳経疏』講義のため随従できない旨を述べる（神護寺文書＝鎌倉遺文一五八〇）。
建永元年（一二〇六）十一月　三十四歳　後鳥羽院より栂尾の地を賜る（一二一四・八）。
○承久三年（一二二一）　承久の乱。
○承久四年（一二二二）　後高倉院、旧神護寺領の五庄を神護寺に返付。
貞応二年（一二二三）五十一歳　上覚、重ねて栂尾の契状を書き、善妙寺の四至を定めて栂尾につける（一三五・二）。
○嘉禄二年（一二二六）七月二十一日　五十三歳　上覚と和歌の贈答（『明恵上人歌集』(5)）。
○同年十月十九日　上覚没。八十歳（『神護寺交衆任日次第』）。

二　『行状』記事の問題点

以上は既に述べたように、『漢文行状』の記事に基づくものであるが、他の史料と比較検討してみると、その記述には少なからぬ問題点が見出される。以下、それを検討してみたい。

（一）明恵の神護寺入寺時期

明恵の神護寺入寺前後の事跡について『漢文行状』には次のようにある。

同年生年九歳秋、紀州の宅を出で、高尾山に昇る。（中略）上覚上人上人舅の室に入て始めて倶舎頌を受く。（中略）
十余歳以後、屢しば縁学の諸師を訪て顕密の法門を習むと欲す。（仁和寺の尊実・景雅・尊印などに学ぶ）（中略）
十二三歳の時、高尾を出でむと欲《おも》ふ事有り。（中略）
十三歳の比、或る時に忽然として此の念を作す。「我、年已に十三に成る。齢、漸く長大に及ぶ。死期、近きに在り」（中略）
十三歳より十九歳に至るまで毎日に一度必ず高尾金堂に参ず。（中略）
十四歳の時、文覚上人、所労有り。偸《ひそか》に告て曰く、「我、大願有り。高尾を興隆して大師の仏法を弘めむと欲ふ。此の所労に依て寿命保ち難くは、大願、恐らくは成就せざらんことを。汝が祈り申さむ事、仏界定めて納受有らむか。早く入堂を企て、病悩消除・大願成就の由、薬師仏に祈り申す可し」云々。仍て入堂祈請するの間、病患即ち平癒す。

> 文治四年戊申生年十六歳、上覚上人に随て出家。東大寺戒壇院に於いて具足戒を受く。（原漢文。明資一・九〇・七〜九二・一三）

以上をまとめると、九歳で高雄に登り、十六歳で出家したということになる。これを裏づけるのは、禅浄房筆『上人之事』(6)の以下の記事である。

> 九歳、高雄に登る。（中略）
> 十六歳出家、高雄建立の初め、諸事荒々の間、自然遅々。而して世間流布の□、十三出家と云々。然るに、諍ふに及ばず、実には十六の出家なり。（原漢文。明資一・五九七・五〜六）

『上人之事』は明恵自身が語ったことに基づいているので、『漢文行状』に言うように九歳で高雄に登り、十六歳で出家したことは問題ないように見える。しかし、ここで注目されるのが『古今著聞集（以下、著聞集）』の所伝である。そこには次のようにある。

> 高弁上人おさなくては、北院御室（＝守覚法親王）に候はれけり。文学（＝文覚）房まいりて、其小童をみて、「此児はたゞ人に非ず」と相して、「まげて此児、文学に給はりて、弟子にし侍らん」と申て取てけり。（釈教第二「高弁上人例人に非ざる事」。大系八四・九八・一二〜一四）

野村［一九九二→二〇〇二］（一〇三〜一〇六頁）によれば、『著聞集』の編者・橘成季は明恵周辺と近く、その伝承は無視すべきではないとされる。そうだとすると、どのように理解するのが整合的であろうか。明恵が仁和寺で教育を受けたことは『行状』にも記されるところであるが、仁和寺と高雄との距離を考えると、高雄から習学のために通ったとは考えにくい。九歳で高雄に登ったことは事実にしても、その後、十三歳ぐらいまで専ら仁和寺で教育を受けたのではなかろうか。明恵にとって十三歳という年齢が一つの転機であったことは、『行状』の記述からも分かるし、十三歳で出家したという生前からの風評もこれに由来するものであろう。これを仁和寺から高雄への還住に由来するものと考えれば、『著聞集』の記事はこの消息を反映しているものと見ることができよう（このように解釈すると、明恵が十二〜十三歳頃、高雄を出ようと思ったことや、十三歳で自らの死期を感じたりしたことは、この還住が明恵にとって不本意であったことを示すものであるかも知れない）。

文覚の依頼による所労祈請は、明恵の年齢を考えると、いささか疑わしいが、強く否定する理由もない。先に推定した高雄還住が、『著聞集』の所伝のように文覚の意志に出るものであり、文覚が明恵に期待することが大きかったのであれば、ありえないこともないであろう。

（二）栂尾委嘱

『行状』には、建久六年（一一九五）、明恵が高雄を出て白上に隠遁した後、再び高雄に還住し、文覚から栂尾の興隆を要望され、仏像・絵像などを付属されたとの記事がある。

> 即ち又、高尾に還住す。此の時、文覚上人、告て曰く、「此の寺に住し乍ら、意に任せて、居所を択ぶ可し。磐屋の向ひ、大磐石の上に菴室を結て、之を与ふ可し。閑居の地、何所か之に如かむや。又、梅尾を建立して、運慶法印所造の釈迦如来を安置して、付属し奉らむと欲ふ。貴房の智恵を以て大師の仏法を尊崇し、華厳一宗を興隆して、後生若少の輩、教訓を加へば、興隆仏法・利益衆生、之に過ぐ可からず」。即ち、細工大智房に課せて、唐本十六羅漢今安置する所の墨絵、摺本の羅漢是れなり軸表紙等、荘厳を整へて、之を付属す。（原漢文。『漢文行状』巻上　明資一・一〇〇・九〜一二）

この記事のうち、まず、文覚から梅尾（＝栂尾）に住し華厳宗を興隆するよう要請されたということに関しては、明恵自身が述べるところと齟齬がある。明恵は自らの死の直前に高山寺の『置文』を定めているが、そこでは自らと栂尾との関わりを次のように述べている。

梅尾別所は、高尾寺の一院なり。本山窂籠の時、故本願上人御房御草創の堂舎等、皆以て荒廃す。是に於いて、高弁、一両の同法の勧進に依て、隠岐法皇幷びに本山の別当・衆徒等に申し請ひて別所と為す。（原漢文。『置文』草案　高古　五〇。田中［一九八二］三四三頁）

右、愚身、壮年の昔より師に辞（いとままふ）し衆に違して、思ひを山林に懸く。然るに、高雄窂籠の比、師命に依て、慭（なまじゐ）に本山を領す。数輩の衆は、辺土に居住す。数年以後、又此の衆を遠離して、閑居の地を求む。当山無人の昔、因縁有るに依て一身閑居す。更に眷属を立てず、徒党を好まざるに（後略）。（原漢文。『置文』高古　二九四。田中［一九八二］三四五頁。写本に付された訓点にしたがって訓読・括弧内は写本に付された振り仮名）

『置文』の草案、及び実際に定められた『置文』、いずれを見ても文覚との特別な関係は記されていないのである。

ちなみに、『夢記』（高山寺本第八篇）には以下のようにある。

建永元年十一月、院より神護寺内榔尾別所を賜はる名づけて十無尽院と曰ふ。

同廿七日、彼の所に移住す。（明資二・一三〇下三～六）

もちろん、ここで文覚の名が出ていないからと言って、『行状』の記述が疑わしいということにはならないのであるが、同じ神護寺別所でも槇尾にはこれ以前にも滞在していることが確認されるのに（『夢記』高山寺本第五篇　明資二・一二〇上一三など）、栂尾は（『行状』の記事を除けば）これ以前には接触した跡が見あたらないのは、文覚からの委嘱を受けたものとしては不自然である。

次に、「運慶法印所造の釈迦像」を付属しようとしたという件については、どうであろうか。ここで問題となるのは、『行状』等で言及されている「親受付属の釈迦像」との関係である。

又同じき比（＝建久六）、上人、紀州の山中の草菴にして、終夜五教章の中の断惑法門暗誦して夜をあかす。次の日辰時、脇足によりかゝりて聊か眠るに、夢に一寺の上座の僧あて、（中略）其の上座の僧の威儀、親受附《（ママ）》属の尺迦の像に相似給へり。（『仮名行状』巻上　明資一・三二一・四～三三・四。『漢文行状』には対応記事なし）

同年（＝建久九）十月八日、親受付《（ママ）》属の釈迦像の御前に於いて、唯心観行の修行を始め、幷びに大願の文を誦す。（原漢文。『漢文行状』巻上　明資一・一〇四・一一～一二）

この『漢文行状』の記事は明恵撰『随意別願文』の跋文に基づいている。

建久九年十月八日初夜、紀州林中筏師の草庵に於いて、始めて親受付属の釈迦像の御前に於いて、此の大願の文を誦す。（原漢文。田中［一九八二］三一七頁）

それ故、「親受付属の釈迦像」なるものが実在したことは間違いないのであるが、これが文覚が付属しようとした「運慶法印所造の釈迦像」なのか定かではない。以下に見るように、明恵関係の寺院には、運慶作の釈迦像は存在しない。まず、高山寺の伽藍・所蔵品について記した高信撰『高山寺縁起（以下、縁起）』には次のようにある。

一、金堂一宇（中略）

右、本堂は、高雄文覚上人、当初草創せしむと雖も、其の功未だ終へず。而るに明恵上人卜居し、其の後、諸大檀那等、各々力を励まし、面々に助成す。（中略）

中尊、木像周丈六盧舎那如来仏工運慶作（中略）

右、本仏幷びに四天王像は、本是れ洛城の地蔵十輪院運慶建立の堂の本尊なり。（中略）

去ぬる貞応二年四月八日、当寺本堂に移安し奉り畢んぬ。(中略)抑も文覚上人、当初、明恵上人に語て云く、栂尾道場に運慶所作の釈迦如来像を安置し奉り、華厳宗を興行し奉らしめん云々。曩昔の一言は、今の事に懸け恊(かな)う。願望、自然にして成ずるか。知らず、又上人の立筌か。旁た以て規模に足んぬのみ。(原漢文。明資一・六三四・八~六三五・一一)

高信は、『漢文行状』の作成に携わった人物であるので(註(1)参照)、『行状』の所伝を知っているのは当然であるが、文覚が付属しようとした「運慶法印所造の釈迦像」の行方については何も述べていない。なお、運慶作の盧舎那像が安置される以前、高山寺に安置されていたのは釈迦像であったが、これは運慶作ではなく、快慶作である。しかも、これは承久二年になって高山寺に安置されたものであるから、文覚が付属したものとは考えられない。

一、平岡善妙寺[7](中略)

貞応二年癸未七月九日、梅尾の本仏半丈六の尺迦像(中略)快慶作仏工を以て当寺の本尊と為し、之を渡し奉る。(原漢文。『縁起』明資一・六五六・一四~六五七・三)

承久元年己卯十月十一日、仏師快慶法眼の許より高山寺に渡し奉り、始めて本堂に安置し奉る。(中略)

同三年辛巳十一月十二日、本仏釈迦幷びに弥勒、賀茂別所に渡し奉り了んぬ。

貞応二年癸未七月九日、釈迦像、善妙寺本堂に渡し居ゑ《す》奉り了んぬ。(原漢文。喜海『善妙寺本仏事[8]』)

また、「親受付属の釈迦像」について、『縁起』は次のように記している。

一、石垣庄筏立(中略)

同年(=建久九)十月八日、新受付属の釈迦像の前に於いて、唯心観行の修行、之を始め、幷びに大願の文を誦す。(明資一・六五九・二~八)

これは『行状』（及び『随意別願文』）に依拠したものと考えられるが、「新受付属の釈迦像」の所在については何ら触れるところがない。また、「親」が「新」となっているが、これが単なる誤字であるのか否かは判定しがたい。

このように、文覚が付属しようとした「運慶法印所造の釈迦像」が、その後どうなったのかは不明である。『行状』の文を単に文覚の願望を述べたものと解することもできるが、そうすると、明恵が言う「親受付属の釈迦像」とは何を指すことになるのだろうか。

一方、十六羅漢像については、『行状』に「今安置する所の墨絵摺本の羅漢是れなり」とあるように、確かに十六羅漢像は存在する。ただし、厳密に言えばそれは高山寺にあるものではなく、善妙寺にあるものである。

一、羅漢堂一宇（中略）
絵像十六羅漢一鋪、二躰。合八鋪。俊賀法橋、唐本を写して之を施入す　同（＝嘉禄元年七月）十五日、之を安置す。（原漢文。『縁起』明資一・六三九・一三～六四〇・一）

一、平岡善妙寺（中略）
同（＝貞応）三年甲申四月廿一日、唐本十六羅漢像幷びに阿難尊者成忍筆、当寺本堂に渡し安ぜられ畢んぬ。（原漢文。『縁起』明資一・六五六・一四～六五七・五）

「運慶法印所造の釈迦像」と違って、十六羅漢像の方は実在が確認されるが、これが文覚から付属されたものか否かは不明である。既に述べたように、『縁起』の作者である高信は『行状』の所伝を知っているはずなのであるが、ここでは何のコメントも残していない。

このように、『行状』に於ける釈迦像・十六羅漢像付属の記事については、いささかの疑念が残るのであるが、若年の日の明恵が釈迦像及び十六羅漢像を尊崇していたことについては、某年十一月二十四日付書簡三通（報恩院本『漢文行状』別記）によって分かる。この書簡のうち二通はそれぞれ「大聖慈父釈迦牟尼如来御宝前」「一心頂礼本師十六大阿羅漢御房」（ともに明資一・二三二）の宛先を持ち、釈迦・十六羅漢への恋慕の情を述べ、早く帰還して見参したい旨を述べている。(9) 以下の宰相阿闍梨（＝性憲）宛書簡によると、さらに諸矩羅尊者宛書簡があったと思われる。

今夕既に渡辺に付て候也。（中略）天王寺に四五日逗留し候はんずなるに候。成弁は聖教共取候てやがて上覚御房の御共に可上洛候也。さては釈迦如来幷十六羅漢別して諸コラ尊者へとの三通の愚札令進候。慥に三人の御宝前にて可令奉披見給候。（中略）貴房御所持のダコラ尊者の御影しばらく可給候也。（報恩院本『漢文行状』別記　明資一・二三二）

既に述べたように、文覚が明恵に栂尾を付属したこと自体はいささか疑わしいのであるが、このような釈迦像・十六羅漢像への尊崇や「親受付属の釈迦像」といった表現を見ると、文覚からとは限らないが釈迦像や十六羅漢像を付属されたことは事実であったのではなかろうか。

（三）文覚流罪の夢告

『行状』には、明恵が夢告によって文覚の流罪に連座することを免れたとの記事がある。

（元久元年正月二十九日、糸野に於いて、春日明神降託の日に大明神講を行ったところ、家主である女人より、「先づ此の間、御上洛、努力々々、有る可からず。又、兵衛尉宗光より始めて一郡の輩、愁歎出で来る可きなり。能く御祈請有る可し」と言われた）其の比、文学（＝文覚）上人、佐渡国より帰洛の間、頻りに上洛有る可きの由申し送らる。之に依て、大明神講以後、京洛に赴かる可きの間、忽ちに此の告げ有り。然るに猶上洛の儀勧め申さるに依て、二月五日紀州を出で、雄山の地蔵堂に宿す。其の夜、上人の夢に云く、所乗の馬、京都に向ふの時、其の足、癰躄て平臥す云々。仍て、彼の宿より還り畢んぬ。後に聞く、二月十三日、文学上人、又宣旨を蒙て、対馬国に⿸疒尭《(ママ)》流す。彼の難を免れむが為め、大明神、示し仰せらるるなり。在田一郡の地頭職、悉く以て違乱し、併ら関東に馳せ下り了んぬ。先日の託宣、一々に符合す。不思議と謂ふ可し。其の後、一郡安堵せざるの間、神谷に移住す。（原漢文。『漢文行状』巻中　明資一・一一四・一二〜七）

ここで問題となるのは、『神護寺交衆任日次第』などの史料には、文覚の没年が建仁三年（一二〇三）七月二十一日とあることである。もしこれが事実であるなら、元久元年（一二〇四）には文覚は既にこの世にいないのであるから、この記事のようなことはありえないことになる。

一方、明恵自身の記した『夢記』（高山寺本第六篇）には、この『行状』の記事に符合するような記事がある。

元久元年

一、同七日、地蔵堂より還る。月暗くして瀧四郎の許に宿る。（中略）

二月十日の夜の夢に云く、此の郡の諸人、皆馬に乗ること猥雑なり。糸野の護持僧と云ふ人、二人馬より堕ちて倒れ堕ち了んぬ。余人□《(も)(堕)》をちなむと思て見れども、只護持僧二人許り堕ちて余は堕ちず。心に思はく、護持僧の堕つるは不吉の事歟と思ふ。然りと雖も、余人は堕ちず。糸野御前、上人御房を瞻て居給ふ。上人の御房も大路に御すと見ゆ。　已上、未だ此の事を聞かざる以前の夢相なり。

一、同じき二月、此の事を聞て後に、此の郡の諸人を□《(不)》便に思ふ。（後略）（原カナ交り漢文。明資二・一一二下一一〜一一三上二。「元久元年」云々と「一、二月十日」云々とはもと別紙、現存形態はこれを一幅に表装

これによって、元久元年に「地蔵堂」に往来したこと、また、二月（厳密に言えば元久元年とは断定できないが）

にいたって明恵の親族たる「此の郡の人々」に何かしら不幸な出来事があったことが分かる。これについては、『縁起』に以下のような記事がある。

一、神谷後峯

右、建仁末比、上人の親属等、勅勘を被るに依て、関東に召し下さるるの刻、此の処に住す。（原漢文。明資一・六六〇・六〜七）

これによって、「一郡安堵せざるの間、神谷に移住す」という『行状』の記事は裏づけられるが、『縁起』はその年代を建仁末頃としており、『行状』が元久元年のこととして記しているのと齟齬する。もっとも、事件が実際に起こったのは建仁末頃で、明恵がそれを知ったのが元久元年になってからであるとすれば、一応つじつまは合う。このように、『行状』の記事のうち、明恵の親族に災厄が起こったということ自体は事実であるが、『行状』ではこの災厄を知らせるのが春日明神の託宣であるのに対し、『夢記』では「此事」を明恵が知るのは夢によってであり、いささか齟齬がある。ただし、『行状』に記される夢に於いても、『夢記』の夢でも、馬が登場することは注意される。

また、『夢記』の夢に登場する「上人御房」は文覚である可能性が高いが（明資二「注釈」〈奥田勲執筆〉一七三上四以下参照）、これだけで『行状』の記事を裏づけるのは難しいであろう。

真相を断定するのは難しいが、憶測するなら、春日の託宣と夢告とによって上京を思いとどまったこと自体は事実であったが、それは文覚とは本来関係ないものではなかったのではなかろうか。『行状』は『夢記』そのものを参照してはいないと思われるが、二月十日の夢に「上人御房」が登場することから、いつしか二月の上京中止を文覚と結びつけるような伝承が発生し、それが『行状』に記されたのではないだろうか（なお、〈補論〉参照）。

まとめ

『行状』に見られる文覚と明恵との交渉に関わる記事を検討してきたが、それらはいずれも、単純に事実として受け取られるべきものではなく、慎重な検討を必要とする。文覚関連の記事は少ないにもかかわらず、それぞれは明恵と文覚との間に非常に濃密な交渉があったことを示している。これが『行状』の依拠した史料の性質に由来するものであるのか、意図的な作為であるのかは、今後さらに検討すべき課題と思われる。

〈補論〉文覚の没年について

（一）山田説の紹介

本文で述べたように、文覚の没年に関しては、明恵関連資料と通説との間で齟齬がある。このような状況に対し、山田［二〇一〇］は、『漢文行状』の記述を、『明恵上人神現伝記（以下、神現伝記）』（喜海が建仁二年に起きた春日明神降託事件を記したもの）の記述と比較し、建仁四年（元久元年）に文覚流罪記事があるのは隆澄による漢文化の際に生じた改竄であり、文覚の死没は建仁三年（一二〇三）と見なしてよいと主張している。山田説の論証の骨子は以下のようなものである（山田［二〇一〇］一五六～一六一頁）。

Ⅰ 『漢文行状』の記事を記載順序のとおりに列挙すると以下のようになる（括弧内は前川の補い）。

①建仁二年冬比　　明恵、天竺渡航を語る
②同　三年正月十九日　湯浅宗光の妻、飲食を断つ
③同　　二十六日　春日明神降臨
④元久元年正月二十三日　多喜（滝）四郎の妹のため周忌仏事
⑤同　正月二十九日「於糸野迎春日明神御降託日行大明神講」
（同　二月五日「出紀州、宿雄山地蔵堂」
同　二月十三日　文覚対馬配流）
⑥元久年中夏比　旱魃のため祈雨を行う
⑦元久元年二月十五日　紀州で涅槃会を修す

Ⅱ 「元久」に改元されたのは、建仁四年二月二十日なので、「元久元年正月二十三日～二月十三日」という暦日はなく、建仁三年か四年ではと疑われる。

Ⅲ かりに建仁四年とすると、「元久元年中夏比（原文では「元久年中夏比」とあるが、元久元年の元字誤脱とみる）」（山田［二〇一〇］一五八頁）から「元久元年二月十五日」に戻ることになる。

Ⅳ ④⑤⑥を「建仁三年」として、「二十六日」と「正月二十三日」を入れ替えると、整然と年月日順になる。つまり、以下のような配列が、本来の『仮名行状』の記事であったと思われる。

建仁二年冬比　　明恵、天竺渡航を語る
同　三年正月十九日　湯浅宗光の妻、飲食を断つ

同　三年正月二十三日　多喜（滝）四郎の妹のため周忌仏事
同　三年　二十六日　春日明神降臨
同　三年正月二十九日「於糸野迎春日明神御降託日行大明神講」
同　二月五日　出紀州、宿雄山地蔵堂
（同　二月十三日　文覚対馬配流）
同　中夏比　旱魃のため祈雨を行う
元久元年二月十五日　紀州で涅槃会を修す

※なお、Ⅱの問題意識からすると、「元久元年二月十五日」という暦日は存在しないので、これも「建仁三年」にしなければならないはずだが、特に問題にされていない。これを「建仁三年二月十五日」にすると、「中夏比」から「二月十五日」へと戻ることが解消されないためと思われるが、処理の仕方がいささか恣意的ではなかろうか。

Ⅴ　隆澄がこのような改竄をしたのは、『神現伝記』には建仁三年正月二十六日と正月二十九日の二度にわたって春日明神降臨があったとするのに、喜海の『仮名行状』には「正月二十九日」条に大明神講を行ったことが記されていた（と想定される）からである。この矛盾を糊塗するため、隆澄は正月二十九日の大明神講の記事を元久元年に一年ずらしたと考えられる。

Ⅵ「正月二十三日」の記事も、本来「正月十九日」と「二十六日」の間にあったが、正月二十六日から二十九日へと続く流れを分断し、一年ずらした不自然さを隠すため、移動したと推定される。

(二) 山田説の検討

従来から、隆澄の漢文化の際、若干の編集作業が行われたことは推測されているので[10]、山田説は必ずしも奇矯なものではなく、明恵関連資料と通説とを調和する上で魅力的であるが、関連資料を精査すると、少なからぬ問題点を抱えている。

(イ) 山田説では、「元久年中夏比」という記事の位置を問題とし、さらにこれを「元久元年中夏比」と読み替えているが、果たしてこれは妥当であろうか。

この記事は明恵の祈禱の結果「瑞夢霊験等不レ委レ之」という記述に続けて書かれており、「霊験」の具体例として言及されていると考えることができる。そうだとすれば、年月日順に沿わないのも不思議ではない。「元久年中夏比」という漠然とした表現も、漠然とした伝承を紹介したものと見れば、「元年」の「元」字が誤脱したものと考える必要はないと思われる。

中巻の範囲で、このように年月日が一見すると発生順になっていないように見える例を探すと、そもそも中巻の冒頭は「建仁元年辛酉二月比」と始まり、湯浅宗光の妻を加持した話を述べた後、この妻にまつわる挿話として「建仁之比殊以更発于時懐妊間也」云々との話が記されるが、これは他所の記事から建仁二年のことと分かる。この後、本文では「建仁元年十一月初」の記事が出、翌年「二月比」の記事へと続くので、年月日だけを拾い出すと、山田説が問題にした箇所と同様の年月日の逆行が生じていることになってしまう。

また、「元久二年二月十五日」の記事の後には、「建久年中」(明資一・一一六)、「建久末比」(明資一・一一九)、「建暦三年初九月廿九日」(明資一・一二〇)、「病悩之時」(明資一・一二二)、「先年出京之時」(明資一・一二三)などの記事が挿入されて、「元久元年甲子秋比」（明資一・一二二）へと続いている。

以上のような例からすると、「元久年中夏比」から「元久元年二月十五日」へと年月日の逆行が生じていると考える必要はなく、日時を入れ替える必然性はない。また、「元久年中夏比」を「元久元年中夏比」と読み替える必要もない。「元久元年正月」という暦日が存在しないという指摘は重要であるが、それだけでは「建仁三年」と訂正する理由にはならない(11)。既に指摘したように、「元久元年二月十五日」という暦日も存在しないのだから、これも同様に処理しない限り、問題は解消しない。

（ロ）山田説の核心は、『漢文行状』で、元久元年二月二十九日に行われたとされる大明神講を、前年の建仁三年の出来事とする点にある。この大明神講での「家主女人」からの忠告を踏まえて、「二月十三日」の文覚配流へと話がつながるのだから、この大明神講を建仁三年とすることができれば、文覚配流も自動的に建仁三年のことになり、建仁三年七月二十一日入滅という伝承とは矛盾を来たさなくなる。

しかし、ここには大きな問題がある。既に述べたように『神現伝記』には、建仁三年二月二十九日に春日明神の降託があったとされているので、山田説は実質上、『神現伝記』の記述を否定していることになる。山田説が成り立つためには、「建仁三年二月二十九日に春日明神の降託はなかった」ということを積極的に論証する必要があるが、そのような論証はなされていない。

山田説では、大明神講を建仁三年二月二十九日に行われたものとした上で、「おそらく三日前の大明神降託を記念して急遽開催された講会」（山田［二〇一〇］一六四頁）と解しているが、だとしたら、その後も「二月二十九日」が大明神講の縁日とされていることの説明がつかない。たとえば、高山寺蔵「喜海四十八歳時之記」では、文暦二年（一二三五）にいたって、廃絶していた二月二十九日の大明神講を再興することを述べている（明資一・六二七）。

春日明神の降託があったのは二十六日であるが、最初に大明神講を行ったのは二十九日なので、その後もそれを踏襲した、と考えることもできるが、『夢記』（高山寺本第八篇）では建永元年十一月二十九日条に「於二大明神之御殿御前一、論義講一坐修レ之」（明資二・一三二上三～五）とあり、「二十九日」そのものに特別な意味を持たしているように思われる。大明神に法楽を捧げるという趣旨から考えれば、降託した日を記念して講会を行う方が自然であろう。

また、明恵には春日・住吉両神を勧請する宝殿を作るために記した「秘密勧進帳」（元久二年十二月記）と称される文書があるが、ここでは春日明神の降託を述べて「建久二年冬比、依有別願、専欲企入唐之剋（中略）酉刻始降臨至二寅時一還去給」（明資一・二二九）と記されている。一方、『漢文行状』には「至同（＝正月）廿六日午時、春日大明神忝託二凡身一」（明資一・一一二）とあり、『神現伝記』では、以下のような経過が記される。

建仁三年正月二十六日の午刻一人の女房（橘氏）が「我是春日明神ナリ」と語り、明恵の天竺渡航をとどめるために降託した、と告げて、去った。

明恵は、虚実を知るため、祈請を行った。

その後、二十九日の酉刻、再び、春日明神が降託し、種々の教示を行った。

この三つの文献を単純に突き合わせれば、「秘密勧進帳」が念頭に置いているのは、正月二十九日の降託だということになる。[12] 山田説では、「建仁三年正月二十六日、（中略）この日酉の刻始（『漢文行状』と『神現伝記』は午の刻とするが『願文写』の酉刻始が正しい）」（山田［二〇一〇］二〇三頁。『願文写』は「秘密勧進帳」のこと）としている。この訂正が成り立つ前提としては、『神現伝記』の正月二十九日の春日明神降託が事実ではないことを論証する必要があるが、それはなされていないと言わざるを得ない。

（八）『神現伝記』によれば、建仁三年二月五日以後の行動は、以下のようになる。

五日　国を発って春日に向かう
七日　東大寺尊勝院におちつく
八日　宿所で休息
九日　初めて社参する
十一日　社参し宝前で夢相
その後、入京
十五日　今出川で仏事が行われる
その後、紀州へ下向
十九日　宿を発ち、泉州の井口にいたる

一方、『漢文行状』の元久元年二月前後の記事を山田説が想定するように建仁三年のこととすると、既に本書二一三～二一四頁で引用した以下の記事と、『神現伝記』との関係が問題になる。

二月五日出紀州、宿二雄山地蔵堂一。其夜上人夢云、所レ乗馬向二京都一之時、其足癵躄平臥云々。仍従二彼宿一還畢。後聞二月十三日、文学上人又蒙二宣旨一、癈二流対馬国一、為レ免二彼難一、大明神被二示仰一也。（明資一・一一四・四～五）

山田説ではこれを以下のように解している。

二月五日上洛すべく湯浅を立つが、雄山での夢見により上洛を断念するのである。（山田［二〇一〇］二〇四頁）

ところが、『明恵上人神現伝記』によると、二月七日東大寺尊勝院に落ち着くとあるから、地蔵堂から紀州には帰らずに、その足で紀ノ川沿いに奈良に通ずる街道を東上して奈良に入り、七日東大寺尊勝院に落ち着くのである。（山田［二〇一〇］二〇七頁）

しかし、上掲のように、『神現伝記』によれば、春日社に参詣した後、上洛したことになっており、一度は雄山での夢見で上洛を断念したものの、結局、行くことにしたということになってしまう。山田説が成り立つためには、これまた『神現伝記』の記載を否定する積極的な論証が必要となるが、ここでもそれはなされていない。

なお、『夢記』（高山寺本第六篇）には「元久元年／同七日自二地蔵堂一還。月暗テ宿二滝四郎之許一」（明資二・一二一下一一～一三）とある。これが二月のことであれば、『漢文行状』と符合することになるが、二月七日はまだ建仁四年であることを考えると、検討の余地がある。参考のため触れておく。

（二）明恵の『夢記』には、建仁三年以後も文覚が生きていたように解することができる記述がある。『夢記』では、文覚は「上人御房」と称されるが、山外本第一部六篇（松浦厚旧蔵本）「（建仁三年十一月）廿九日」条には「上人御房」（大日本史料五編之七・六六三）とあり、同「十二月十五日条」にも「宿二上人御房一」（大日本史料五編之七・六六五）とある。これらはいずれも（発語ではなく）地の文なので、この時点で亡くなっていれば、「故」が付されるように思われる。さらに、高山寺本第七篇では「（建永元年〈一二〇六〉六月）八日」条で「上人御房以二奇異霊薬一与二成弁一」（明資二・一二八下九～一〇）との記事がある。物故者でも「故」を付さない場合も考えられるため、決定的ではないが、一応の参考にはなろう。

なお、同第十篇では「（承久三年〈一二二一〉十一月）八日」条に「故上人御房」（明資二・一五六上三）とある。

（三）まとめ

山田説が成り立つためには、

（イ）春日明神の降託は、建仁三年正月二十六日の一度しかなく、二十九日には大明神講が行われた。

（ロ）喜海は、『神現伝記』で、建仁三年正月二十六日と二十九日の二回、降託があったと誤って記した。

（ハ）喜海は、もともとの仮名伝記を記した際は、建仁三年正月二十六日に降託があり、同二十九日には大明神講があった、と正しく記した。

（ニ）『神現伝記』を見た隆澄は、喜海の仮名伝記を改竄して、『神現伝記』との齟齬をなくした。

といった幾つかの仮定が成り立たなければならないが、根本となる（イ）（ロ）について十分な論証がなされていないため、全体として十分な説得力を持っていない。

文覚の没年を建仁三年と想定して『漢文行状』を操作するためには、『神現伝記』の記載のかなりの部分を否定する必要があるが、否定するに足るだけの積極的な論拠がない以上、明恵関連史料と通説との違いは当面、矛盾のまま残す以外にないように思われる。

※山外本『夢記』は、小林あづみ他［二〇〇八］の整理番号による。

〈余論〉ちなみに、『大日本史料』は、『鎌倉大日記』に依拠して、元久二年（一二〇五）に文覚が鎮西に配流されたとしている。この説は、『鎌倉大日記』が何に依拠したか分からないため、全く顧慮されていないが、このような可能性も検討する必要はあろう。

註

（1）『行状』は明恵伝の根本史料であるが、仮名本と漢文本がある（それぞれ『仮名行状』『漢文行状』と略）。『仮名行状』は明恵の高弟・喜海が著したものであり、『漢文行状』は『仮名行状』をもとに、建長七年（一二五五）高信が隆澄に漢訳させたものである（『漢文行状』奥書　明資一・一四五・二～四）。しかし、両『行状』を比較してみると、現行の『仮名行状』がそのまま『漢文行状』の原本とは考えられず、『漢文行状』成立以後に増補された箇所もあると考えられる（明資一「解説」・奥田［一九七八］一九三～二〇三頁参照）。以下の記述では、『漢文行状』を主として用い、『仮名行状』を参照した。なお、明資一には、『漢文行状』として、上山本・報恩院本の二種が収録されているが、内容は基本的に同一であり、特に必要のある時を除いて、上山本『漢文行状』を用いた。

（2）喜海は、明恵にゆかりのある紀州の地八箇所に卒塔婆を建立したが、そのうち糸野に立てられたものに、建仁二年に上覚より灌頂を受けた旨が記されている（施無畏寺蔵『明恵上人遺跡卒塔婆尊主銘注文』。和歌山県立博物館編［一九九六］三五頁に画像掲載）。

（3）奈良国立博物館所蔵。同館ホームページで画像を公開。

（4）山田［一九六四］九頁・同［二〇一〇］二頁参照。

（5）高信編『明恵上人歌集』には次のようにある。

同（＝嘉禄二年）七月廿一日に上覚御房よりをほせつかはさる。

見ることはみな常ならぬうき世かなゆめかと見ゆるほどのはかなさ

御報

ながき夜の夢をゆめぞとしる君やさめでまよへる人をたすけむ（原カナ表記。新大系四六・二三七・四～八）

（6）禅浄房が明恵の言行を記したもの。本文中には安貞二年（一二二八）七月九日・寛喜元年（一二二九）九月十七日・十九日・二十二日の日付が記され、明恵の直話を記したものと考えられる。高山寺所蔵本は原本と考えられ、史料的価値は高い（明資一「解説」参照）。禅浄房について詳細は不明であるが、寛喜二年（一二三〇）二月晦日から七月晦日までの高山寺の説戒を明恵に代わって務めたことが知られ（『栂尾説戒日記』明資三・六三一上一二～一三）、明恵の弟子たちの中でも重きをなす存在であったと考えられる。奥田［一九七八］一八九～一九〇頁は空弁と同一人と推測している。

（7）善妙寺は高山寺別院の尼寺。承久の乱で敗れた上皇方関係の女人たちが多く住したと言われる（田中［一九六一〕一四〇～一四一頁参照）。

（8）この史料は毛利［一九五五］に紹介されている。

（9）十六羅漢宛の書簡の本文は以下のとおりである。

あまりにこひしくこそおもひまいらせ候へ。早々に罷還候て可遂見参候也。成弁が罷還候はん間は、性憲に物をも請て、めすべく候也。あまりにこひしくこそおもひまいらせ候へ。とく〳〵まいり候て見参すべく候也。　恐々謹言（明資一・二二二・四～六）

（10）奥田［一九七八］一九三～二〇五頁。

（11）たとえば、『漢文行状』巻下には、「貞応三年甲申五月」の記事の後に、「元仁元年甲申冬」の記事が出る箇所がある（明資一・一三五）。これは、十一月二十日に改元されたためである。このような厳密さと比較すると、「元久元年正月」の表記はあまりにもルーズである。また、山田［二〇一〇］は指摘していないが、干支の有無という問題もある。『漢文行状』の「元久」年間の記事を列挙してみると、「元久元年正月廿三日」「同正月廿九日」「元久元年二月十五日」「元久元年甲子秋比」「九月三日」「同十一月」「同二年春」「同二年乙丑夏比」となる。『漢文行状』（『仮名行状』でも）では、最初に年を記す場合、干支とともに記すのが普通なので、ここの箇所はかなり例外的な記述の仕方になっている。

（12）『漢文行状』の春日明神降託記事は、明恵の「秘密勧進帳」ならびに『十無尽院舎利講式』に依拠していることが既に指摘されている（野村［二〇〇二］第Ⅲ部「二　明恵上人伝記の研究――建仁三年春日大明神降臨を中心として――」参照）。にもかかわらず、『漢文行状』が降託の開始を建仁三年正月二十六日午時としていることは重要であろう。つまり、記載内容や修辞の上では「秘密勧進帳」ならびに『十無尽院舎利講式』に依りながらも、『神現伝記』に記されているようなことを情報として知っていたということである。『神現伝記』には「カノ御託宣正本ノ記ハ上人存日ノトキ破却セラレ畢ヌ」（明資一・二四九）とあり、喜海が記録した『神現伝記』についても「更不可及外聞」（明資一・二五〇）としている。春日明神の降託のうち、特に春日明神が明恵に与えた教示は、明恵とその弟子にとっては極めて重要なものであり、公開をはばかる性質のものだったと言える。そのため、『漢文行状』では、二十九日の降託・託宣そのものには一切触れず、公開的な性格の「秘密勧進帳」ならびに『十無尽院舎利講式』に依拠したと考えられるのではないだろうか。

第二章　景雅・聖詮の華厳学と明恵

はじめに

明恵の思想の大きな支柱をなすものは、周知のように華厳学である。しかし、明恵が華厳学を学ぶにいたった経緯には不明な点が多い。直接の師である上覚にも、文覚にも、特に華厳学とのつながりは見出すことはできない。まずは、『行状』などに基づいて明恵の華厳学学習のあとをたどり、華厳学の師匠である景雅・聖詮の華厳学について考察することとする。

一　明恵の華厳学習学

『漢文行状』巻上には明恵の華厳学習学について以下のように記述がある。

十余歳以後、屢訪二縁学諸師一、欲レ習二顕密法門一。（中略）随二華厳院法橋景雅一、習二学華厳五教章一。（明資一・九一・三〜四）

建久四年癸丑東大寺尊勝院々主法印弁暁、為レ興二隆華厳宗一、可レ有二公請出仕一之由、評二定之一。仍一両年間、往二還彼寺一。其間聖教修学之勤、学堂雌雄之諍、不肖之身、知二其不堪一。営レ之、求二如来本意一、憑レ之、望二仏法得益一、都不レ可レ叶。不レ如、遁二本寺交衆一、占二山林幽栖一、文殊為レ師、訪二仏道入門一、法門懸レ心、送二生涯露命一。忽起二此心一、本寺下向、終思止了。（明資一・九五・一二～一五）

『行状』によれば、明恵は九歳で高雄山に登ったので、景雅から華厳学を学んだのは、それ以後ということになる。しかも、『行状』では、この記事の後に明恵十二～十三歳時の記事があり、さらに「十三歳から十九歳まで毎日高雄寺の金堂に参った」とあるので、景雅に就いたのは、それ以前のことと考えられる。すなわち、景雅から華厳学を学んだ期間は、二～三年ほどであったということになる（第一部第一章三（一）参照）。

これ以後、『行状』では建久四年（一一九三、明恵二十一歳）まで華厳学に関わる記事がないが、実際には、この間、明恵は東大寺から借り出した典籍の書写を通じて華厳学を学んでいる。この典籍の貸借に便宜を図ったのが、景雅の弟子で東大寺に住していた聖詮である。『行状』によれば、明恵が十六歳（文治四年〈一一八八〉）で具足戒を受けて以後、聖詮から『倶舎論』を学んだ（明資一・九二・一三～一四）のが二人の交渉の初めである。後に、聖詮は真興の『四相違私記』を明恵に教えてもいる（明資一・九五・一五～九六・一）ので、法相・因明に通じた人であったと考えられる。

明恵による華厳学典籍の書写は、現存しているものによる限り、建久二年（一一九一、明恵十九歳）から始まる。この年は、興然から金剛界を伝授された年である（明資一・九四・六。ただし、『仮名行状』は興然の名を欠く。明資一・一九・一一）。恐らく、この年まで専ら密教の習学に集中しており、密教者としての習学が一段落した段階で、華厳学の習学を再開したものと推測される。

建久二年以後、明恵が書写した華厳学典籍は以下のようなものである（田中［一九六一］一一四～一一五頁及び柴崎［二〇〇三］五四～六二頁参照）。

建久二年（一一九一）
四月十五日　華厳十重唯識義（聖詮の本による）
同日　不染無知断位料簡（聖詮の本による）
二十六日　五教中観旨事
二十七日～五月一日　華厳五教章指事　中末・下末（東大寺尊勝院本による）
五月　三日　華厳経文義綱目（東大寺尊勝院本による）
八月二十日　華厳五教章指事　上本
二十四日　華厳五教章指事　上末
十月　十日　大乗起信論義記（東大寺尊勝院本による）
建久三年（一一九二）
六月十七日　華厳経探玄記　二
十二月二十三日　大乗法界無差別論疏

このように、明恵が書写した本は、聖詮や東大寺尊勝院の本であり、後者についても東大寺に住していた聖詮が便宜を図ったものと考えられる。建久四年（一一九三）には、既に引用したように、東大寺に招かれるのであるが、これも聖詮が仲介した可能性が考えられる。この年に書写した華厳学典籍は現存していないが、翌年以後書写されたものは多数現存している。

建久五年（一一九四）
六月　五日　華厳経探玄記　七

七月二十三日　華厳経探玄記　一三
八月　四日　華厳経探玄記　一五
閏八月　二日　華厳経内章門等雑孔目　一
十一日　華厳経探玄記　一八
二十一日　華厳経探玄記　二〇
九月　一日　華厳経五十要問答
二日　華厳経内章門等雑孔目　三
建久六年（一一九五）
八月　七日　華厳五教章指事　下末（東大寺尊勝院本による）
十四日　入楞伽心玄義
十六日　法界無差別論疏（東大寺尊勝院本による）

この後、明恵は遁世を決意するにいたるのであるが、既に述べたように、その直前に真興の『四相違私記』を教えたのが聖詮である。このように、聖詮は、『倶舎論』を教授して以来、様々なかたちで明恵の習学を助けてきたのである。

以上、まとめるなら、明恵が華厳学に触れたのは仁和寺在住中のことであり、神護寺で密教の習学を一通り終えてからは、主として東大寺に於いて習学した、ということになる。この華厳学習学を導いたのは、景雅・聖詮の師弟である。すなわち、明恵の華厳学への関心は、仁和寺との関係から生じてきたものであり、直接の師匠である上覚や文覚の思想的関心とは必ずしも関係がなかったと見られるのである。

二　景雅・聖詮の華厳学

景雅については、柴崎［一九九七→二〇〇三］・横内［二〇〇二→二〇〇八］による研究がある。奥書類を精査している横内［二〇〇二］の研究は重要であるが、疑問がないわけでもない。(1) 以下、この両研究から妥当と思われるところを略述しておきたい。

景雅は源顕雅（保延二年〈一一三六〉没、六十二歳）の息で、三論宗の覚樹（永保元年〈一〇八一〉～保延五年〈一一三九〉）の甥にあたり、仁和寺御室・覚法（寛治五年〈一〇九一〉～仁平三年〈一一五三〉）とは従兄弟同士となる。東大寺の良覚に華厳学を学び、維摩会・法勝寺御八講などに出席している。保元二年（一一五七）に法橋に叙せられ、晩年は仁和寺華厳院に住した。注目されるのは、高麗仏教との関わりである。高山寺蔵『新編諸宗教蔵目録』三巻は、奥書によれば、景雅所蔵本を写したものであり、景雅が法然に『円宗文類』を贈ったとの伝承もある（『新編諸宗教蔵目録』は高麗の義天〈一〇五五～一一〇一〉が編集した仏教章疏類の目録、『円宗文類』は同じく高麗で編集された華厳学文献のアンソロジー）。柴崎［一九九七］・横内［二〇〇二］ともに、こうした進取的な気風が明恵に影響したものと推定しているが、以下に検討するように、景雅と明恵との間には相反する点も多く、現在のところでは単純に影響関係を言うことは難しいように思う。

なお、法然の伝記『四十八巻伝』では景雅を次のように評価している。

この法橋（＝景雅）は華厳宗にとりては、よき名匠なり。（『四十八巻伝』巻四　浄土宗全書一六・四三上三～四）

もっとも、『四十八巻伝』の主眼は、この「名匠」たる景雅を法然が論破するというところにあるので、この評価を額面どおり受け取ることは危険であるが、全く根拠がないというわけでもなかろう。

景雅の著作としては以下のものが現存している。

・『金師子章勘文』一巻（大正七三所収）

・『華厳論草』一巻（大正七二所収）

『金師子章勘文（以下、勘文）』は、法蔵の『金師子章』に対して『華厳経探玄記』『華厳五教章（以下、五教章）』などから関連する文章を注記したもので、景雅自身の見解をうかがうことはできない。ただ、後に明恵が『金師子章光顕鈔（以下、光顕鈔）』を著していることを考えると、『金師子章』への関心という点で両者が共通しているのは興味深い。もっとも、『光顕鈔』には『勘文』からの影響が全く見出せない。当時、華厳学の入門書として『金師子章』が広く受け入れられていたといった背景があったのかも知れない（『勘文』の著作事情については分からないが、『光顕鈔』については、藤原長房〈法名覚真〉の懇請によって書かれたことが知られる）。なお、奥書によれば、この書は景雅が著したものに、聖詮が増補したものである。[2]

一方、『華厳論草（以下、論草）』は、『五教章』に対する論義を集成したものである（ただし、『五教章』全体にわたるものではなく、下巻の「修行所依身章」の部分から）。論義の第一問と趣意を示す（『五教章』と対比して、誤字と思われるものは、括弧内に正しい字を示した）。

・第五修行所依身章心、小乗仏身皆分段実身非レ化可レ云耶。（「若依小乗、但有分段身、至究竟位。仏亦同然。是実非化」の文について、南閻浮提以外の三州は実仏でなく、化仏であるので、この説は問題があると難ずる）

・始教大乗意、有二廻心・直進一義。且廻心教意、以二分段身一至二究竟一可レ云乎。（「若始教中、為廻声聞、亦説分段至究竟。仏身亦爾。然是化非実也」の文につき、変易生死・変易身が言及されていないことを難ずる）

・始教大乗実報門意、以二分段身一至二金剛已還一可レ云耶。（「二就実報、即説分段至金剛以還。以十地中煩悩障種未永断故。留至金剛故、更有惑障。何得不受分段之身。十住経中、十地以還有中陰者、是此義也」の文について、八地以上は変易身のはずであると難ずる）

・就二寄顕十門一、且第四門心、「七地以是（＝還）寄羅漢、八地已上寄菩薩位」云云。爾者、引二何経説一、証レ之乎。（「仁王経云、遠達菩薩、伏三界習・因業果滅、住後身中、住第七地阿羅漢位。此寄因中自在未自在位、以分大小」等について、『仁王経』には「第十地阿羅漢梵天位」とあることを難ずる）

・始教大乗中述「八地以還菩薩、略有二種類。一、非増上。留惑、受分段身。二、智増上。伏惑、受変易身」云云。爾者、此義、大師許レ之乎。（なぜ法蔵がこの説を破するのかを問う。「菩薩は悲智相導であって、悲増上・智増上の故に二種生死があるのではない」との法蔵の説に対して、さらにその論拠を問う）

・円教意、可レ立二分段・変易二種生死一乎。（円教では変易生死を説かないとの法蔵の説について、論拠を問う）

・第六断惑義章中、付レ明二諸相応惑一、爾者、始教大乗心、五識相応貪嗔（＝瞋）痴三惑、可レ通二分別・倶生一耶。（「五識得起初三。亦通分別及倶生。由用意識中邪師等三因引故、得有分別起也」の文について、なぜ無分別である五識の三惑が分別起でもありうるのかを問う）

・末那相応四惑、但倶生、不レ通二分別一。有二何故一乎。（末那識相応の四惑が倶生のみとされているのは、前五識相応の惑が分別起でもありうるとされているのと対応せず、『唯識論』『無相論』などに違背している、と難ずる）

・始教大乗心、嗔（＝瞋）煩悩可レ通二三界一乎。（「嗔（＝瞋）唯欲界」の文に対し、『仁王経』『成実論』の説に違背する、と難ずる）

・先断分別、有二其三人一。所謂、未離欲・倍離欲・已離欲也。爾者、後二人入二見道一時、前十五心、為二初果向一、

為二当中二果向一歟。（一来・不還二果の向であるという答えに対し、『大乗義章』を引いて、超越の者の場合は初果の向となる、と難ずる。景雅は私見を加え、浄影寺慧遠『涅槃義記』を引き、超越の者であっても初果向とすることを示す）

・頓出離聖者、得二初果一已、頓断二三界一、漸除二九品一云云。爾者、以二何地一為二依地一乎。（「依止未至定」の文について、『成唯識論述記』の説を引き、未至定に限らない、と難ずる）

・超二前三果一得二第四果一可レ有乎。（諸経の説に違背することを難ずる。景雅は私見を加え、「以有漏智断非想地惑」という『集量論』の論義を挙げる。そして、興福寺永超僧都が「比叡山で戯れにこの論義を書き付けた」と述べたことを引き、この説は依用できない、としている）

・始教大乗意、倶生煩悩障、初地已去、自在可レ断。留故不レ断。有二何故一耶。（「潤生摂化故。不堕二乗地故。為断所知障故。為得大菩提故」の文について、それぞれ不審点を示す）

・『章』文云、「其所知障、皆後地起。惑（＝或）於前地起。或現、或種、以地地別断故」云云。爾者、望二六七二識所知障一、何可レ摂二此前後一釈耶。（六識・七識相応の所知障がどのように前地・後地に配当されるかを問う）

・終教大乗意、二乗聖者、於二煩悩障一、尚不レ能レ断。但能折伏。況断二所知障一云云。爾者、引二何経論一、証二判此義一耶。（なぜ終教に於いては二乗は煩悩を伏するだけで断ずるのではないのか、また、典拠とされる『弥勒問経論』は誰の作かを問う。景雅は私見を加え次のように言う。――興福寺永縁（ママ）僧正は維摩大会でいつも『弥勒問経論』の作者を質問していた。そして、東大寺法相宗定厳大法師を興福寺に訊きに行かせたところ、『成唯識論述記』に「南地呉人作」とされていることを示された。また、この件についての『指事』の解釈は依用しがたいと言う）

・終教大乗心、付二菩薩断惑一、於二煩悩・所知二障一、可レ分二分別・倶生一耶。（分別・倶生を分けないのは『瑜伽論』

『唯識論』などに違背しており、典拠とされる『弥勒問経論』は中国でできたもので依用しがたい、と難ずる）

・終教大乗意、所知障細分、亘二十地一断レ之、可レ云耶。（「地前伏使現、初地断使種、地上除習気、仏地究竟断（＝浄）」の文に基づき初地で所知障を断尽するという「先徳」の説に対し、「初地已上断於知障一分麁故」の文などに違背していると難ずる）

・終教大乗意、従二初発心住一、不レ退二堕二乗地一、可レ云耶。（第七地を不退とするのが一般の説であり、初住不退と『五教章』が言うのは『瓔珞経』などの諸経論にも違背している、と難ずる。景雅は私見を加え、『瓔珞経』の文を『大乗起信論』の「非其実退」の文で解することへの疑問を提示し、「一経含多教、一教依多経心歟」と答えている）

・終教大乗心、転二染末那一得二平等性智一、為二初歓喜地位一。為当如何。（『五教章』では無性『摂論』の「転染末那得平等性智。初現観時、先已証得。修道位中転復清浄」の文をもって初歓喜地で平等性智を得るとしているが、これは『摂論』自体の文脈を無視しており、智儼の『孔目章』の説にも違背している、と難ずる）

・寄惑顕位門意、以二四障習一、顕二地上四位・四定・四徳・四報根《（ママ）》一。如何。（四障習気の断滅によって十地を四位に分ける『五教章』の説に対して、『摂論』などの説に違背している、と難ずる。景雅は私見を付して、無明によって業識が生じる順序と四障習気の断滅とが対応しているとしている。また、興福寺永超僧都・東大寺永延得業などが、法蔵を讃歎したとの逸話を述べている）

・頓教断惑、引二何経文一証レ之耶。（頓教の断惑について、『法界体性経』の「我見際即是菩提故」を引くことに対して、本来妄想がないというのが頓教の趣旨なのに、なぜこの文を引用するのか、と難ずる。景雅は私見を付し、かつて東大寺覚厳已講がこの問いに見事に答えて称賛された逸話を記す。また、達磨が、「本無煩悩。元是菩提」と述べた弟子を、最も禅宗の意にかなったものとした逸話を引く）

・円教断惑、如何。(「一障一切障」「一成一切成」の句についての問答。内容については後述。景雅は私見を付して、東大寺華厳宗俊源大法師がこの義を立てたところ、興福寺永縁権僧正が難じて「一成一切成、弥々外道の量同虚空体常周遍の我に同じ」と述べ、大衆はその罪報の重さを怖れた、との逸話を述べる)

・第七二乗廻心章中、有二六種説一中、何判二小乗義一耶。(「一切二乗皆無廻心。以更無余求故。如小乗中説」の文に対して、『倶舎論』などに「転声聞種性。二成仏三余」とあることを引き、余求無しとは言えない、と難ずる)

・『瑜伽』『顕揚』等論、明二諸識成就不成就一之中、入二無余滅一者、本・転二識、倶不二成就一云云。以レ何為レ因無余後心相還生耶。(『五教章』では、これらの論の所説は、始教門によって小乗を導くものであり、小乗にしたがうものである、としていることに対し、『瑜伽』『顕揚』などは菩薩の所説なのに、どうして小乗を導くなどと言うのか、と難ずる。また、『五教章』で、二乗は根本無明を滅尽していないとしていることに対して、無明を滅尽していないなら変易生を受けることはない、と難ずる)

・就二五果廻心一、且其無余劫限有二八六四二十千不同一。依二何故一可レ云。(「由根不等故、去有遅疾」の文に対し、声聞の四果はいずれも涅槃に入った時に羅漢果を証するので、根の利鈍を分けることはできない、と難ずる。また、普光『倶舎論記』を引用して、初果については利鈍ともに七生を要すると述べ、『五教章』の所説を難ずる)

・就レ明二入無余声聞時劫限一、心想還生。且『楞伽経』「乃至劫不覚」文、大師何引二釈之一乎。(『五教章』が、この『楞伽経』の文を「此文但総相説」と解するのに対し、この文は一劫と時間を定めているので、『五教章』の解釈は問題がある、と難ずる。また、法蔵の『起信論義記』でも、この文を特定の期間を定めたものと見なしているので、『五教章』の解釈と矛盾する、と難ずる。景雅は私見を付して、この論義に対する解答に、勝進・良覚らの伝と、覚厳・厳意らの伝とがあることを記す)

・付下入二無余一者上、且速疾迴心者、引二何文一、証レ之耶。（『五教章』が引く『法華経』の文につき、速疾迴心の文証とすることに疑問を呈する）

・不定性二乗可レ入二無余一乎。（不定性の者が無余涅槃に入らないことについて文証を求める。景雅は私見を付して、『迴心章私記』に「不定性二乗入二無余一」とあることを紹介し、「用否難レ定。又不レ知二作者一也」と述べる）

・就二大師釈一三乗・一乗迴心、且一乗迴心、何釈レ之耶。（一乗迴心の例として、『五教章』では舎利弗・因陀恵比丘などを挙げるのに対して、『華厳経』本文から考えると、いずれも声聞の迴心とは言えないのではないか、と難ずる）

論義を集成したものであるので、一貫した思想といったものをうかがうことは困難であるが、法相宗との教理的対立を予想させるものが少なくないことは、この時代の華厳学の趨勢を語っていよう。また、一箇所だけではあるが達磨について言及していることも注目される。

聖詮は、明恵との関係が深く、嘉禄二年（一二二六）七月六日には明恵は聖詮の依頼によって『盂蘭盆経惣釈』を著している（同書奥書　明資二・一一一八下一一～一四）。また、『明恵上人神現伝記』には、建仁三年（一二〇三）明恵が南都に赴いた折に聖詮が見た夢が記されている（明資一・二四八・七～一〇）。

聖詮は『五教章深意鈔（以下、深意鈔）』十巻を著しているが、これも『論草』と同様、『五教章』にまつわる論義を集成したものである。聖詮の執筆意図は、以下の三つの奥書に顕れている。

正治元年九月二日、於二仁和寺菩提院一、抄レ之畢。師匠抄出論義短釈双紙幷私問答也。此等私記等文、拾レ之抄合了。東大寺聖詮大法師。誠謬定衆多者歟。後者正レ之矣。（巻七　大正七三・五三上一三～一六）

正治元年七月十一日、於仁和寺菩提院、古人先師抄出論義勘文私記等書、令レ幷二今案論義一、少少抄レ之。華厳学者東大寺聖詮大法師。（巻九　大正七三・六五下一六～一九）

正治元年七月二十三日午時許、於仁和寺菩提院草案之畢。

花厳宗学者東大寺住僧聖詮大法師。先師抄出論義無㆓択文㆒。仍検具レ之并㆓今案論義㆒多多依㆓修学者㆒抄レ之者也。

後見穴賢穴賢不レ謗レ之。（巻十　大正七三・七四中八～一三）

もっとも、承元四年（一二一〇）に著された明恵の『光顕鈔』も引用されているので、[3] 正治元年（一一九九）に編纂された後も増補が行われたのであろう。奥書の中の「先師」を景雅に限定することはできないであろうが、『論草』所収の論義の多くは『深意鈔』にも収録されており、[4] 教学的傾向は同様のものがある。

三　明恵との対比

（一）教判論

まず、華厳宗の五教判をめぐる明恵説と通説との対比を図示しておく。

大乗始教　　　　　　　　大乗終教

〈明恵説〉　三論→法相（→解深密経→）如来蔵思想

（始）（末）

空　　　　　　　　　　　不空

〈通説〉

法相	（↓解深密経↓）	三論
空		不空
不成仏		成仏

華厳五教判の五教を具体的な宗派に配当するにあたり、明恵は、始教には三論宗と法相宗とが配当され、その順位については三論・法相の順であると主張している（坂本［一九五六］四六一～四六七頁）。その理由は主として、法相の説く「縁生の有」は三論の「空」を踏まえたものであり、法相の方が三論よりも高次の教えである、という点にある。また、法相の唯識説と終教の如来蔵説との連続性にも配慮したものである。これに関連するものとして、『深意鈔』には次のようにある（『論草』には関説するところがない）。

凡於始教義有二始終両門一。始者偏依二相宗一、当教之義談レ之。終者会レ権入レ実故以二実教一分之義一。則以二深蜜第三時不空一為二終教一者是則始教之終終教之始也。取二其実義一者但是始教門義也。立二五性義一談二不成仏一故也。

（大正七三・六上二九～中五）

これを明恵の次の文と比較してみると、始教の中の「始終両門」の受け取り方が完全に相違していることが見て取れる。

於二始教中一空門為レ始、不空門為レ末。始末合説為二一始教一。（『金師子章光顕鈔』巻上　日仏全（新）三六・一八四上一一～一二）

また、聖詮は、「会権入実」を理由として「深蜜（＝解深密経）」の三法輪の第三（すなわち『解深密経』自身の立場）を「始教之終終教之始」とし、五性各別を説くが故に実義としては始教である、と判定している。これは奈良時代の寿霊『五教章指事』の以下の文に見られる従来の解釈を踏襲するものである。

若約二成仏不成仏門一者、解深密以為二始教一。以レ許三定性入二実滅一故。若約二空不空門一以名二終教一。明二不空一故。

（大正七二・二三三上九〜一一）

これに対して、明恵は、不空を終教とする立場からしても、如来蔵説を説く『楞伽経』や『密厳経』こそが終教に属するのであり、『解深密経』を終教とするのは、「傍説一義」（日仏全（新）三六・一八七上二）であると論じている。「諸宗浅深者、即此無我義浅深差別也」（『摧邪輪』巻上　旧仏教　三二一下二一）と言っているように、明恵は「空不空門」のみによって五教を整合的に序列化しようとするのである。

以上では、三論宗の位置づけについては直接論じられていないが、ここで想起されるのは、『四十八巻伝』巻四が伝える次のような逸話である。

法橋（＝景雅）まづ左右なく申いだすやうは、弘法大師の十住心は、華厳宗によりてつくり給へり。（浄土宗全書一六・一四〇上一〜三）

この逸話によって考えると、十住心（第六他縁大乗心＝法相宗、第七覚心不生心＝三論宗）が華厳宗に基づくというのであるから、華厳宗の教判でも法相・三論の順位であると景雅は理解していたのではないかと推測される。これに対して、明恵は次のように述べ、十住心判と「自宗（＝華厳宗）」の教判とを明確に区別している。

弘法大師は法相よりは三論を深く立てられたり。其は空を説く教なるに依て阿字本不生と云ふ真言教にと《（隣）》なればふかく立らる、歟。覚心不生住心と三論をば云ひたる也。今是には自宗也法相よりも始に立つ。（原カナ表記。『起信論本疏聴集記』巻三末　日仏全（新）二七・一三五上一一〜一五）

「華厳宗の学者、三論宗を五教の中の終教に収むと多く云ひ伝へたり」（日仏全（新）二七・一三五上一一〜一二）と明恵自身が言い、『起信論本疏聴集記』の編者である順高が「今三論宗を始教に立ると云事は上人の御義也」（日仏全（新）二七・一三五中二～三）と述べるように、これは当時に於いては全く明恵独自の説なのであるが、問題はこのような相違の背景にあるものである。景雅の逸話にもあるように、多数派の解釈には十住心判との交渉も一因として考えられよう。一方、三論（中観）から法相（唯識）へ、法相から終教（如来蔵思想）へと次第させる明恵の理解は、空・無我という一貫した視点から教理を序列化しており、理論的整合性を求める姿勢が見て取れる。

（二）断惑論

明恵が、『五教章』に於ける「一断一切断」の句について、独自の解釈を提示したことはよく知られている（島地［一九三三］・坂本［一九五六］など）。すなわち、この句を「一人が断惑すれば、一切の人が断惑する」（自他相対）とする解釈を批判し、「一人の断惑について、一惑を断ずれば、一切の惑を断ずる」（自類相対）とする解釈を支持している（ただし、自他相対を完全に否定するのではなく、自類相対が成立すれば自《おの》ずから自他相対は成立する、と明恵は解する）。明恵は、自他相対の解釈を主張する「有人」の説を紹介し、それを批判するかたちで自説を展開しているが、この「有人」説は、『華厳経』「性起品」（大正九・六二七上一～四）・法蔵『華厳経探玄記』巻一（大正三五・一一九中五～八）・同巻四（大正三五・一七三中二六～下二）の所説を典拠として、次のように主張するものである。

一人断惑成仏時、一切有情皆可㆓断惑成仏㆒也。其故者依㆓事事無礙道理㆒必然故也。事事無礙者即理事是無㆓別体㆒故也。（中略）理通時即諸事亦遍㆓事法㆒也。依㆓此道理㆒一有情即一切有情也。（『金師子章光顕鈔』巻下　日仏全（新）三六・一九八中二六～下一一）

この「有人」の所説については、『論草』の中の「円教断惑」の論義が注目されてきた（坂本［一九五六］四七六

～四七八頁）。この論義では、『五教章』の文意について、「若夫依二一味法界道理一、云二一断一切断一者、一衆生断惑成仏時、一切衆生同可二成仏一也。若爾者、衆生悉尽但可レ有二仏界一歟」（大正七二・六七中一五～一八）と論難を設け、次のように答えている。

凡花厳円宗心者、説二三種円融（＝事理円融、理理円融、事事円融）一顕二法性円通旨一。（中略）今此三種円融（中略）如レ次配二終頓円三教一。既事事円通自在無礙也。以二六相一成レ之。以二十玄一証レ之。依レ之、仏界衆生界相入相即。故経（＝性起品）云、（中略）。是以、一仏成道時、一切衆生悉同成仏也。（大正七二・六七中二七～下八）

この両者を比較して見ると、確かに事事無礙によって「一断一切断」の自他相対的解釈を主張しているわけであるが、理事無礙と事事無礙とを区別している点、『探玄記』の文を典拠としていない点で「有人」とは相違している。

これは一見些末なようであるが、そうではない。というのは、明恵はこれらの『探玄記』の文が事事無礙の文証としては適切ではないことを述べ、「有人」が「六相十玄等事事円融成立正文」（日仏全（新）三六・一九九下一八）を出さず、理事無礙から直ちに事事無礙を導くことを批判しているからである。『論草』の論義では、一応六相・十玄に触れており、この点でも「有人」の所説とは距離があると言える。

なお、坂本［一九五六］では、『論草』前引箇所の末尾に、「東大寺華厳宗俊源大法師於維摩堂云（立？）此義」（大正七二・六七下二五～二六）とあることをもって、自他相対的解釈の濫觴を俊源（一一一六年に維摩会竪義）と推定しているが、親円の『華厳宗種性義抄』（一〇一九年成立）に既に次のようにあることからすると、同じような説は以前から行われていたと考えるべきであろう。

而実自他万像皆是一真如相、更無二差別一。所以一人修行成仏時一切有情悉成仏也。故華厳経云、一障一切障、

一断一切断、一成一切成云云。（大正七二・六一上二一〜二五）

それ故、明恵当時に於いては、「一断一切断」の自他相対的解釈は二百年近くの歴史を持つ伝統説であったわけであるが、明恵がそのような風潮一般を批判したのではなく、あくまで「有人」の具体的な所説に即して議論を行っていることは留意されるべきであると思う。ちなみに、既に述べたように『深意鈔』は『光顕鈔』を引用しているので、明恵のこの議論も知っていたはずであるが、何らそれには触れることなく、『論草』の論義をそのまま引用している（大正七三・五二上二四〜五三上二）。これは、明恵の批判があくまで「有人」に対するものであって、伝統的な宗義には抵触しない、と判断したからではないだろうか。

それ故、従来、「有人」説と東大寺の伝統説とを等置した上で、それを「理論的」「自然主義的」と解し、明恵の立場を「実際的」で「断惑生活」に重心を置いたものと解していた（島地［一九三三］など）のは、いささか早計に過ぎよう。そもそも、明恵のように「一断一切断」を自類相対的に解釈したとしても、結果として、一人が断惑することによって一切の人が断惑・成仏することには変わりはないわけで、特に実践性が強調されているとは思えない。明恵が「有人」の所説を「宗義の一分」ではあるが「未だ極成の義と為すに足らず」と判定する（日仏全（新）三六・一九八下二五〜二六）のは、（典拠が不適切であることも含めて）「一乗の法相を隠没」（同一九九上二二）しているからである。すなわち、様々な法相を活用してこそ事事無礙を明らかにできるのであり、理性が一味であることを理由とするだけでは教理的に十全なものではない、というのである。ここでも明恵が求めているのは、前項で見たのと同じく、あくまで教理的な整合性であったと考えるべきであろう。

（三）浄土論

『深意鈔』巻十には、「因論生論」として、極楽往生についての議論がかなりの長文にわたって展開されている（大正七三・六七下一七～六九上一二）。

すなわち、阿弥陀仏の浄土は報化二土に通じるとした上で、化土である極楽世界にも「具縛の凡夫」が往生することが可能であるとし、次のように述べている。

毎レ見二此文義一、不レ遑二注解一、閣レ筆嗚咽耳。（大正七三・六八上一二）

所以、釈迦遺法遥雖レ及二末世一、大乗深教普盛二此朝一。況末法万年余経悉滅、弥陀一教利物偏増也。所以、「猶留二百歳一」之説、日日夜夜瞻二仰之一耶。故、任二大師雅意一、専可レ期二極楽往生一也。（大正七三・六八中六～一〇）

さらに、智儼が兜率往生を主張していることに対しては、弥勒は極楽常随の菩薩であるが故に、兜率に往生すれば極楽往生が可能となるのであり、弥勒を念ずることが極楽往生の正因となる、と会通している（大正七三・六八下二四～六九上一二）。

この会通の箇所は、尊玄（一一四三～一二一七以後）の『孔目抄章』にも引用されているが、そこでは「仁和寺景雅法橋云」「雅云」として引用されている（日仏全(新)三五・三四五中一〇～下三、下五～九）。『深意鈔』に於ける『論草』引用の傾向から考えると、尊玄引用の箇所だけでなく『深意鈔』に於ける極楽往生についての論義全体が、もともとは景雅の編集したものである可能性はかなり高いと思われる。それ故、景雅をはじめ当時の華厳宗に於いては極楽往生が強く主張されていたと言えよう(5)。

これに対して、明恵に極楽往生信仰が希薄であり、釈迦信仰が中心となっていることは周知のとおりである。彼は兜率願生者でもあったわけであるが、それは兜率に往生して釈迦に値遇することを願うという極めて特異なものであった（末木［一九九八］二三九～二四〇頁参照）。もっとも、兜率そのものが目的ではなく、釈迦如来に会うための通路であるのは、先の「因論生論」の論義で、極楽往生のために兜率に往生するというのと軌を一にしている。この点については影響関係を想定してもよいかも知れない。

まとめ

以上、何点かにわたって景雅・聖詮らに代表される当時の華厳学と明恵の教学との対照を行ってきた。従来、前者に対して後者は実践的であると言われてきたが、むしろ後者の方が理論的な厳密性を求めている面がある。明恵は「学生」になることは願わなかったが、「如実の正智をゑ《ママ》て仏意の源底を極め、聖教の深旨をさぐりゑ《ママ》む事を」願っていた（『仮名行状』巻上　明資一・一六・四～五）のであるから、伝統説を継承するだけの教学姿勢に対しては批判的たらざるをえなかったと考えられる。また、東大寺の華厳学と明恵との間には、阿弥陀信仰か釈迦信仰かという信仰のレベルでの相違も見られ、両者の関係は従来考えられていた以上に複雑な様相を呈していると言えよう。

註

（1）横内［二〇〇二］は諸書に見える慶雅・経雅・景雅・璟雅・景覚などを同一人として処理しているが、より一層の検討が必要ではないかと思われる。たとえば、華厳学関係の事跡は景雅・景覚などと表記されている（自署であることが明確なものは景雅または璟雅）のに対し、密教関連のものは経雅または慶雅であり、しかも光明山寺で筆写されたものは経雅、勧修寺で筆写されたものは慶雅というように、はっきり分かれている。

（2）末尾に「写本云」として、「一校了。元景雅勘之。其遺漏事、聖詮追勘」（大正七三・七二六上二六）とある。
（3）巻一（大正七三・二下四）・巻二（大正七三・一〇上一八）に言及がある。
（4）柴崎［一九九七→二〇〇三］七六頁注（34）に両書所収の論義を対照している。
（5）なお、東大寺所蔵『華厳五教止観』写本（東大寺図書館貴重書一一一・四三）には、以下の奥書がある。「承安四年甲午正月十四日、払七十四老眼、敬金剛峰寺東大寺南端本校書写畢。願主東大寺花厳宗法橋上人位景雅、為臨終正念往生極楽花厳円宗興隆仏法自他平等利益也。敬白。本批記也」（福原［一九八四］四五頁。なお、「南」は「兩」ではないかと疑われる）。これによれば、景雅が極楽往生を願っていたことは確実である。もっとも、柴崎［二〇〇三］四八頁は、「この奥書は、記述自体が不自然であり、信用し難い。また『僧綱補任』残闕の記事等によって、とうてい景雅の年齢を正確に伝えているとは考えにくい」としている。横内［二〇〇八］四〇二頁も、この奥書によって「生年七十四」としているが、「七十四」は筆写者の年齢で、「願主」である景雅の年齢ではないと思われる。そう考えれば、寿永三年（一一八四）に生年八十三、元暦二年（一一八五）に生年八十三とされる（残闕本僧綱補任）のと、齟齬を来たさない。それ故、この奥書それ自体を不自然だとする必然性はないと思われる。なお、中世日本華厳宗に於ける極楽往生思想については野呂［二〇〇七b］参照。

第三章　貞慶と明恵——その思想的交流をめぐって——

はじめに

貞慶（解脱房、一一五五～一二一三）と明恵は、ともに遁世者として鎌倉初期の南都仏教を代表する存在であり、死後も併称されることが多い。二人の交渉を示す資料は少なからずあるが、その中には両者の思想面での交流を示すものも若干ある。本章では両者の交流をたどり、特に明恵が貞慶の思想をどう受容し評価したのかを検討してみたい。

一　交流の軌跡

両者の交渉として有名なのは、建仁三年（一二〇三）二月二十七日の明恵による貞慶訪問である。この時、明恵は春日明神の託宣によって天竺渡航を思いとどまり、その後、春日参詣の途次、貞慶を訪ねたのである。喜海の『明恵上人神現伝記』によると、建仁三年一月二十九日の春日託宣で既に「籠居の条は我等（＝春日明神等）うけざるなり、解脱の御房は不思議に哀なる人に候ふ、其も籠居の条我等うけず候なり」（明資一・二三九・五～六）と貞慶（解脱房）への言及が見られる。対面の状況については次のように記されている。

(二月二十七日) 解脱上人対面のために笠置寺に参ず。是時解脱上人語て曰く、「只今不思議の香気あり。是、大明神、御房とつれまい《ママ》らせて御降臨あると覚ゆ。暫法施まい《ママ》らせて其後見参すべし」と云て、眼を閉て法施を奉る。其後対面数尅ののち語て云く、「今日見参の悦に秘蔵の舎利渡し奉るべし」云々。(明資一・二四七・三～五)

(同二十八日) 寺を出で、、還らむとする時、「夜前約束の御舎利渡し奉らむ」と云て、紙に裹て伝得す。此を取て経袋に入て還る。(明資一・二四七・三～六)

解脱上人語て云く、「此舎利は西竜寺の御舎利なり。鑑真和尚伝来の招提舎利と同舎利なり。月の輪の禅定殿下より此を給る」云々。(明資一・二四八・二～三)

また、『明恵上人歌集』には次のような歌の贈答が記されている。

解脱上人の御もとへ、花厳善知識のまむだらかきておくりたてまつり給けるついでに

善知識かきたてまつるしるしには解脱の門にいらむとぞおもふ

返

善知識あきらけき恵のひかりをぞまことの道のしるべとはせむ　(原カナ表記。新大系四六・二五一)

明恵が「花厳善知識」(善財童子の五十五善知識)を初めて図画したのは建仁元年(一二〇一)のことである(『漢文行状』巻中　明資一・一一〇)。建仁三年には、春日の降託が真実であるか否かを知るため、この五十五善知識の前で祈請している(『明恵上人神現伝記』　明資一・二三七)。貞慶に五十五善知識を贈ったのも、恐らく建仁三年からそう遠くない時期であろう。

なお、貞慶と明恵とを結びつけるものとして、藤原長房(覚真)の存在が注目される。長房は後鳥羽院の側近で

あるとともに、九条家の家司であり、承元四年（一二一〇）に貞慶を師として出家している。長房は明恵の『夢記』にもしばしば登場し、後鳥羽院から明恵に栂尾の地が下賜されるよう仲介したと考えられる。貞慶は、九条兼実・道家から帰依を受けているが、明恵もこの二人から帰依を受けている。恐らくこれも長房の仲介と思われる。建暦元年（一二一一）に、春華門院（後鳥羽院第一皇女。母・宜秋門院は兼実の娘）が亡くなった時、長房の差配によって、明恵は追善仏事を行っている（第三部第一章二・同第二章二参照）が、貞慶も五七日の仏事の導師を務めている。

二　思想的交渉

（一）般若空観をめぐって

以上見てきたとおり、両者の間には（少なくとも明恵側の資料で見る限り）深い交情のあることが知られる。また、明恵門下の間でも貞慶の所説が話題となっていたことが『光言句義釈聴集記』（明恵が自著『光明真言句義釈』を講義したもの）での言及から知られる。(1)

明恵と貞慶との思想的交渉を考える上で重要と思われるのは、『仮名行状』に見える次の記事である。

或時は仏道の入門、般若二空の妙理なり、これにあらずは大乗の大行立せざらむ。これによて三論の宗旨を検て、空観無生の妙理に思を摂す。笠置解脱上人、此事を聞て悦て云く、「我仏法にをいて《ママ》其の至要をさぐるに、般若真空の妙理、仏道の肝要なりと思ふ。恐れながら我安立するところ、はるかに符合すること不思議なり」

云々。（明資一・五四・七〜一〇）

これは、『仮名行状』の中で仏光観について述べるに先立って、明恵の修道論の展開を略述した箇所に見える記述である（第二部第五章参照）。明恵が「般若二空」「空観無生の妙理」を重視していたところ、貞慶から賛同を得た、というのである。

貞慶が「般若真空の妙理」を重視していたことは、彼の著『心要鈔』に示されている。本書は全体が八門で構成されているが、第八門として「覚母門」を立て、般若（覚母）の重要性を強調している。(2)

夫れ聖教の要は菩提に過ぎず。菩提の要は二利に過ぎず。二利の要は三学に過ぎず。三学の要は一心に過ぎず。一心の要は観心に過ぎず。観心の要は念仏に過ぎず。念仏の要は発心に過ぎず。発心の要は覚母に過ぎず。

（原漢文。『心要鈔』日蔵（新）六三・三二八上五〜八。本書は貞慶の説を弟子の良慶が筆記したもの）

もっとも、先の『仮名行状』に「或時は」とあったように、明恵の場合、般若空観への関心は一時的なものであり、最終的には『華厳経』に基づく仏光観を採用することになる。

（二）専修念仏批判

貞慶と明恵はいずれも源空（法然）の専修念仏を批判したことで知られている。貞慶は『興福寺奏状』の起草者と考えられており、明恵は『摧邪輪』『摧邪輪荘厳記』の執筆者である。

両者の論点には、かなり重なるところがある。『興福寺奏状』で専修念仏の過失として以下の九項目を挙げるが、このうち『摧邪輪』が触れないのは「釈尊を軽んずる失」「霊神に背く失」くらいである。

・新宗を立つる失　・新像を図する失　・釈尊を軽んずる失　・万善を妨ぐる失

・霊神に背く失　・浄土に暗き失　・念仏を誤る失　・釈衆を損ずる失　・国土を乱る失

しかし、『興福寺奏状』と『摧邪輪』とでは大きな違いがある。それは、『摧邪輪』では、「菩提心を撥去する過失」を中心として批判を展開しているが、『興福寺奏状』にはこのような視点は見られないことである。『興福寺奏状』では、「浄土に暗き失」の中で『観無量寿経』の「三福」（孝養父母・受持三帰・発菩提心）に触れるにとどまり、菩提心について特に重視しているわけではない。

しかし、貞慶自身は、先に引用した『心要鈔』に於いて「念仏の要は発心に過ぎず」と述べているように、菩提心（発心＝発菩提心）を重視している。同書には「出離の綱紀は先づ道心に依る。（中略）功小さく徳大なるは、発心に如かず」（原漢文。日蔵（新）六三・三五二上九〜一二）ともある。貞慶の思想を媒介にして考えるなら、『興福寺奏状』と『摧邪輪』とは同一路線の上にあるととらえることができる。明恵自身も、『摧邪輪』より前の著作では必ずしも菩提心を重視しているわけではないので、『摧邪輪』の所説は貞慶からの教示に淵源すると考えることも可能であろう（第二部第三章参照）。

三　『夢記』の中の貞慶像

明恵が生涯にわたって夢を記録し続けたことは有名であるが、彼の『夢記』には、何度か貞慶が言及される。それらを検討すると、明恵が貞慶に対して先輩としての敬意を払っていたことがうかがえるが、その姿勢には若干の変化があったことを推測しうる。

①建仁三年（一二〇三）十一月十九日(3)

解脱房より『華厳経探玄記』などの教義について質問され、答えた。（取意。大日本史料五編之七・四七一。山外本一・六）

②某年（承元三〈一二〇九〉年以前）[4] 二月二十七日

夢に、笠置の解脱房に参る。師の高僧大僧正なんど云ふ体の人の沙汰として文殊師利菩薩の木像を与へ給ふ。其の文殊の四の壁、屛風の如き物にして種々の文を書けり。其の具足、皆な賜はる也云々。（高山寺本第六篇　明資二・一六一下三〜七）

③某年（承元三年以前）

一　同廿一日京より登山す、其の夜の夢に云はく、解脱房を、糸野兵衛尉、之を請じ奉る。五日、居《す》ゑ奉らんと欲す。一日を過ぎて還らんと欲す。成弁思はく、是れ大明神なるか。心に思はく、若し大明神ならば其の寸法有らん。即ち解脱房の長を取るに、其の杖、二尺一寸也。而して、人躰、普通の如し。心に思はく、疑ひ無し。是れ明神なり。（白洲［一九六七］二一九頁に写真掲載、同二三一頁に翻刻。ただし前川の判断で翻字・訓読等を改めた。山外本三・五）

④某年（建保元〈一二一三〉前後？）某月十六日[5]

何処へともなく行くほどに、解脱房のいる所に到った。しかし、明恵は裸体であった。解脱房は一枚の裳をくれた。厭われている様子であった。又、一人の弟子がいた。覚円房であった。又、厭悪されている様子であった。ここから出ようと思って、さまよった。門の外に堂があった。そこは法輪寺であった。（陽明文庫所蔵本。山外本二・二）

⑤承久二年（一二二〇）九月二十四日

解脱御房、来たり給ふ。予、行水の為めに御湯帷を借り奉る。心に無礼の思ひを作す。即ち申し請ひて御形見に擬へむと欲す。時に一つの作りたる蓮花を与へ、又紙の裏物を賜はる。此の蓮花は邪輪の如し。心に思はく、先日又賜はりきと思ふ。（高山寺本第十篇　明資二・一四〇上一〜五）

①の夢が見られた建仁三年は、明恵が貞慶と会見した年である。ここでの貞慶は単に学僧というイメージに過ぎない。これに対して、②は、文殊像を与えられるという吉夢である。この夢を見た二月二十七日は、糸野から上京しようとした日であり（明資二・一六〇下一四）、この夢と同時に見た夢[6]はいずれも吉夢と見なしうるが、そこに共通するのは「危険が予期したほどのものではなかった」というモチーフである。そうした文脈の中で、②の夢を考えるなら、上京によって何らかの成果があることを予期するものと見ることができよう。③に於いては、貞慶が春日明神になぞらえられている。また、ここで言及される「糸野兵衛尉」は糸野に居館をかまえていた湯浅宗光と考えられる。宗光は明恵の外護者であり、彼の女房（または妻）は春日明神の降託を受け明恵に託宣を下す（『漢文行状』巻中　明資一・一一二）。既に述べたように、明恵はこの託宣によって春日を訪れ、その後、貞慶を訪問するのであるから、この夢で、貞慶・糸野兵衛尉・春日が結びつくのは自然である。貞慶が宗光に招かれ、さらに春日明神であることが判明するという、この夢の内容は貞慶に対する明恵の極めて高い評価を物語っているものと見てよいであろう。

これに対して、④⑤では、貞慶に対する感情は複雑なものとなっている。両者とも貞慶から衣服を与えられる点が共通しているのは不思議であるが、④では貞慶に厭われていると明恵は感じているし、⑤でも「無礼の思」を抱いた上、授与された蓮華は「邪輪」のようであったとされる。「邪輪」の意味は判然としないが、あまり良い意味でないことは確かであろう（なお、⑤で貞慶が「紙の裏物」を与えているのは、建仁三年の会見時に舎利を紙に裹んで与えられたことを反映しているのだろうか)。いずれの場合でも、明恵の側では、貞慶から非難されているかのように感じていると解しうる。

④の前に記されているのは、十三日の夢で、〝明恵を守護する女房が、自分の外出中に汚れた綿を洗って白い綾の中に入れてくれた〟という内容のものである。これを明恵は、罪が清められたことを示すものと解している(Girard,［1990］176–177)。さらにその前に記された夢は、十日頃のもので、〝深い井戸に黒犬が落ちて死んだ。白犬はつながれていたので落ちなかった〟というものである。これについても、明恵は、黒犬は罪業で白犬は善を示すと解している(Girard,［1990］174)。以上二つの夢が、罪業の浄化という点で同一線上にあることは見やすい。さらに、十三日の夢に出る綿や綾は、④の夢に出る裳と関連していることが推定できる。もしこのように考えてよいなら、裳を与えるということは、清浄な業を付与するということになるだろうか。しかも、明恵の印象では、貞慶はそのことを嫌々ながらやっている、ということになる。

⑤の夢についても、同様に、前後の夢との関係を考えてみると、この夢の直前に記される九月二十日の夢は〝虚空に出現した光るものが下賤の人に変化し、「明恵は未来に忉利天に生じるが五欲に執着することなく仏道を修行する」と告げる〟という内容である(明資二・一三九上六～下一四)。④の夢の後に記されるのは、十月三日の夢(木像の不空羂索観音が生身となり、明恵に小巻の『大般若経』を授ける)、十月十七日の夢(生身の釈迦に見参する)である(明資二・一四〇上六～一四)。いずれも明恵の宗教的境地を高く評価する吉夢と考えてよかろう。これらと対比して解釈するなら、⑤の夢に表現されているのは、明恵の貞慶に対する屈折した感情と言える。すなわち、自らの宗教的境地に確信を持ちつつも先輩である貞慶に遠慮する姿勢と解釈しうる。しかも、貞慶から与えられるのが「邪輪」であることからすれば、明恵は必ずしも貞慶のことを評価していないとも解せよう。

①②③と④⑤との間には、貞慶の死（建暦三年〈一二一三〉二月三日）がある。次節に見るように、明恵は貞慶の往生観に対して批判的である。『夢記』に於ける貞慶像の変容にも、このことが関係しているのではないであろうか。

四　往生観をめぐる相違

晩年の明恵の述懐を記録したものと考えられる『上人之事』には、寛喜元年（一二二九）九月二十二日の発言として次のような記述がある。

又仰云、「我は自二当時一住二都率一と存也。解脱房等の有様、□などに被レ勤被レ祈事、我は不二甘心一。心をこそしたふべけれ」。（明資一・六〇〇・一四〜一五）

ここで、明恵は自身の往生観と比較して、貞慶に対して批判的な口吻を漏らしている。現在既に兜率天に住しているという自らの心境と引き比べて、往生のために努力している様子を批判している。

貞慶が兜率願生者であることは周知のことであるが、兜率往生のための行業としては、以下のようなものが知られる（平岡［一九六〇］五七七〜六四九頁参照）。

・摩崖弥勒像のあった笠置への隠遁　・『大般若経』書写　・それを納めるための般若台の建立
・笠置山竜華会の復興　・『弥勒講式』等の作成　・元興寺玉華院での弥勒講始修

しかし、晩年、貞慶は海住山寺に移住し、臨終にあたっては観音の来迎を願ったと言われている。(7) これは、兜率往生にいたる中間段階として観音の来迎を望んだものと解されている（平岡［一九六〇］）。

一方、明恵の場合、建久九年（一一九八、明恵二十六歳）の『随意別願文』で兜率往生を表明しているが、それは一たび兜率に往生し、その後、釈尊に値遇することを願うという特異なものであった。また、春日の託宣では、「来生の兜率の往生は必定して遂ぐべし。我がこの詞をもて定量として御不審あるべからず。然れども我が思ふところは、今一二生も人間に置き奉りて、人間の導師とせむと思ふ」（明資一・一二三九～一二四〇）と告げられているし、夢でもしばしば兜率往生に関するものを見ていることから、明恵は生前から兜率往生を確信していたものと思われる。臨終にあたっては、弥勒菩薩の名を唱えて兜率往生を願ったことが知られる（定真『最後臨終行儀事』明資一・五六七・六～五六八・四）が、貞慶のごとく兜率往生が行業の中心とはなっていない。

このような兜率往生に対する温度差が、先の明恵の評言につながったものと考えられる。

しかも、このような貞慶に対する低い評価は、明恵周辺ではその後も継承されていったように見える。それを端的に示すのは、明恵の知友である慶政（一一八九～一二六八）が著した『比良山古人霊託』である。本書は、九条道家邸の二十一歳の女房に比良山の大天狗が憑依した際（延応元年〈一二三九〉）、慶政が問答した記録であるが、明恵については「明恵房高弁は、都率の内院に上生しおはします。（中略）近来、真実に出離得脱しおはします人は、この外には無きなり」と述べられているのに対し、貞慶については「解脱房とは誰人ぞや」「惣じてこれを知らず」と片付けられている（原カナ表記。新大系四〇・四七二・一五～四七三・五）。

また、『沙石集』では「春日の大明神の御託宣には、『明恵房・解脱房をば、我太郎・次郎と思ふなり』とこそ仰られけれ」（原カナ表記。大系八五・七〇・六～七）と述べられ、『春日権現験記』でも春日の託宣として「われは（中略）ことに三人に思をかけたり。三人と申は御房（＝明恵）と解脱など又京に一人あなり。此三人の中に御房にことに心をかけたてまつるなり」（群書類従第二輯　四九上一三～一七）と記されており、貞慶と明恵を比較して後者を上位に位置づけていることが知られる。

こうした評価は、いずれも明恵に対する春日の託宣、さらには明恵自身による貞慶の評価に淵源するものと考えられる。

まとめ

以上、貞慶と明恵との交流を明恵側の視点を中心として見てきた。二人の関係は、貞慶の死を境として変化を遂げる。生前の二人を結びつけるのは、直接には明恵への春日託宣であり、思想的には般若や菩提心への関心、専修念仏への批判意識であった。これに対して、死後に於いては貞慶の往生観が批判的にとらえられるようになり、明恵の貞慶に対する感情は屈折を見せるようになる。このような明恵の貞慶評価は、明恵死後の説話形成にも影響を与えていく。

註

（1）『光言句義釈聴集記』には以下のような言及がある。
解脱の御房も依他起性は実には無為に通ずなんど仰せられけるは入道等に仰せられけるにや。（原カナ表記。巻上　明資二・八二四・四〜六）
問ふ、理趣分の釈は法相宗の義より深しと解脱の御房仰せられきと申す人あり、如何。（巻上　明資二・八三三・一五〜八三四・一）
凡そは物の釈は其の経宗にまかすれば深き事もあれば、ただしかの如きの事どもは解脱御房もほつ〳〵と仰せ

らる、事どもはさもあるらむ。（巻上　明資二・八三五・三～五）
以上の言及のうち、「理趣分」云々については、以下の貞慶の発言が参考になる。
問ふ、大部広博なれば、何をか最要と為す。答ふ、第九・第十の両会の中、略して肝心を取る。第九能断金剛分は執を遣ること究竟す。第十般若理趣分は理を顕すこと最勝なり。「総会諸門顕理趣集修行諸門」と名づく。故に、此の法を行ぜば、必ず六度を具す。後の六会は則ち理趣法門の為めに説くが故なり。（原漢文。『心要鈔』日蔵(新)六三・三五五下一一～一四）

（2）なお、陽明文庫本『夢記』（山外本二・二）。註（5）参照）建保元年（一二一三）六月十九日条には、「覚母殿」なる存在が登場する（Girard［1990］171）。覚母は一般には文殊を指すが、この夢では「覚母殿」とは別に文殊が登場するので、覚母（般若）それ自体を人格化したものと考えられる。
（3）『大日本史料』第五編之七・四七三頁。
（4）明恵の諱はもともと成弁である。現存史料で「高弁」の名が初出するのは、承元三年（一二〇九）七月五日執筆の『金師子章光顕鈔』であるので、成弁の名が記された以下の二つの『夢記』は、これより前のものと推定しうる。
（5）本『夢記』は公刊されていないため、Frédéric Girard による仏訳を参照した（Girard, [1990] 175）。この『夢記』には、『摧邪輪荘厳記』の執筆（建保元年〈一二一三〉六月二十二日）及び『持経講式』の執筆（建保二年〈一二一四〉十二月七日）について記されているので、この夢についてもこの時期のものと推定しうる。
（6）要旨は以下のとおり。①鳥居のようなものがあり、はなはだ危険であったが、一人の童子に助けられて無事登り、頂上にあった薄板にとどまってから下りた。②入り江に潮が満ちてきたが、浅かった。③大盤石に先の童子と登ったが、思ったほど危なくはなかった。滑らないかと思って小石を投げたが、盤石の片腹にとどまって落ちなかった。④海辺に材木のような石があった。その表面は滑らかで、足で立つのに極めて良かった。その上を遊行した（明資二・一六〇下一五～一六一下二）。
（7）「病席の雑談、多く観音補陀落の事に在り」（原漢文。『観心為清浄円明事』日蔵(新)六四・二四上一二。本書は建暦三年正月七日執筆、同年二月三日に貞慶没）。

第四章　明恵の密教思想

はじめに

明恵の思想に於いて密教は大きな比重を占めるが、その内容については、華厳思想との融合（「厳密」〈石井教道〉）という枠の中で語られてきた傾向が強い。特に壮年期から晩年にかけての、仏光観と光明真言・五秘密法の合行、光明真言に基づく土砂加持などに関心が集中してきた。

しかし、それは明恵の密教の一面に過ぎない。たとえば、彼は在家者の求めに応じてしばしば修法を行っているが、ここでは純然たる密教者として振る舞っている。

明恵の密教の全体像を見るには、彼の弟子たちが著した聞書類が多くの資料を提示している。それらでは、明恵は教相・事相にわたり密教について多くを語っている。これらの聞書類は、明恵の中年代（建保四年、明恵四十四歳）から晩年にかけての説示を収録したもので、円熟期の明恵の密教思想を示すものと言える。

本章で取り上げるのは、以下の三点である。

・『真聞集』　隆弁記（一部に霊公〈霊典〉・定真の聞書を含む）　七巻（本・末・一・二・三・四・五）
・『栂尾御物語』　定真記（？）　三巻（上・下・三）
・『高山随聞秘密抄』　霊典記・光経類聚　一巻

※いずれも『明恵上人資料　第三』所収。以下の頁数表示は、該書による。本文はカナ表記（一部漢文）であるが、引用にあたっては読みやすいように表記を改める。出典表示は、たとえば『真聞集』本は「真本」、『高山随聞秘密抄』は「高」と略し、他もこれに準じる。

年代が判明する説示を見ると、『真聞集』は建保四年（一二一六）四月二十四日（ただし定真記。真四　二七一上八）から寛喜元年（一二二九）六月十日（真末　二〇三下三）にまでわたっている。『栂尾御物語』の方は、建暦三年（一二一三）十月十九日（栂下　四〇九上一）から寛喜元年十月二十一日（栂三　四二七上八）までである（『高山随聞秘密抄』には年代の判明する記事がない）。

一　密教者・明恵の形成

『行状』などの伝記資料によれば、明恵は神護寺で出家した後、仁和寺で教育を受け、師の上覚から灌頂を受けている。

養和元年（一一八一）　神護寺に入る（明恵九歳）

仁和寺土橋恵房尊実に空海著作を、賢如房尊印に『悉曇字記』など学ぶ

『漢文行状』巻上「而るに彼の律師（＝尊印）悉曇に於て頗る分明ならず。其の説を受くと雖も、聊か思慮を廻すの処に、夢中に一人の梵僧に対して彼の疑端を決す。（中略）夢覚の後、律師に対して之を問ふと雖も、猶ほ分明ならず。夢中の指授、師範、之を知らざるか」（原漢文。明資一・九一・四〜七）

文治四年（一一八八）　神護寺・上覚について出家

建久元年（一一九〇）　上覚より十八道伝受
『漢文行状』巻上「其の後、此くの如く不吉祥の相、度々之を示す。行法の間、其の方軌、頗る分明ならざる故か。仍て師範に対して之を問ふ。猶ほ以て明かならず。又、種々好相等を感ず。善悪相交る。弁へずはある可からず。早く儀軌・本経に依て、広く聖教の旨趣を勘へて、此の事を竅（あき）らむ可し。之に依て弥いよ鑽仰を営む」（原漢文。明資一・九三・一五〜九四・二）
建久二年（一一九一）　金剛界伝受（『漢文行状』によれば、勧修寺・興然より）
建久四年（一一九三）　この年より一両年、東大寺に通う
建久六年（一一九五）　神護寺を出て、紀州白上に結庵
建仁二年（一二〇二）　上覚より伝法灌頂
諸種の血脈によれば、明恵は、興然から勧修寺流を、上覚・実叡から仁和御流を受けている（明資二「明恵上人関係血脈集」参照）。
勧修寺流については、『真聞集』の記事などからして興然から伝授を受けたのは確実であるし、高山寺には『四巻抄上巻聞書』（『四巻抄』は興然が勧修寺流の口決を集成したもの）の写本が残されているので、明恵の系統では重視していたと思われる。興然（保安二年〈一一二一〉〜建仁三年〈一二〇三〉）は事相の大家であるが、明恵との関係で注目されるのは、『千輻輪相顕密集』（大正七七所収）である。これは文字どおり釈迦の両足の千輻輪相の功徳について顕密の諸文を集めたものである。明恵が、釈迦の遺跡への信仰を持ち、その一環として仏足石も含まれることを考えると、興味深い符合と言える。
仁和御流については、「普通の事相真言師の中にも行遍僧都なんどに尋れば御室の御流に全く灌頂の印信なんど

に多説なき也。又多印なき也と云々」（真一　二四八上二～五。※行遍＝寿永元年〈一一八二〉～文永元年〈一二六四〉、仁和寺菩提院の僧、後に東寺長者）との言及がある。

また、下記のような人々との交流も知られる。

先年侍従僧正真恵之許向事ありき。高雄の寺務の時也。（真一　二二六上一一～一二。※真恵＝長寛元年〈一一六三〉～暦仁二年〈一二三九〉、石山寺座主、東大寺別当、東寺長者を歴任）

吉水の僧正御房（＝慈円）、熾盛光明堂に鏡に[illegible]字を書て懸給るは熾盛光仏頂ダラニ経の意歟云々。（栂上　三九一上一～二。※慈円＝久寿二年〈一一五五〉～嘉禄元年〈一二二五〉、建永元年〈一二〇六〉吉水に熾盛光堂を造営し大熾盛光法を修す）

二　明恵の密教

聞書類からうかがわれる明恵の密教思想は、当時の真言宗の教学的傾向と比較すると、幾つかの特色を有するものである。

（一）明恵の「秘事」観

まず、事相の面で言うと、中世の真言宗では、「野沢十二流」（鎌倉期には、広沢九流、小野二十七流）などと総称されるように、多くの流派に分かれ、それぞれに独自の口伝等を伝えていた。明恵は、このように些細な事相の違いを「秘事」とするような傾向には批判的であり、「名利を離れる」という心の在り方こそが「秘事」であるとしている。すなわち、名利を離れる心さえあれば、どのような印・真言であれ、成仏を可能にするというのである。

当世の真言師、灌頂の印信にも種々の不同を習て大旨は人の知らざることを秘事と思へり。(中略) 近来の真言師はあらゆる法にも皆種々の秘事を習へり。こざかしからむ物は細々なること、いくらも秘事と云出しつべき事也。只予が秘事と存するは名利を離たる行を云也。名利を離なば一印一言皆真実の出離の要門也。(真三　二四七下五～二四八上二)

ちなみに、このこととの関連で明恵がしばしば引き合いに出すのが護身法である。護身法は修法などの前に行うもので、浄三業・仏部三昧耶・蓮華部三昧耶・金剛部三昧耶・被甲護身の五つで構成されるが、明恵の解釈では、浄三業で五処を加持するのは種子を熏じ、被甲護身で五処を加持するのは五智を成ずるとする。また、浄三業から被甲護身にいたる五つは順に十信・十住・十行・十回向・十地にあたるとされる(真三　二四八上五・二五一上四・二五六上一。栂上　三九二上一〇)。すなわち、護身法の中に仏道修行の全体が含まれているのである。

詮ずるところ、この護身法ばかりを行ずとも名利邪求の咎をはなれて修行せば速疾頓証の法門これにすぐべからざるなり。(真一　二三四上一一～一四)

「惣て顕密と浅深とは人の心にこそあれ」(栂上　三九二上一二)というのが明恵の基本姿勢であり、「秘事」そのものよりも心の在り方に根本があるというのである。

(二) 顕密の関係

次に、教相の面では、顕密の関係をめぐって両者の間には大きな考え方の相違がある。仁和寺の済暹(万寿二年〈一〇二五〉～永久三年〈一一一五〉)などを嚆矢とする中世の真言学では、台密(特に安然)の主張に対抗し、それを超克することが目指された[1]。教判としては十住心判に基づき、顕教に対する密教の優越性を示そうとする傾向が強い。

明恵は、そのような真言師の姿勢を批判し、顕教（特に華厳）と密教との一致を主張している。たとえば、密教の大日如来と『華厳経』の毘盧遮那如来とは同一であるとし、五相成身に於いて定中で礼仏などをするのは『華厳経』で滅定より起たずに威儀を現ずるのと同様であるとしている。さらには両部曼荼羅は華厳の事事無礙を基盤としているとの解釈も示している。

顕密浅深事　相を尽し性を窮めて諸法の道理を説こと、顕教なり。初小乗より終り花厳にいたるまで真言の宗義に違ふ可からざる也。（中略）されば花厳等の法門を引入て真言の事相に習には教門の前にも深也。秘密の方にも深也。旁深也。（中略）華厳（ママ）の六相十玄を能々しりたらむ真言師は大日経等の事相字義の深旨、ことに能く心得可き也。故に好て浅深を談ずるは詮無き事也。真言教の深密の様を得て後、真言は深し顕教は浅しと云は、ことはりに叶ふ可し。只口胸に任せて浅深を判ずる事は能々斟酌す可き也云々。（真二一　一三六下五～一三七上七）

花厳十身舎那相好与真言大日相好事　十蓮華蔵微塵の相海は花厳に委く説けり。真言には別して花厳に説ける程は委しからざる也。即ち是れ花厳に譲て説かざる也。大日の相好は只相海品の定なり云々。（真三二　二五一下六～一〇。栂上　四〇六上五も同趣旨）

一　礼定中諸仏事　五相成身の時、定中に呪を誦し諸仏を礼するは花厳経等の中に「滅定を起たず諸の威儀を現ず」と説くの義也。深教の意は定散自在の故也。（真三二　二五八下四～七）

両界万太ラ（＝曼荼羅）と云も真言行者自生（＝性）清浄法身を観ずるに事理人法の徳、一心に備りて無导なるが故に事□触して㬅ダラの職位を定て内外を分て種々の幖幟を案立す。（中略）只行人一心上、此くの如くの一徳を備るを観ずる様也。されば花厳の事々相即一多無㝵の法門に依て此義を成ず可き也。（栂上　四〇六下二〜一二）

一方、こうした顕密一致の立場を解しない当時の真言師に対しては批判的である。また、自らの立場が一般的でないことも自覚していたようである。

大日経と顕教の経とを此くの如く一様に云ひなすとて今代真言師等は定てしからむずれども（後略）（栂上　四〇五下一二〜一四）

今代わづかに印真言ばかり相伝したる木（＝生《き》）真言師達、左右無く顕と云てさげ、密と云て深と思へるは如法をかしき事也。（栂上　四〇六上一四〜下二）

近代真言師等、多分、我慢偏執を以て宗と為す。尤も遺恨の事也。（真二　二三九下九〜一一）

惣て近来の真言の大先達と云ふ人の心操、無端（あぢきなき）事なり。（真三　二五〇上四〜五）

たとえば、明恵とほぼ同時代の海恵（承安二年〈一一七二〉〜承元元年〈一二〇七〉）の『密宗要決鈔』には以下のようにあり、明確に真言勝・華厳劣の判断がなされている。

問ふ、真言の義理、何ぞ花厳に勝るや。　答ふ、彼の宗自ら「性海果分は機根を離る」と云ふが故に、今立つる所は縁起因分なり。謂ふ所の因分とは斯れ乃ち花厳なり。置く所の果分とは則ち是れ真言なり。二宗の勝劣、何ぞ再び問はんや。（巻十四「花厳与真言円融義有差別事」。実範『大経要義鈔』の引用。原漢文。真全一七・二八二上五〜七）

海恵は守覚の付弟で仁和寺住侶である。明恵は仁和寺とは近い関係にあるので、明恵が念頭に置いていたであろう真言宗の一般的趨勢をうかがうに足るであろう。

（三）密教の独自性の否定

具体的な教理内容に於いても、法身説法や即身成仏について、明恵は、それらが密教独自のものであることを否定している。法身説法については、『円覚経』の法・報不分の教主と同一と解し（第二部第四章四参照）、即身成仏については、三業ともの成仏を言うのが密教で、意業に重点を置いて成仏を言うのが顕教であるという差異があるに過ぎないとしている。また、南天鉄塔より広まったが故に密教は釈尊の説ではない、という説には、竜樹が竜宮で『華厳経』を発見したという例を挙げて、釈尊説とすべきことを主張している。

密教は三業等く成仏の義を談ず。顕教は妄執を空じて其心理性に称ふ位に即身成仏の義を談ず。此こそは又顕密の替目なれ。成仏を云ふ事は顕密共に同也。（高　四七〇下一二〜四七一上一）

顕宗には自受用身は他の為に説法すること無し〔と〕云也。真言宗には一の仏加持身と名て説法得益せしむる也。而るに、自性法身説法と云事、此仏加持の身、其住処は即法界宮也と云故、法身と一体と談ずるが故に、法身説法とは云也。此の如き義は真言宗にも限ず、顕教の談にも円覚経教主をば法報不分の身なんど云は此義也。（真一　一二三七下七〜一二三八上一二）

南天鉄塔より真言は弘れりと云て尺迦の説に非ずと云事返々不可〳〵。此花厳を竜宮より竜樹涌出すに異る可からざる也。（栂下　四一三上三〜五）

ここでも、海恵を参照しておくと、海恵は即身成仏が真言宗独自の説であることを明言している。(2)

天台華厳の頓証の義は、竜女が成仏か。然らば、真言に濫ず可からず。（中略）四に実に約すとは、彼の両宗の究竟の成仏は真言門に於いては入道の初門なり。浅略の教相なるが故に、頓証頓断の即身成仏、成立し難き所なり。（『密宗要決鈔』巻五「於諸教闕而不書事」。信証『住心品抄』からの引用。原漢文。真全一七・九九上七～下一二）

私に云く、即身成仏は真言秘教の奥旨なり。（同上「胎蔵教意不説即身成仏云事」。原漢文。真全一七・一一二下一一）

（四）台密との関わり

このように顕密の一致を強調する明恵の密教理解は、台密に通じるものがある。事実、明恵は安然や源信の所説を自説のために援引している。また、天台宗の法華三昧と、『法華儀軌』による法華三昧とは同一である、とも論じている。

安然等は真言教主は受用法身と判ぜり。（真二　二三八上三～四。栂下　四一二上一一も同趣旨）

安然義　花厳は大日経の浅略の形相を説く。大日経は法花の最深秘処、理趣分、般若の最深秘処と尺せり。（栂下　四一二下一四～四一三上二）

横川源信、信位に解行徳を具すと云ふ経文を引て信位の成仏を談ぜり。（高　四七八下一三～一四。栂下　四一一上七も同趣旨）

天台大師の法花を誦して証給へる法花三昧と又真言行者が法花の儀軌に依て得たらむずる法花三昧とは一の法花三昧也。（栂上　四〇六上六～九。真三　二五一下一一も同趣旨）

まとめ――明恵に於ける「密教」の位置――

以上見てきたように、明恵の密教関連の聞書には天台宗に関する記事が散見するが、明恵の密教の基本は真言密教であり、顕密の一致という主張は、台密の影響というよりも、明恵自身の仏教観に由来するものと考えるべきである。

『漢文行状』巻上によれば、十三歳の明恵は、文殊の威神によって「如実の正智を得、仏意の源底を究めて、聖教の深旨を悟らむ」（原漢文。明資一・九二・二～三）と思い、文殊五字真言を日々千遍となえていたが、その時、師匠である土橋法橋（尊実）に灌頂を授けるという夢を見た。

是れ真言大匠たる可きの瑞夢か。但し、頗る祈請の本意に非ず。所存は密教の知法をも楽（ねが）はず。顕宗の碩学をも好まず。只仏意を得て、教の如く之を修せむと欲《おも》ふ。（原漢文。明資一・九二・六～七）

また、十八歳で遁世の志を立てた時に、次のように考えたとある。

又、真言行法、難思の神験有り。若し修め得ずは、他念有る可からず。然れども、仏法の大綱を伺はずは、争《いか》でか正理に達せむ。教文の雅訓に拠らずは、誰か深意を悟らむ。先づ聖教の玄理を捜（さぐ）り得て、其の後隠遁の素懐を遂げむと欲ふ。（原漢文。明資一・九四・三～五）

いずれに於いても、密教それ自体とは別に、「仏意」や「深意」が求められていることに注目すべきであろう。明恵に於いて、密教は「仏意」を知る上で助けとなる「神験」を与えてくれるとはいえ、「仏意」を求めることを抜きにして、密教のみの行者となることは忌避されさえしているのである。

もっとも、明恵には、顕教・華厳宗を陸地に、真言宗を無差別の大海にたとえたり（真三　二五四下一～七）、華厳宗の六相円融に対比して真言宗を「ふかきそこ」にたとえたり（栂三　四二四上八）する箇所もある。明恵には、密教の実践上の有効さは認めつつも、顕教的な知的・分節的な理解を志向する傾向が強かったのではないだろうか。

この点で、明恵の次の発言は注目される。

真言の法門は顕宗にとりてはみな浅教所談の法也。細工の綾羅のきりはしをもて物の用にしたつるが如し。彼浅義を秘密となすをふかきとする也。（栂三　四二四下一〇～一三）

もし顕密が一致するなら、密教のみで十分のはずであるが、明恵がこの途を採らなかったのは、真言密教の教相に不十分なものを感じたからである。上覚から十八道を伝受した際のエピソードから察するに、密教を「聖教の旨趣」に基づいてより深く理解するために、彼の華厳学研究は必要であったのである。

ここからすると、密教を華厳学によって理解し、その密教を華厳学の実践化のために利用する、という往還運動として明恵の「厳密」を理解することができよう（本書第一部第五章四も参照）。

註

（1）　済暹は以下のように述べ、安然の説を不十分なものとして斥けている。

如『菩提心義』云（中略）問。天台有云、一生心雖成仏、本業報身必可捨也。有云、父母生身変成法性。一生色心皆是法性。更何取捨。此二義中今同何義。答。今同後義文。而今私曰。可用初義云云。称真言意故。（中略）『秘蔵記』意、与初説同也。後説只称天台意也。不称此『菩提心論』之密宗義也。（『金剛頂発菩提心論私抄』四　大正七〇・二八中二～下五）

問。就秘密曼荼羅宗意判仏身而立幾法身義耶。

答。略有二義。

一者凡以一切経論所説三身四身仏而為法身義。

二者唯以法界宮密厳土中主伴互為自受法楽四種仏身為真実四種法身仏也。自余名為摂末帰本法身義也初義、安然闍梨等所存義也。後義、高野大師所立義也。。（『四種法身義』　大正七七・五〇二上一九〜二四）

問。安公意是於真言家仏立法爾有・随縁空二義耶。

答。此師意於真言家四種身、但立四種法身随縁有義与与《ママ》法然性空義。而安公未覚悟建立四種法身法然実有義。但立随縁之性空仮有義。此義如常途也。弘法大師唯具足建立是二義也。（同上　大正七七・五〇三下一一〜一六）

（2）　同様の理解は、当時の多くの密教者に共有されている。

静遍（一一六六〜一二二四）『秘宗文義要』巻三
問。頓証之教、専限此宗歟。（中略）
私云。頓成実義、只在此教。以能得人、悟本有仏。是則即事〇（而）真直道。或云等妙頓旨。或云便転法輪。（中略）一乗教意、雖許頓成、唯約理観、全非実証。若論実道、必経三大、断惑証理、論次位故。而課彼宗、頻談速証。事理参差、教行乖角。争盗醍醐、豈非此謂。顕教修行、経歴遠劫。自宗所判、其文明。（真全二二・一〇三下六〜一〇四下二）
問。成仏実道、独在密教歟。（中略）
私云。顕密不同、非啻修行遅速勝劣。真実成仏、唯限此教。八万教門、其路区分、証無生位、廻入一道。是非自力。必蒙驚覚。驚覚之義、不能委之。其無生位、随宗不同、証得之刻、皆悟真言。当知、諸宗有教無人。
（真全二二・一〇四下一五〜一〇五下八）

道範（一一七八〜一二五二）『初心頓覚鈔』巻上
菩提を得る時、強に諸法を空じて法界と成るには非ずと云は、顕教の習は菩提を得んとするには万法を空じて、うしない《ママ》、妄念を払ひ除て得ぞと云也。得たる菩提は何なるぞと云へば、青黄赤白の色にも非ず、方円三角の形にも非ず、言語道断心行処滅するぞと教る也。又、真言の菩提を得には、妄念妄境を捨て、無色無形を期する事は無きぞ。父母所生の肉身が六大法身両部大日ぞと知るを菩提を得るとは云事也。（原カナ交り漢文。真

全二二・一五一上三〜九）

余教とは真言の外の禅律大小の顕教也。彼の顕教の至極の所は妄念妄境を離れ青黄赤白に非ずと仏、説玉へる也。（中略）をろかなる衆生の心をなぐさめん為めに、真実の所は色も無し、形も無し、心も詞も及ばぬぞ、と説れたる也。（中略）自身が五大五輪、心中が五智五仏、娑婆が浄土、草木が三摩耶形なる義は真言教ばかりに顕す也。（中略）真言教の意は、直に即身成仏の旨を説て、即事而真の理を顕す故に、煩悩生死の黒闇をも捨てず、菩提涅槃の果徳をも取らず、挙手動足も印契と成る、麁言軟語も陀羅尼ぞと謂る功徳を延る也。（真全二二・一五二下一一〜一五三上九）

第五章　明恵の教判説

はじめに

教判（教相判釈）は、一定の価値基準に基づいて、仏教の諸教説を序列化するものであり、その仏教者の仏教理解を端的に示すものと言える。

本章では、明恵の教判を再構成し、顕教・密教にわたる彼の教理理解の全体像を示し、これをもって第一部の結びとしたい。

一　教判論の資料

明恵には教判だけを主題とした著作はないが、多くの著作の中で教判に関わる発言を行っており、それらを整理することで、彼の考える教判を再構成することができる。

以下、本章で参照する諸著作を列挙しておくことにする。

・『華厳唯心義』　華厳五教判に於ける始教と終教との差異について論じている。

・『金師子章光顕鈔』　五教判に注釈。本書に於ける明恵の主張については、坂本［一九五六］（四六一～四六八頁）

が詳細な検討を加えている。

・『摧邪輪』　後に述べる六宗が提示される。

なお、明恵に於ける華厳思想と密教との融合という観点からは、『華厳経』に基づく仏光観と光明真言・五秘密との融合を意図した『華厳仏光三昧観秘宝蔵』が重要であるが、顕教と密教との原理的な関係については論じられていないので、本章では視野の外に置くことにする。

次に弟子たちによる聞書としては以下のようなものがある。

・『起信論本疏聴集記』『起信論別記聴集記』　それぞれ法蔵の『大乗起信論義記』『同別記』に基づく明恵及び喜海の講義を、明恵の孫弟子にあたる順高が編集したものである（柏木［一九八二］参照）。『大乗起信論義記』で提示される四宗判に対して注釈している他、顕密の関係についても発言している（以下、それぞれ本疏聴集記、別記聴集記と略）。

・『解脱門義聴集記』　本書は明恵自身の著作である『華厳修禅観照入解脱門義（以下、解脱門義）』についての講義である。『解脱門義』は先に触れた仏光観について論じた著作であるが、本講義は『解脱門義』そのものよりも密教的になっている点が特徴である。それに関連して、顕密の関係についての発言が見られる。

その他、密教の伝授・口伝を中心とする聞書に、隆弁筆『真聞集』、定真筆『栂尾御物語』、霊典筆『高山随聞秘密抄』があり、日常の教訓などを主とする語録的な聞書として長円筆『却廃忘記』がある。これらには、主として顕密の関係についての発言が散見する。

以上のような諸資料のうち、最もまとまったかたちで明恵の教判を示しているのは『摧邪輪』で示される以下の六宗である。

且如㆘説㆓縁生実有㆒破㆗自性因㆖、甘露門是初開小乗也。

縁生故、畢竟皆空、真空中二辺不㆑立、是為㆓中道㆒三論宗也。

此中道義中、有㆓依他法相㆒、八識三性等無辺法相、是得㆓成立㆒法相宗也。

此法有㆓空仮中三義㆒、即空即仮即中也天台宗也。

具㆓此諸義㆒事法、有㆓十玄六相徳㆒。事事無礙義、是得㆓成立㆒華厳宗也。

此諸義遍㆓法界㆒而無辺。即不㆑離㆓我三業㆒、転依成㆓三密門㆒。遍法界身業、即身密也。遍法界語業、即語密也。遍法界意業、即意密也。倶遍法界故、身等㆑語、語等㆑意、三業皆平等。三平等義是得㆓成立㆒真言宗也。

浅深絞絡、成㆓一大法門海㆒。竪論、有㆓重重浅深差別㆒。横観、為㆓一味平等法門㆒。（旧仏教　三五七上一九～下九）

これらが六宗を漫然と並べたものでなく、一つの発展系列の上にあるものとして把握されていることは明らかである。すなわち、小乗の説く縁起説から始まって、空・有の関係を軸に次第に教説が高度化していき、最後に真言宗の三密平等の教説にいたるというかたちで、六宗が体系化されている。

以下で検討していくように、この六宗判は、華厳宗の五教判に対する明恵自身の解釈と、顕教・密教の勝劣とを組み合わせたものである。その意味では、この箇所は短いながらも、明恵の教判の全体像を示すものと考えられる。この六教判を前提としつつ、以下では、それぞれの宗の位置づけについてより細かく検討していくこととしたい。

なお、『摧邪輪』では、「宗」について、次のように定義している（岩田［二〇〇〇］参照）。

今所㆑言五宗八宗等者、簡㆓釈諸法自共相㆒、妙尽㆓空有等底㆒。（中略）尽㆓広多諸法性相㆒、可㆑為㆓大宗㆒。（旧仏教　三八三上二〇～下三）
例如㆘以㆓華厳経㆒為㆑本、以㆓一切経論㆒為㆓所依㆒、成㆓一宗㆒、以㆓法華経㆒為㆑本、以㆓一切経論㆒為㆓所依㆒、成㆗一宗㆖。

（旧仏教　三八三上七～九）

要するに或る経典を中心として、仏教の一切の教説を体系的に説明するものが「宗」ということになる。それ故、「以㆓称名㆒為㆓宗義㆒、立㆓一宗㆒」（旧仏教　三八三上六）は不可とされ、法然の浄土宗は「宗」としては認められず、教判の中からも除外されることになる。

二　法相宗の位置づけ

明恵の六宗判に類似するものとして、空海（『十住心論』『秘蔵宝鑰』）の提示した十住心判と、凝然（『八宗綱要』）が南都の伝統説として提示した八宗判とがある。関係する箇所を摘記しておくと下記のようになる。

十住心　……声聞・独覚・法相・三論・天台・華厳・真言

八宗　倶舎・成実・律・法相・三論・天台・華厳・真言

一見して分かるように、先述の六宗判と比較すると、法相宗と三論宗の位置づけが逆になっている。この点は明恵の教判の大きな特徴であり、彼の問題意識がよく表れている箇所でもあるので、詳細に検討してみたい。

（一）法相宗と三論宗

明恵の議論の前提になっているのは、法蔵が『華厳五教章』等で提示した五教判である。

五教判　小乗教・大乗始教・大乗終教・頓教・円教

五教判では、大乗始教の中に『般若経』と『解深密経』とが含まれるので、それぞれを依経とする三論宗と法相宗も大乗始教に含まれることになる。ここで問題となるのが、三論宗（般若経）と法相宗（解深密経）のどちらの方が優位にあるのか、という点である。この問題についての明恵の主張は『金師子章光顕鈔（以下、光顕鈔）』に見られるところであり、この書の教判説については坂本［一九五六］による詳細な研究がある（第一部第二章三（一）参照）。結論だけを言えば、明恵は大乗始教を始・末に分け、空門（般若・三論）を始とし、不空門（解深密・法相）を末とするとともに、『解深密経』は空・不空の両方を説くので、始教と終教とにまたがるとするのである。また、五姓各別と一切皆成との違いによって始教と終教とを区別し三論は後者に属するとする説を紹介して、これを批判し、あくまで空・不空に基づく区別、及び八識説を説くか否かという視点に即して教判を立てることを主張しているのである。ここでは、坂本が参照していない聞書類での発言によって明恵の主張を見てみよう。

又、華厳宗の学者、三論宗を五教の中の終教に収むと多く云ひ伝へたり。而に我れ少年の昔より此事を不審す。謂く、五教中の始教大乗の摂なるべし。始教に取りても今の四宗の中の真空無相と唯識法相宗とを摂したるに猶真空無相は前に立つ也。則、三論は真空無相宗の摂也。何ぞ第三の終教に摂す可き乎。甚だ此義不可也。宗家所所の釈爾か見たる歟。今の釈も爾か聞へ（ママ）たる也。真空無相宗は七・八二識を説かざる也。無下に浅教也。唯小乗の有を空ずる教也云云。今三論宗を始教に立ると云事は上人の御義也（原カナ表記。『本疏聴集記』巻三末　日仏全（新）二七・一三五上二一〜中三。柏木［一九八二］三八三〜三八四頁参照。『光顕鈔』巻上〈日仏全（新）三六・一八四下一五〜一八五上二一〉も同趣旨）

ここで明恵が参照しているのは、法蔵の『大乗起信論義記』で提示される四宗判（随相法執宗・真空無相宗・唯識法相宗・如来蔵縁起宗）である（大正四四・二四三中二三〜二八）。この四宗は、順に、小乗・三論・法相・終教に対応するので、始教の中でも三論が先で法相が後になるというのである。教理内容として、三論では、八識説が説かれていない点と、単に小乗の有に対する空を説いているに過ぎない点とが挙げられているが、後者については次の引用でさらに明確にされている。

大乗終（始？）教の内にも般若の無相は浅く深密の空は深き也。般若は小乗の有を空じ、深密は空の上の縁生の有を談ず。此有を還て空ずる也。故に深く成る也。是は始教の終に終教につづけむ料に出くる空也云。（『別記聴集記』巻下末　日仏全（新）二八・一四四下三〜七。『光顕鈔』巻上〈日仏全（新）三六・一八六上九〜一八七上一一〉も同趣旨）

すなわち、『般若経』も『解深密経』も空を説くとはいえ、前者の空は小乗の有を否定するだけであるのに対し、後者は『般若経』の空を踏まえて有と空とを説いているので、より深いと解するのである。これは『解深密経』そのものの教理内容から見て妥当な解釈であるだけでなく、このように解釈することで、始教から終教への移行に、三論（空）→法相（唯識）→終教（如来蔵）という一貫した方向性のあることが明確となる。また、次項に見るように、八識をどう解釈するかで始教と終教は区別される、と明恵は考えており、この点でも八識説を説かない三論は法相に劣る、ということになるのである。

（二）法相宗と終教

一方、主として法相宗を念頭に置いて、始教は終教の立場から厳しく批判されることになる。ここで問題となるのは、「真如の凝然・随縁」という問題である。具体的にいえば、真如と第八識（阿頼耶識）との交渉を認めるか否かの問題である。これを認める終教では、第八識は不生滅の部分（真如）と生滅の部分（無明によって随縁した第八識）との両方を有するので「具分唯識」とされ、真如の随縁を認めない始教では生滅の部分しかないので「一分唯識」とされる。

此心に此生滅・不生滅の二義を具するを具分唯識と名く。是は大乗終教の義也。若始教には唯生滅の八識を説が故に一分唯識と名く。（中略）始終二教の心によるに一分・倶分二種の唯識遥に異なる也。（原カナ表記。『華厳唯心義』巻下　日仏全(新)三六・二二七中六～二〇）

真如は白布の如也。無明は紺の如し。云く、根本無明は真如熏動して阿頼耶識を成ず。七転識、又此阿頼耶に依附して種子を熏ず。此種子より又阿頼耶識を生ず。一切衆生皆是れを以て体とす。此識体、此位に於て無覆無記性と判じ一向生滅の義を立つ。便、瑜伽唯識等宗の意は此位に就て第八識を謬る也。是れは浅機の為めに一位に就て論ず。遂に一切位中に無記なる義無き也。（同上　日仏全(新)三六・二三三中一七～二四）

又、此の真如随縁の義是れ大乗実教の所説也。敢て権教の所説に非ず。故に清涼大師、権実二宗に付て十門の浅深の差別を出し給ふ中に第四に真如随縁凝然別の一門あり。彼権教中に真如は凝然なりとして随縁の義なし。（中略）如来蔵即是頼耶識と知らざる権宗の恵に悪恵と名くる也。（同上　日仏全(新)三六・二三六上一二～一三）

「性相二宗の中に権実の教義区に分れて浅深差別なりと雖も、皆機根に随ひ因縁に任せて悉く煩悩の用を破り生死の域を出ざるなし」（同上　日仏全(新)三六・二三六中二～四）とも言われているが、「（華厳宗の）此等の諸徳、たゑ《（ママ）》に諸経諸論の意趣をさぐりて各各権実二宗の差別を判ずる中に凝然不変の義を以て権教未了の談なりといひ、随熏起滅の理を以ては実教了義の説なりと定め玉へり」（同上　日仏全(新)三六・二三六中二一～二五）と結論づけられている。ここで重要なのは、華厳宗の立場が終教（実教）の側にあるものとしてとらえられていることである。明恵の理解では、終教を基として華厳宗の立場が成立すると考えられている。

性起と云は此宗（＝華厳宗）に申す事也。真如随縁の義は終教より云て、さて云あげて性起とは云也。（原カナ

表記。『解脱門義聴集記』第十　聴集記一八三・一六）

明恵の弟子である喜海も次のように述べている。

頓教・円教の語の起る定は終教也。終教にて理性のある様を説くに誠にさりけりと云ふ理のある所こそ頓教にてはあれ。（原カナ表記。『本疏聴集記』巻十五末　日仏全（新）二八・八四下八～一一）

始教と終教とを橋渡しするのが『解深密経』であったように、終教と円教とを橋渡しするものも想定されている。それは、次節で見るように、経典としては『法華経』であるが、『大乗起信論』の中の教説についても、次のように言われている。

「極相違而極和合者是無障無礙法」と云は、此の義は終教の分には過分せる法門也。終教の真如随縁の上に後教の事事無礙等を建立する故に、後教にうつらんが為に、当教の終に此くの如き事出くる也。（原カナ表記。『別記聴集記』巻下末　日仏全（新）二八・一四四中一六～下三。「極相違」云々は法蔵『大乗起信論義記別記』の文〈大正四四・二九四中一九〉）

なお、頓教については、澄観以来の説にしたがって、禅宗に相当するとされている。明恵が禅に関心を有していたことはよく知られているが、教判論の上からは大した言及はない。

三　法華経と天台宗

『華厳経』（華厳宗）が円教に属するのは自明とも言えるが、問題は天台宗の位置づけである。華厳宗の教判説からすると、『法華経』は一乗の中の同教、『華厳経』は一乗の中の別教ということになり、一応『法華経』を依経とする天台宗は、華厳宗より劣位にあることになるが、明恵の口吻では、両者の優劣の関係は、始教と終教との優劣ほどには厳しく論じられてはいない。むしろ同じ一乗ということで同列に扱っているかのように見える。

法華は機を収むる事広ければ深しと云ふ。花厳《（ママ）》は深ければ深しと、ひたむくろにありのまゝに深しと云ふ也。天台・華厳の論は此也。機をひく方をば法華と云ひ、入り終る所は華厳也。さればこそ法華・華厳は一乗にてはあれ。若体各別ならば一乗にはあらざらん。（『本疏聴集記』巻三本　日仏全（新）二七・一一六下二〇～二四）

法花は終教・円教の二宗をかぬる也。三乗の終り・一乗の始め〔の〕教也。凡は法花・涅槃同教一乗と云ふ也。（中略）一乗中遮三の一乗を権とす、則法花也。直顕一乗を実とす、則華厳也。（『本疏聴集記』巻三末　日仏全（新）二七・一三五上一六～二一）

一乗の中に於ても其義差別せり。法花は一乗の理を説て性を知らしめて成仏の益を授くるを深とす。花厳別教は一乗の事を説く。三一相対せずして、直に法界解脱の徳を顕すが故に深とす。（中略）（法華経は）顕了一乗なるが故には円教に摂す。（中略）又、悉有仏性と説が故には終教と同ず。（『解脱門義聴集記』第三　聴集記五九・六～一二）

法花一乗は（中略）但だ因門の一乗を説く也。花厳一乗は（中略）因果倶に一乗の義を説也。（『解脱門義聴集記』第三　聴集記五九・一五～一六）

全般的に見て、天台宗に対する関心はさほど高くない。このことについては、もともとの華厳宗の教判で、天台宗の位置づけが不明瞭であることにもよると思われるが、明恵の弟子・喜海が述べている次のような事情も参考にされるべきであろう。

華厳宗は法相・三論等の宗には親しき也。法花天台にうとし。其故は法相・三論等は論宗なる故に、華厳□□

□□□□□論等専ら又華厳経を依憑と為す也。天台宗は経宗にて六十巻は人師の釈なる故に経文をば引用れども宗の釈をば用ず。仍て疎き也。（『本疏聴集記』巻二末　日仏全(新)二七・一〇五下二一～一〇六上二）

すなわち、法相・三論などの宗は「論」に基づく宗であるが故に、『華厳経』をも依経としているのに対し、天台宗の場合は「経」（すなわち『法華経』）を中心とし、「人師の釈」である「六十巻」（天台三大部と妙楽三大部）を依拠としている。そのため、『法華経』を引用する場合に天台宗の解釈を用いることはないので、前者は華厳宗に親しく、後者は疎遠である、とするのである。

以上、五教判に対する明恵の理解を検討してきた。始教・終教の取り扱いに見られるように、小乗・始教・終教・円教の順列が一貫した論理的展開を示すように明恵が解釈を加えていることが分かる。しかも、その方向性は、如来蔵思想へと収斂していく有と空との弁証法的な展開であったと言えよう。以下の発言は、そうした明恵の意図をよく示すものである。

五教を云に、最初小乗は有、次は空、此くの如く有・空互いに之有り。第五円教はかへりて前の小乗教を深くしなせる有教也。（『栂尾御物語』三　明資三・四二四上一四～四二五下一）

小乗が有は真実の有るが故に、円教の事々無导の時究竟す。始教が空は真実の空なるが円教の時究竟して此空有无导事々无导の義円満也。小乗の有をば始教にて空じ、始教の空を終教の時破す。又、終教の有を頓教の時空〔じ〕、此頓教の空をば第五円教の時破す。是くの如くしてあはたかされたる□（有？）空なるが故、空は実の空、有又実の有也。故、第五円教時は、有の義究竟するが故、事々无导義成也。（『栂尾御物語』下　明資三・四一四下一〇～四一五上五）

四　顕教（華厳宗）と密教

次に顕教（特に華厳宗）と密教との関係について見てみたい。「厳密」（華厳密教）とも称される明恵の思想に於いて、顕教と密教との関係は重要な問題であり、これまでにも以下のような意見が提出されてきた。

教義上に於いては、華厳経と密教とは同価値であるといふのが師（＝明恵）の思想である。（中略）然し上に述べた如に、賢首系東大寺花厳《ママ》のままでは、所謂る事相の上に欠くる所あるのを認められた如である。（石井［一九二八→一九八二］三四頁）

明恵は、顕密は義理に於いては同じで両者に差別はないが、事相（行法）の点では密教がすぐれていると主張している。ゆえに明恵の基本姿勢は、顕教の最高のものである華厳を秘密の事相に引入れることであったと言える。（西山［一九八一a］一四頁）

明恵に於いてはむしろ顕密を同等に位置づける場合と、密を上に置く場合がある。（末木［一九九八］二五九頁）

前二者は、密教の優位は事相に於いてのものであると解し、後一者は、もう少し含みを持たせた表現をしているが、基本的には同意見と見てよいように思われる。すでに第一部第四章で密教については検討を加えたが、このような従来の見解も踏まえ、教判という観点から明恵に於ける顕密の関係をより詳細に検討してみたいと思う。

（一）顕密の一致と差異

明恵の顕密観をうかがうものとしては、従来の研究でも注目されてきたように、『真聞集』にある「顕密浅深事」

の条が基本となる。

一　顕密浅深事

相を尽し性を窮めて諸法の道理を説こと、顕教なり。初小乗より終り花厳にいたるまで真言の宗義に違ふ可からざる也。或は浅教の名言に同じて是を引入て秘密の事相に習入れば、其の方は又浅教なれども秘密深奥に同ずるなり。されば花厳等の法門を引入て真言の事相に習には教門の前にも深也。秘密の方にも深也。旁深也。纔に十指を叉て印契を成し、或一花を投げ、遍一切処の浄菩提心と相応する位に十方法界一々微塵の中、供養雲海を興すことは皆是秘密の深旨なり。一塵も法界に遍じ一印も事々円融の極際なる義理を自宗〔傍書「花厳也」〕に能々これを分別する也。されば所詮はなかあしくは不可也。華厳の六相十玄を能々しりたらむ真言師は大日経等の事相・字義の深旨ことに能く心得可き也。故に好て浅深を談ずるは詮無き事也。真言教の深密の様を得て後、真言は深し顕教は浅しと云は、ことはりに叶ふ可し。只口胸に任て浅深を判ずる事は能々斟酌す可き也云々。（『真聞集』二　明資三・一二三六下五～一二三七上七）

ここでは、「諸法の道理を説」く「教門」を主とするか、「秘密の事相」を主とするか、という点に、顕密の対比点が求められている。そして、そうした差異にもかかわらず、顕密は本質的に一致し、とりわけ華厳宗の「事々円融」と「真言の深旨」との一致が語られている。ただ、全体としては、顕密の一致を説き、「浅深を談ずる」ことを戒めながらも、「真言教の深密の様を得て後、真言は深し顕教は浅しと云は、ことはりに叶ふ可し」と述べて、密教の優位を承認している点は注目すべきであろう。

ここで「秘密の事相」と言われているものは、具体的に言えば三業に於ける身業（印契）・口業（真言）である。以下に引用する発言では、三業に於ける重点の差異というかたちで顕密の差異が論じられている。

顕宗やうと密宗の人いひて、聊の事をも別する、きはめていはれぬ事也。義の同ずる処は顕密差別あるべからず。惣て真言には、意業のうへに身口を物のよう（＝用）にして、三密平等の義をたて、顕は身口の沙汰をせずして、たゞ意地ばかりをしづめ、さばくりたる、かはりめ也。観智の分斉等は、更に差別有る可からず。（原カナ表記。『却廃忘記』上　明資二・五四二・八～五四三・九。旧仏教　一一四・五～九）

顕宗の行と云は、身語等は空にて心に付て之を行ず。されば、行と申す定は皆観じて入たる也。（中略）真言には是を身語につくりて其を又観ぜさせたり。されば実にも其が甚深なるにてある也。（『解脱門義聴集記』第六　聴集記一一〇・一〇～一二）

顕教は一心をきよめ、真言は是を三業にかざる也。（『解脱門義聴集記』第七　聴集記一三〇・一八）

この点については喜海（義林房）も次のように言っている。

林師云、真言・花厳、三密平等の義は同じ。而に、花厳は意業の方より意業を身・語に置て三密平等を云也。真言は身・語が本に成てある也。則ち印・真言を説て身・語の方より平等を作る也。顕教は意遍を身・語に置て三輪平等を云ふ。此別はある也。（『本疏聴集記』巻十四本　日仏全（新）一八・六三中一八～二二）

以上をまとめるなら、顕教がただ意業の修行にとどまるのに対して、密教は印契・真言という身業・口業にわたる修行をそなえている点に差異があり、修行の本質的内容を成す「観智の分斉」に於いては差異はないが、実践の方法というレベルで見れば三業にわたる密教の方が「実にも其が甚深」ということになる、と考えられているのである。

（二）即身成仏と法身説法

明恵が密教を事相の面で評価していたことは、密教の教相面での主張に対する彼の評価を見ることで、さらにはっきりする。密教（真言宗）が自らの優位性を主張する際のポイントとしては即身成仏と法身説法とが代表的であるが、明恵はこれらの教説が顕教（一乗教）にも説かれていることを主張し、この点での密教の優位性を否定しているのである。このことは前章でも触れたが、改めて確認しておきたい。

まず、即身成仏については、以下の発言がある。

一　即身成仏事

真言教には、身に印を結び語に秘言を誦し心は実相に称ふ時、即、身は語・意を離ず、語は身・意を離ず、意は身・語を離ず、三密平等々々に法界を周遍する位を云ふ也。顕宗には、心、理に称ふ位に現身成仏の益を得たり。『即身成仏義』中、「諸経に於て闕いて書ず」と云は、三乗教を指すなり。此は顕中の顕、此を正しく顕教と云はる、顕にてはある。一乗教は顕中の密教也。されば此教中には即身成仏の義説ずとは云ふ可からざる也。三僧祇を経て成仏すと説は即三乗教の意也。ただし、唯識宗云、「我唯識とこそ云へ。汝が如き又『唯識なるが故に円融す』と云ば、我宗にも円融義あるなり」と云ば、さぞかし其を云ずはこそ唯識法相にて権教とも云ひ半字教ともいはるれ。是の如く、密教・三乗、各成仏を談ずる也。顕教には忘（＝妄）執を空じて、其心、理性に称ふを現身成仏と云。纔に此の程のかはりめ許也。真言行法の入我々入の観門者《は》、即我宗に云ふ因陀羅網微細境界門の心也。字輪観、又妄執を空じて、心、理性に称ふ。故に、此亦一乗深教現身成仏に当れり。

（『栂尾御物語』上　明資三・三八七上八～三八八上三。『高山随聞秘密抄』〈明資三・四七〇上二～四七一上五〉も同趣

旨）

明恵の理解では、顕教（一乗）でも密教でも即身成仏を説いているが、前者では「心、理に称ふ」境地を即身（現身）成仏とするのに対し、後者では「身に印を結び語に秘言を誦し心は実相に称ふ」という三業にわたる状態を即身成仏とするという差異があるに過ぎないということになる。しかも、「真言行法の入我々入の観門」「字輪観」などは華厳宗の「因陀羅網微細境界門」などと内容的に一致するので、結局、成仏に関しては両者は違いはないということになる。なお、ここでも、三乗教（特に法相宗）に関しては、即身成仏を否定している点は、先に見た始教と終教との厳しい弁別と併せて注目されるところである[1]。

次に、法身説法については、真言宗でいう法身説法とは、仏加持身が法身と一体であることを言うに過ぎず、これは『円覚経』で法身・報身一体の仏を説いているのと同じであり、真言宗に限ったことではない、としている。

顕宗には自受用身は他の為に説法すること無し〔と〕云也。真言宗には一の仏加持身と名て説法得益せしむる也。而るに、自性法身説法と云事、此仏加持の身、其住処は即法界宮也と云故、法身と一体と談ずるが故に、法身説法とは云也。此の如き義は真言宗にも限ず、顕教の談にも円覚経教主をば法報不分の身なんど云は此義也。（『真聞集』一　明資三・一二三七下七〜一二三八上一二）

このように、真言宗の教相上の主張を明恵が認めていないことからも、彼が密教を評価するのはあくまで事相に限ってであることが明らかになると思われる。

（二）「底」としての密教

密教についての明恵の発言で見逃すことができないのは、密教をそれ自体としては低いものとして扱っているかのような口振りが見られることである。すなわち、密教の事相や教相などはそれ自体では浅いものであるが、その浅いものを用いて深くするのが密教の密教たる所以である、といった言い方をしているのである。まず、教相の面については、次のように述べられている。

真言の法門は顕宗にとりてはみな浅教所談の法也。細工の綾羅のきりはしをもて物の用にしたつるが如し。彼浅義を秘密となすをふかきとする也。（『栂尾御物語』三　明資三・四二四下一〇～一三）

又、真言宗に談ずるところの教相、多分は、名言、三乗教の分斉也。しかれども、さいく（＝細工）の、物のきれ〴〵を取集めて物にしたつるがごとく、秘密宗にて物のよう（＝用）になるなり。（『却廃忘記』上　明資二・五四三・九～五四四・四。旧仏教　一一四・九～一一）

又、真言の教主（中略）大旨、華厳の教主と等しき也。而を、教相・位地等の分別は、多分、三乗に寄して談ぜり。即ち四智転得と云は権教の所談也。此の浅教の建立を以て深く談ずるを秘密とする也。（『解脱門義聴集記』第一　聴集記一・一〇～一一。『真聞集』一〈明資三・二二四上八～一〇〉も参照）

次に事相の面では、特に字輪観について、次のように言われている。

一　字事

（前略）此教には此の如く相応することを宗と為す也。かやうのことよりは反て浅に似たる也。即、世間の所用の文字字より如々寂静宝生尊の三マ地門に入る。是、即事而真の深義なり。真言教を深しと云は、此門を得ての上なり。能々之を思へ。（『真聞集』三　明資三・二五四上八～一二）

惣て真言教が恠《け》の事にて候也。字を観じて、やがて、やうもなく、その字につきて実相に入りたるほど、殊勝の事也。（『却廃忘記』上　明資二・五四四・六～一〇。旧仏教　一一四・一三～一四）

このような評価は、これまで見てきた、密教を事相の面で評価するという方向性と背馳するものではない。「世間の所用の文字」という一見浅いものによって「実相」に達することができるというのは、密教が三業のうち身業・語業を根本としているという認識と直結している。「即事而真」という密教の立場により、身業・語業がそのままで実相を示しているが故に、意業を中心とする顕教に比べて、「やうもなく」実相に入ることができるのである。

このような観点から注目されるのは、次の発言である。

一　顕密二教の法門建立の事

たとへば有人、大海と陸地とをゆくに、遅速の不同あるなり。海には彼此の差別なしと雖ども、陸地に彼此の差別あるなり。彼海を此陸地に当れば分斉の当る所あるがごとし。真言は大海の如し。惣持の前には差別無けれども、所説言教には顕教の分斉に当る処ある也。故に花厳等の法門は正く真言の宗義を演たる教なり。能々之を思へ。（『真聞集』三　明資三・二五四上一五～下七）

ここでは密教が大海にたとえられているが、それは速疾・無差別なるものの象徴である。一方、顕教は、この無差別なるものと密着しながらも「彼此の差別」が存在する陸地にたとえられている。そして、両者の接点があるのは「所説言教」の領域に於いてである。

これと同様の関係が、次の引用に於いても看取される。

真言之宗は蜜（＝密）を以て顕に異ると為す也。花厳等は六相円融十玄を以て宗と為す。真言宗は必ずしも円融を宗とせず。ふかきそこを此宗と為す、秘密と為す也。（『栂尾御物語』三　明資三・四二四上六～九）

ここでは、華厳宗などの根本となるものが「六相円融十玄」などの教理であるのに対し、真言宗（密教）では

「ふかきそこ（深き底）」を根本としている、と述べられている。「ふかきそこ」が何であるのか、この前後の文を見ても判然としないが、この譬えが、六相円融十玄といった「所説言教」を超えた、何か根源的なものを示唆していることは認めてもよいであろう。

これに関連して想起されるのは、明恵に於いて、真如が「底」にあるものとして表現されていることである。

人執を断ずるに即ち百廿八の根本煩悩及び彼の等流の諸の随煩悩幷びに所発の業・所得の果皆な既に尽きぬ。法執を断ずるに諸の心・心所の法幷びに所発の業及び所得の果皆已に尽ぬ。其底に別に実物有て尽きざる性を真如と名く。（『華厳唯心義』日仏全（新）三六・一二六下四～九）

「ふかきそこ」がただちに真如とは言えないにしても、それに類する根源的な真理と考えることは可能である。そして、これまでの議論と関連させるなら、顕教が「所説言教」の領域で説明するものを、密教はただちに提示するのであり、それが「浅いものを深くする」という密教の特質の源泉となっていると考えることができるであろう。

ここで先ほどの大海と陸地という比喩に戻ると、大海は無差別であるが故に、それ自身としては位置関係を表現することができず、有差別なる陸地を必要とする。明恵はこれを顕教（特に華厳宗）と密教との関係にあてはめる。すなわち、密教は「ふかきそこ」そのものであるが故に自らを表現する言葉を持たず、分節的に説明するためには顕教を必要とするのである。ここに、我々は、明恵が密教の実践的優位性を承認しながら、なお顕密一致を自らの立場とした理由を見出すことができるのではないだろうか。

まとめ

以上、明恵の教判説を検討してきた。これらが初めに提示した『摧邪輪』の六宗に収斂することは見やすいことと思う。顕教に属する五宗については、空と有との弁証法的な深まりを通して如来蔵思想（終教）にいたり、その延長上に事事無礙を説く円教たる華厳宗が位置する。顕教と密教とは、顕密一致の上で、事相面で密教が優位に立つが、それは密教が根源的真理を「所説言教」を超えてただちに提示していることをも意味している。逆に言えば、密教はそれ自体としては「所説言教」を超えているが故に、それを知的に理解するためには顕教の「所説言教」を必要とするのである。ここに、明恵にとって顕密一致が基本的立場となる必然性があったと言えるであろう。

註

（1）なお、明恵の晩年の講義を記録した『観智記』には、以下のような発言がある。「顕宗は四位の成仏を立て、終りをふかくす。真言は、此の四位をとりあつめて、即身成仏と云ふ。即初心の信位をふかくする也」（原カナ表記。巻三・二七オ七〜ウ三。土井・金水［二〇〇二］一三七頁）。

第二部　明恵に於ける諸実践とその基本理念

序章

明恵は生涯にわたって、様々な修行法を実修している。顕教の範囲内に限ってみても、初期の唯心観から『円覚経』に基づく観法を経て、最終的に仏光観にいたる変遷があるし、さらには密教に基づく字輪観や光明真言信仰、様々な修法などの実践があり、さらには仏眼如来・釈尊をはじめとして遺跡・舎利などまでを対象とする諸信仰の存在を看取することができる。

これは、たとえば称名念仏のみを正しい実践とした法然などに比べれば、いかにも雑然としたものに見える。しかし、それらは、いわば「手当たり次第」に試みられ、実践されたといったものであろうか。注意深く観察してみるなら、こうした諸実践を貫く比較的一貫した理念を見出すことができる。それは、「仏道修行とは、衆生に内在する真如を、人法二空の証得により顕現させることであり、完全に顕現したのが仏である」という理念である(1)。実践面での明恵の試行錯誤は、この理念を現実化するためのものであり、この理念を前提にしてこそ、仏光観が明恵の実践の最終的帰結である意義も明らかになると筆者は考える。

明恵自身が、この人法二空の理念を重視したことについては、『行状』の記述からもうかがえる。寛喜三年（一二三一、明恵五十九歳）十月一日病臥以後の説法として次のような言葉が記されている。

凡そ仏説は、三科蘊界の法門より始めて、人我無生の理を顕すことは、凡夫我執を翻ぜむが為めなり。（原漢文。『漢文行状』巻下　明資一・一三八・一五～一三九・一）

三科四諦十二縁の法門、無我無人の妙理即ち是れ仏道の要路なり。（同上一三九・七～八）

殊に小乗法相門の建立に依り、蘊界入無我無人の理を説く。『楞伽』『蜜（＝密）厳』の八識二無我の深旨、『華厳』の十玄六相の極説、真言の三密五相の瑜伽、皆悉く彼の法門の上の建立に非ずといふこと莫し。権実共に一味にして、大小更に差異無し。菩薩入仏道の初門、一代諸教の本懐、此を離れて更に無上の仏果に到ること無し。故に病気を忍む（ママ）で頻りに此の法門を説く。（『漢文行状』巻下　明資一・一四〇・四～七）

恒に説くところは生法二空の妙理なり。菩薩入仏道の初門、一代諸教の本懐、これをはなれてさらに無上仏果にいたることなし。この故に病気をおさへてこの法門をとく。すなはち十二処と説て十三なく、五蘊と説て第六蘊のなきところは、これ無我無法の妙理、不生不滅の真性なり。相に著して能所を分ては我・法なり。性にかなひて分別を亡ずれば二空なり。（原カナ表記。『仮名行状』巻下　明資一・六八・一五～六九・四）

同様の説法は、入滅直前の寛喜四年＝貞永元年（一二三二、明恵六十歳）の条にも記されている。

同（＝一月）十一日巳尅、諸衆に対して人法二空の妙理を説く。（『漢文行状』巻下　明資一・一四〇・一一）

十一日巳尅、諸衆に対して三科蘊界入等の法門、如来説意偏に人法二空と説むとのみせり。甚深大乗の妙理と云も、これを本として、この上に理事相即とも云ひ、事々円融とも説て、中道とも実相とも名るは、併ら二空の上の建立なり。（『仮名行状』巻下　明資一・七〇・一～四）

これらの記述によれば、明恵は入滅の直前、仏法の核心として人法二無我の教説を語っていたことになる。
実際、明恵晩年の講義を記録した『観智記』にも以下のような記述が見える。

抑此人法二空と者《は》、常に好み申す事也。（原カナ表記。巻三・七ウ一～二。土井・金水［二〇〇二］一四六頁）

去年寛喜二年所労之時《と》き、大虚空を呑（のむ）と云ふ夢を見たりき。是は、あまりこの人空法空など云ふことを、このみ申すが見えたる也。（巻三・二四ウ七～二五オ三。土井・金水［二〇〇二］一五三頁）

以下では、この明恵の把握が何に由来し、いかに彼自身の実践と関わっているのかを見ていこう。

註

（1）明恵に於ける人法二空の概念に最初に注目したのは田中［一九七六・一九七七］である。しかし、聞書類の中に於ける人法二空についての発言を個々に考察するにとどまり、明恵の思想全体の中での位置づけについて検討するにはいたっていない。

第一章　初期の教学的・実践的関心

『漢文行状』巻上によると文治四年（一一八八）、十六歳の明恵は、以下のような疑問を持ったという。

東大寺華厳宗林観房法眼聖詮に就て『倶舎』を受学す。『倶舎論』第十九巻、有身見の名を釈して云く、「常一の想を遮せむが為めの故に此の名を立つ」等文、学者、以為《おも》へらく、外道所立の神我見に名づくと。十六七歳の幼学の心底に、宿善の催す所、窃かに其の疑ひを成す。此くの如くの料簡、聖教の本意に非ず。三乗聖賢道跡の要路、只此の事に在る可し。凡そ衆生、五蘊和合聚に迷ふが故に、一我の心有り。念々生滅を見ざるが故に、常執を起こす。更に我を執せむが為めに、先づ常一の執を起こすに非ず。如来、此の迷心を翻ぜむが為めに、三科の法門を説く。五蘊和合と説くが故に、一執早く遮す。「即ち是れ常に非ず」と聞くが故に、常執忽ちに亡ず。此の処に人空真如を立て、二乗無余の体を建立す。故に、有身見の義、外道の執我見に関（あづ）く可からず。（明資一・九二・一二～九三・二）

つまり、有身見を外道の見解を指すものと見る当時の通説に対し、凡夫が自らを五蘊和合の存在と知らないことを指すものと明恵は考えていたのである。この時点で、既に明恵は人無我に本質的な重要性を認めていたと言えるが、それが実践と結びついてくるのはもう少し後のことである。

『仮名行状』巻上には、建久四年（一一九三、明恵二十一歳）頃のこととして次の記述がある。

起信論の真如生滅の二門、此を心に懸て、真如観を修するに、夢の中に或人に寄して真如の随流反流生住異滅の大夢の四相に付て、覚不覚の相を見ることあり。（明資一・一二一・五～七）

しかし、この記述は『漢文行状』にはなく、後に述べる理由により、この時期の記述としてはふさわしくない。

この時期の明恵の実践を端的に示すのは、建久九年（一一九八）明恵二十六歳の撰述である『大方広仏華厳経中唯心観行式（以下、唯心観行式）』である。本書は『華厳経』に基づき毘盧遮那仏・諸菩薩の加護を請い、「心仏及衆生　是三無差別」云々の唯心偈に基づく観法を行うものである。その主要部分は以下のような観察である。

端座して応に観念すべし。我が身及び一切法界の衆生、皆真如本識の心に依て、名言有支我見等の薫習力に随ふが故に、三界依正等の報を変現す。縁起虚仮にして、仮人を集成す。縁起の法の中に我々所無し。心能く凡を変ず。心体、凡に非ず。凡、心より変ず。凡、心に非ず。心より変ずるが故に、凡、心を離れず。能く凡を変ずるが故に、心、凡を離れず。心の凡を造るが如く、仏を作ること亦爾り。皆心より起る。謂く、心、仏を作る。心・仏、別無し。心、凡夫を作る。心・凡、別無し。心・仏・衆生、三つ差別無し。無障無碍にして、唯是れ一体なり。（原漢文。田中［一九八二］三〇七・一〇～一三）

『唯心観行式』に於いては、「真如本識の心」を前提として、凡夫と仏との同一性を観察するという点に重点が置かれている。明恵が必ずしもこの観法に満足しえなかったと推測されることについては次章で述べたい。なお、『唯心観行式』に関連して重要なのは建仁二年（一二〇二）に著された『華厳入法界頓証毘盧遮那字輪瑜伽念誦次第』（高山寺所蔵写本）である。これは、『唯心観行式』をもとに、真言・印・字輪観など密教的要素を付加したものである。これは「顕教は意業のみであり、密教は三業にわたる」との明恵の考えの反映であり、顕教的行法を密教的要素によって補強するという点では、後の仏光観・光明真言・五秘密の一致という実践を予想させるものである（柴崎［二〇〇三］二四六～二五〇頁参照）。

さて、『行状』によれば、明恵が熱心に観法の実践を探究し始めるのは、正治三年＝建仁元年（一二〇一）頃からである。『仮名行状』は「或書」に明恵が記したという以下のような奥書（原漢文）を引用する。

正治二年正月廿四日、『五門禅経要用法』幷びに『阿蘭若習禅法』等を見るに、盛んに修定入聖の方法を明かす。愚知、数しば之を観、悲涙、忽ちに面を洗ふ。（『仮名行状』巻下　明資一・五三・一二～一四）

もっとも、明恵撰『華厳仏光三昧観秘宝蔵』では、十八～十九歳の頃、『五門禅経要用法』からの抜粋を冊子に書き付けた（日蔵（新）七四・一〇八下）とあるので、これにしたがえば、観法への関心はかなり早くからあったことになる（『五門禅経要用法』などの観法については末木［一九九八］二二三頁以下参照）。

『行状』では、これ以後、様々な実践を試したことを記す。

其後、学、大少《（ママ）》を窺ひ、教、権実をあきらむるに随て、其禅観の用心、これをたづねもとむ。然れども、いまだ思ひ得るところなし。或時は、彼花厳の道英法師、『起信』『花厳』によて結業禅誦すと云々、其の迹をたづねて、一時、『起信論』の真如生滅の二門、随流返流の教門によて、真如観を修せしかば、（中略。夢で好相を見たことが記される）。或時は、仏道の入門、般若二空の妙理なり。これにあらずは、大乗の大行立せざらむ。これによて、三論の宗旨を検て、空観无生の妙理に思を摂す。笠置解脱上人、此事を聞て悦て云く、「我、仏法にを《（ママ）》いて、其至要をさぐるに、般若真空の妙理、仏道の肝要なりと思ふ。恐れながら、我安立するところ、はるかに符合すること、不思議なり」と云々。或又、『円覚経』三観廿五輪の方軌によて、円覚性を観ずるに、其好相をうることあり。上に注すがごとし。或は、花厳六地、十二因縁、唯識唯心、幷三无差別の妙理、法界縁起の円観にを《（ママ）》いて、行を立て、こゝろを瑩《みがく》といゑ《（ママ）》ども、未だその方軌をいださず。（『仮名行状』巻上　明資一・五四・三～一三。『漢文行状』巻上〈明資一・一三三・五～一〇〉も同内容であるが、「或又、『円覚経』（中略）上に注すがごとし」の部分を闕く）。

これらのうち、『大乗起信論（以下、起信論）』に基づく真如観については、先の「或書」奥書が書かれた直後の建仁元年（一二〇一）二月の『華厳唯心義』で『起信論』について論じているので、この時期のことと考えてよいであろう（なお、道英については第三部第三章二（二）註（8）参照）。

次に、「般若二空」を重視した時期については、解脱上人（＝貞慶）から賛同を得たとの記事が示唆を与える（第一部第三章二参照）。明恵と貞慶との交渉は、建仁三年（一二〇三、明恵三十一歳）が初見であるから（『明恵上人神現伝記』明資一・二四七・三以下）、恐らくこの時期と考えてよいであろう。『起信論』では、邪執を人我見と法我見とに集約しており[1]、般若二空の重視にも、『起信論』からの影響を想定できよう。

『円覚経』に基づく実践は宗密に依拠したものであり、これについては第二部第四章で述べる。最後に述べられる『華厳経』の唯心観については既に述べた『唯心観行式』などがあり、次章でふれる『華厳唯心義』なども関係があるが、実践法として明確な形態をとるにはいたらなかったと『行状』は評している。なお、次章でも述べるように、この唯心観に於いても『起信論』が大きな影響を与えていることは注意される。

建仁年間頃より、明恵は明確に『起信論』を実践の枠組みとして採用したと見ることができる。次章では、『華厳唯心義』によって明恵の『起信論』理解を検討してみたい。

註

（1）「対治邪執者。一切邪執皆依我見。若離於我則無邪執。是我見有二種。云何為二。一者人我見。二者法我見」（大正三二・五七九下二六～二八）。

第二章　『華厳唯心義』の『大乗起信論』解釈

はじめに

本章では、『華厳唯心義（以下、唯心義）』に於ける『大乗起信論（以下、起信論）』解釈を検討する。『唯心義』については、既に幾つかの先行研究があるが（坂本［一九五六］四七〇～四七五頁、野村［一九八八］）、本章では、明恵の実践論との関連から本書をとらえることで、『起信論』に於ける「真如」「本覚」概念が明恵にとって持った意義をとらえてみたいと思う。

一　『唯心義』に於ける真如の解釈

『唯心義』は、建仁元年（一二〇一）、明恵二十九歳の時の著作である。著述の由来については、明恵自身が本書冒頭で、故郷である紀州の女房たちのために著した、と述べており、カナ文で書かれている（以下、『唯心義』からの引用は、日仏全（新）三六により、頁数・段・行数のみを記す）。

内容的には、六十巻『華厳経』「夜摩天宮菩薩偈讃品」のいわゆる「唯心偈」[1]（大正九・四六五下一六～四六六上六）を解説したものである。明恵は既に、建久九年（一一九八）、「唯心偈」に基づく『唯心観行式』を著しており

（野村［一九九二］、柴崎［二〇〇三］二〇五～二〇九頁参照）、本書の制作はその延長上にあるものと言える。法蔵の『華厳経探玄記』（以下、探玄記）』では、この「唯心偈」に於ける「心」を、『起信論』に於ける「一心」と同一視しており（大正三五・二一五中一七以下）、明恵の解釈もこれにしたがっている。これを承けて、本書下巻では、『起信論』の真如についての「邪執」を批判し、明恵の解釈を示している。

まず、本書に於ける真如についての基本的な理解を略述しておく。

心とは衆生心のことであり、八識に分けることができる。そのうち、第八識は生滅と不生滅とが和合したものである。不生滅とは如来蔵自性清浄心であり真如であり、生滅とは真如が根本無明の熏を受けたものである。このような心は、十重唯識のうち第七の理事俱融識に相当し、五教では終教（実教）の説である。この心が全てのものを作り出しているという唯心の理を理解したならば、仏の法身を見ることができる、と言う。

真如そのものについては、人我見・法我見がなくなった後、その底にある「実物」を真如と名づく、としており、「一切衆生の心の本性」であり、常住不変で変異することのないものだとしている。

この真如は、無明の力によって、生住異滅という四つの相を持つ。この四相は、麁細の区別に基づくものであり（生相が最も細で、滅相が最も麁）、発生論的なものではない。衆生の心はこの四相を全て具備している。なお、無明については、明（本覚真心＝真如）の「所知」であり、本覚真心に迷って「起動の心」が忽ちに生じたものである、と言う。

この四相を、十信位・内凡位（十住・十行・十廻向）・九地・第十地に於いて、順次に覚っていき、仏となる。これは本覚である真如が顕発した状態である。また、真如の体大のみを具えているのが衆生で、相・用の二大も具えているのが仏である、とも説明される。

二　『唯心義』の「邪執」批判

『唯心義』に於いて批判される「邪執」とは、以下のようなものである。

一切衆生は、昔《むか》し本覚の都にあり。妄執にさそわれ（ママ）て、今生死の凡夫と成る。（二三二上一二～一三）

この主張を、明恵は真如随縁を誤解したものだとする。すなわち、「真如が随縁して妄法と成るというなら、真如を証得した如来も随縁して衆生になるのではないか」という主張と解するのである（なお、この「邪執」の背景については大竹［一九九九］参照）。

明恵は、この説を端的に次のように否定する。

衆生の体は即法身也。妄相に続して、五蘊仮形あり。本質の上に影像を現ずるが如しと云べし。何に況や此の妄法を翻じて一度仏果を得つる後に長く未来を尽して、終り有ることなし。（二三四中一～五）

法身（真如）が衆生になったと解すべきではなく、衆生の本質は法身であるが、無明に基づく「妄相」により衆生として現象している、というのである。要するに、真如と無明では存在論的に性格が異なり、前者は実在であるが、後者は仮象であり、前者が完全に顕現した後は後者が存在することはないのである。それ故、「此如来蔵心、和合・不和合の二門を立ることは、独り衆生位の中にあり。（中略）仏地に於ては、此の和合の義なし」（二三五下二六～二三六上四）となり、真如が無明と和合しているのは衆生に於いてのみで、仏に於いては真如が独存しており、再び無明と和合することはないのである。

このような理解そのものは華厳学の上からいって常識的なものであるが、明恵が何故にこの問題を重視したのかという点については、改めて考えてみる必要がある。明恵は、先の「邪執」を聞き、「其心をさくが如し」（二三一上二一）との思いを懐き、「邪執」を主張する者に対し「愚惑の至り、是の如くはなし。若又此くの如く執せば、謗法重罪無量無辺なり」（二三四上二四〜二五）、「罪業をつゝしんで泥梨に入ること勿れ」（二三五中八〜九）、「汝是れ魔儻なり」（二三八上二六）とまで言っている。これは、明恵にとって、「邪執」が単に『起信論』所説を誤解しているという以上の意味を有していることを示していよう。

「邪執」の主張では、結局、仏は絶対的な存在ではなく、凡夫に堕する可能性も有するような相対的な存在に過ぎないことになる。明恵にとっては、これは仏教を破壊する魔説に見えたのである。逆に言えば、明恵は、仏と凡夫との間に絶対的な差異を見ていたということになる。先に見た真如についての理解を参照するなら、凡夫は無明に覆われているが故に、真如のみが顕現している仏とは、存在論的に違うのであり、後者から前者への逆転はありえないのである（一方、真如が内在していることによって、凡夫から仏へという回路は確保されている）。

これは、凡夫に内在する真如によって、凡夫と如来との即自的同一性を主張する傾向のあった、当時の天台口伝法門によってイメージされるような、いわゆる「本覚思想」と比較すると、興味深いものがある。同じ本覚という概念を受容しながら、明恵はむしろ凡夫と如来との差異に注目しているように見える。

三　明恵の如来思慕との関連

前節に述べた問題を、別の面から考えてみたい。

明恵は、「唯心偈」に基づく唯心観を極めて高く評価している。特に、「若能如是解　彼人見真仏」（大正九・四六六上二）の句によって、仏の法身を見ることができる点を重視している。

我等又此妙偈に遇て、三世諸仏の真体をしる。まさに知べし。如来在世也。差別ある事なし。（二三〇上一一～一三）

しかし、「真仏」（法身）とは、「陰界所摂に非ず。色心倶脱せり。（中略）卅二相等の色像の身には非る也」（二三八中二一～四）で、まさに理そのものである。このような理の観察に、明恵は完全に満足していたわけではない。

但し我等此理を聞といへども、猶し色身をこゆ（ふ？）る思ひにたへず。（中略）我等薄福のみ（＝身）に虚く涙《なみ》だ面を洗ひ、重障の心《ここ》ろに、いたづらに在世をこふる思ひ、をさ《(ママ)》へがたし。（二三〇上一三～二二）

このように如来（具体的には釈尊）の色身や在世にこだわる明恵にとっては、単なる理（真如）の観察は、十全たる宗教経験ではありえなかった。しかし、それは如来の「卅二相等の色像の身」を観察すればよい、ということではない。明恵が求めているのは、現実に存在している如来に実際に遭遇することであり、さらには自身が如来となることである。

実に我等一心に此法文を誦持して、近くは現在如来生身の御かたみとし、遠くは未来見仏聞法の因を結ばむ。乃至、住行向地の諸の功徳を備へて、必ず如来の真妙法身を証せむ。（二三〇上二三～二六）

このような仏道修行のためには、生々世々仏法に値遇することが必要であり、そのためには「信欲」が重要とされる。

来世の値遇の（は？）只此生の信欲によるなり。他の生の中に仏法に於て信欲深きものは、たとひ余善によりて三途八難の中に沈めども、必ず仏法に値遇するなり。若し仏法に値遇しぬれば、漸く菩薩の万行を修し、必ず菩提仏果を極むるなり。（二四〇上六～一一）

このような修行観は、前節で述べたような如来と凡夫との絶対的な懸隔を前提にして初めて成り立つものである。それは、明恵の釈尊思慕を裏側から表現したものとも言える。思慕の対象である釈尊は実在する色身であるが故に、凡夫とは絶対的に異なる存在である。しかも、同一の真如が内在しているが故に、信欲によって仏法に値遇し菩薩の万行を修することができれば、必ず成仏が可能なのである。

四　他著作との関係

本書に見られるような釈尊思慕は明恵の一生を貫いているものであるが、本書に直接関係する範囲では、『随意別願文』との関連が注目される（野村［一九九二→二〇〇二］）。『随意別願文』は先述の『唯心観行式』に付されたものであるが、ここでも「見レ捨二慈父一、不レ得二知遇一」（田中［一九八二］三一〇・四～五）と釈尊に値遇できなかった悲しみを縷々述べている。華厳の法門によって見仏聞法の因を作すことができることに随喜しているが、それも「不レ見二世尊一、雖二是大悲一、思二是因縁一、悲中生レ喜」（田中［一九八二］三一一・四～五）とあるように、釈尊を見ることができないこととの比較で言われているのである。また、兜率天に往生し、そこでの修行によって釈尊に値遇することを目指すという極めて特異な兜率往生思想が述べられているのも注目に値する。要するに、『随意別願文』でも、釈尊に値遇することに最大の価値が置かれているのであって、『唯心義』はこの姿勢を直接承けるものとも言える。

『唯心義』以後の著作では、『摧邪輪』に於ける菩提心説との関係が注目される。以下の引用に見るように、本書で示された真如説は菩提心説の基礎理論となっているのである。

真如理中、染浄不レ殊、鎔融含摂、不レ壊二不変義一、而随レ縁生二万法一。若見二有漏法一時、挙体皆是為二有漏法一。然始覚菩提心生、初信二真如一也十信。種姓漸顕発也十住。起二称理行一也十行。此行流二至三処一向也十廻。終証二真如一也十地。（旧仏教　三二五上二一～下四）

「菩提心、於二一味真如随縁法中一、摂二取浄分一、為二依報一」（旧仏教　三二五下九）とも言われているので、菩提心は真如そのものではないが、真如と密接な関わりのあることが明らかである。しかし、真如や菩提心を強調していても、いわゆる「唯心浄土」的な方向をとってはいないことは注目すべきである。ここでも、如来と凡夫との差異を重んずる明恵の姿勢が影響していると考えることができる。

まとめ

『唯心義』に述べられている真如解釈・『起信論』解釈は、それ自体としては、華厳学に於ける常識的な解釈からそれほど逸脱したものではない。しかし、『唯心義』全体の文脈を考慮するなら、その解釈は、真如の内在による仏と凡夫との同一性よりも差異性に注目するものである。その原因として、明恵自身の強烈な釈尊思慕によって仏が具体的な色身として表象されていたことが考えられる。

〈補論〉

なお、『華厳唯心義』の所説に関して、大竹［一九九八］では「この偈（＝唯心偈）の釈を終教とのみ解す説は誤りであるが、高弁『華厳唯心義』にも存する」として、明恵の解釈は唯心偈を終教（如来蔵思想）のレベルで解釈しているとする。

同論文では、この偈の中の「心仏及衆生　是三無差別」の部分に対する法蔵『探玄記』巻六の以下の解釈を引き、①と②では、無差別の意味が異なり、②は心・仏・衆生の各々が主体となっており、事事無礙であるとする。

①下二句会以顕同。謂心作仏。心仏無別。心作凡夫。心凡無別。能所依同。故云無別也。②又釈。此是第二結勧修学中初一偈融結本末。本末有三。一唯本。謂真理。以就性浄本覚名仏。二唯末。謂所変衆生。三倶。謂能変之心。以依真能変故。此三縁起融通無礙。随一全摂。余性不異。故云無差別也。（大正三五・二一五下一六～二三）

同論文では、以下の『唯心義』の文を挙げて、明恵の理解を検討し、以下のコメントを付している。

此三無差別ノ義ニ三種アリ。一ニハ唯本。云ク一心ノ性也。性浄本覚ニツイテ如来ト名ルヲ以也。一切衆生皆仏ト云ハ此義ニ付也。二ニハ唯末。云ク一心所変ノ衆生也。三ハ生仏トモナリ。一心ニ依テ能ク変スルヲ以ノ故ニ。此ノ三義随一全接（＝摂）シテ无礙也。一義ニ皆余ヲヲサメザルコト無ガ故ニ无差別ト云也。（日蔵（新）七四・一一八上一二～下二＝日仏全（新）三六・二二八上一四～一七）

「冒頭「此」三無差別ノ義とあることから、高弁が第二の解釈を、第一の無差別の解釈の細釈と見ていたのが分かる。これで高弁の理解は、第一の、心を主体とする解釈に一貫されることとなった。法蔵が心を釈する『三、倶。謂能変之心、以依真能変故』は、高弁では『三ハ生仏トモナリ。一心ニ依テ能ク変スルヲ以ノ故ニ』とある。法蔵は三は衆生・仏を含む「能変之心」とし、「真」に依るとするが、高弁は『生仏トモナリ』とし、「一心」に依るとする。法蔵では心は絶対者ではなく、「真」に依って働くに過ぎない。心・仏・衆生は対等である。しかし高弁では衆生・心は心に依り、心が絶対者である。法蔵が心・仏・衆生を呼ぶ「此三」は、高弁では「三義」とあり、心の染・浄・染浄（二門と一心）を言うような『起信論』的な趣きに変っている」（大竹［一九九八］）。

この論述のうち、最後の「三義」の部分は、明恵の意図からすれば、「此三無差別ノ義ニ三種アリ」を言い換えたものであり、『起信論』とは直接には関係がないと思われる。つまり、心・仏・衆生の無差別を言う時、全てが仏（唯仏）、全てが衆生（唯末）、全てが衆生でもあり仏でもある（倶）、という三種の解釈（三義）がありうるが、どの「一義」をとっても、残りの二つは含まれている、というのが明恵の解釈と思われる。もう一点、考えられるのは、「此三縁起融通無礙」を、明恵は澄観を参照して「此三縁起、融通無礙」と解釈していることである。

問題は、『探玄記』の①と②に決定的な断絶があるかどうかである。①では、心を所依とし、仏・衆生を能依として、三者の無差別を述べている。②では、仏が本、衆生が所変・末、心が能変・倶という関係になる。なぜ、心が倶（衆生と仏）なのかを考えてみれば、心は衆生に変ずるとともに、性浄本覚（真理）に依拠しているからだ、ということになる。「性浄本覚」という言葉が、元暁の『起信論疏』に由来する言葉であることからすれば、これは如来蔵思想に基づいて、心・仏・衆生の関係をとらえているものであり、「融通無礙。随一全摂」と言っているからといって、「事事無礙」や「一即一切・一切即一」と解してよいものか疑問が残る。

明恵の解釈に影響を与えたものとして、澄観の『華厳経疏』『演義鈔』の解釈が考えられる。『六十華厳』の「心仏及衆生　是三無差別」に対応する『八十華厳』の文は「応知仏与心　体性皆無尽」（「夜摩宮中偈讃品」。巻十九。大正一〇・一〇二上二四）であるが、この箇所に対する澄観の解釈は以下のとおりである。

謂如世五蘊従心而造。諸仏五蘊亦然。如仏五蘊。余一切衆生亦然。皆従心造。然心是総相、悟之名仏。成浄縁起。迷作衆生。成染縁起。縁起雖有染浄、心体不殊。（『華厳経疏』巻二一　大正三五・六五八下五～九）

次然心是総相下。出心仏衆生三之別相。心是総相者。法界染浄万類万法不出一心。是心即摂一切世間出世間法。故名総相。（『演義鈔』巻四二　大正三六・三二三中一一～一四）

明恵は、『唯心義』の制作にあたって、法蔵・澄観を常に参照しており、今引用した文も「云ク、此一心ノ仏ノ五蘊ヲ造ルガ如ク、余ノ一切衆生ノ五蘊ヲ造モ亦爾也ト云也。心、此総体也。此心性ヲ悟ルヲ仏ト名ク。浄縁起ヲ成ズ。此心性ニマドフヲバ衆生ト名ク。染浄縁起ヲ成ズ。縁起染浄アレドモ、心体ハ差別ナキ也」（日蔵（新）七四・一一七下一六～一一八上四＝日仏全（新）三六・二一八上二～六）と和文化されている。当然、『演義鈔』の解釈も知っているはずで、だとすれば法蔵の文には出てこない「一心」という語を挿入するのも不思議ではない。

凝然は『探玄記洞幽鈔』巻四十九で、「心仏及衆生　是三無差別」の部分を解釈するにあたり、「心是総相、悟之名仏。成浄縁起。迷作衆生」という澄観の解釈をそのまま引用し、さらに「高山寺高弁法師、製二一巻章一。章釈二此四行偈頌一。指二顕心路一。決二通疑壅一。名二唯心義一」（日蔵（新）一・七七上）として、『唯心義』の解釈を全面的に推奨し、詳説を『唯心義』に譲っている。明恵の「唯心偈」解釈が、中世日本での一般的解釈から外れたものであったとは言えないと思う。

註

（1）　如心仏亦爾　如仏衆生然　心仏及衆生　是三無差別
諸仏悉了知　一切従心転　若能如是解　彼人見真仏
心亦非是身　身亦非是心　作一切仏事　自在未曾有
若人欲求知　三世一切仏　応当如是観　心造諸如来

第三章　『摧邪輪』の思想

はじめに――『摧邪輪』の概要――

『摧邪輪』三巻は、正式には『於一向専修宗選択集中摧邪輪』という。建暦二年（一二一二）、明恵三十八歳の時に著された。内容的には、題名からもうかがえるように、同年に開版された法然（源空）の『選択集』に対する反駁書である。

『摧邪輪』によれば、同書撰述の直接のきっかけは次のようなものである（以下、頁数や行数などの表示は『旧仏教』所収本による）。

> 於二或処一講レ経説レ法次、出二一難一、破二彼書一。（中略）後日伝聞、彼座席有二専修門人一、大起二忿諍一曰、「『選択集』中全無二此義一。此出二自僻見一也」云云。余因レ聞二此事一、為レ糺二邪正一、粗記二一二一。（三一七下一九～三一八上一三）

また、同書の奥書（三八九下一六～一七）には、専修人が来問するという風聞があったので、決答のために草した、とある。

明恵がこれ以前から法然及びその門流について知っていたことは、次の記述から分かる。

> 高弁、年来於二聖人（＝法然）一深懐二仰信一。以為、所レ聞種種邪見、在家男女等、仮二上人高名一所二妄説一。（三一七

下九〜一〇）

『仮名行状』によれば、明恵の一行が紀州より上洛した時（元久元年〈一二〇四〉か）に、一人の老僧が「一向専修の文集」という書を四〜五枚に書いたものを持って人々を勧進しているのに遭遇した、とされる（明資一・四五・五〜九。『漢文行状』には該当文なし）。また、建永元年（一二〇六）かと推定される、某年の『夢記』には、十一月条に、法然と思われる長身の僧が明恵の仏事の導師を務めるという夢を見たことを記している（高山寺本第八篇　明資二・一三三下一四〜一三四上一五）。

すなわち、明恵は、『選択集』開版以前から、法然及びその門流の言動に接していたが、法然に対しては尊敬の念を抱いており、伝聞する「邪見」は門下の「在家男女」たちが勝手に述べていることだと考えていた。しかし、実際に『選択集』を披見してからは、「今詳知、在家出家千万門流所㆑起種種邪見、皆起㆑自㆓此書㆒」（三一七下一三）との認識に達したのである。

要するに、明恵は、もともと法然門下（法然自身ではなく）の言動には批判的であったのが、『選択集』を読むにいたって、彼らの「邪見」が同書に由来することを知り、批判に及んだ、ということになる（鈴木［一九九四］七一頁）。

執筆の経緯からも明らかなように、明恵は念仏や浄土教一般を否定しているのではなく、あくまで『選択集』及び専修念仏のみを否定しているのであり、この点は注意を要する。

本書では、『選択集』の過失として、「菩提心を撥去する過失」と「聖道門を以て群賊に譬ふる過失」の二つを挙げ、前者をさらに次の五つの過失に細分し、関連する問題も含めて詳細な論述を行っている。

一、菩提心を以て往生極楽の行と為さざる過

二、弥陀の本願の中に菩提心無しと言ふ過

三、菩提心を以て有上の小利と為す過

四、『双観経（無量寿経）』に菩提心を説かずと言ひ、幷びに弥陀一教止住の時、菩提心無しと言ふ過

五、菩提心は念仏を抑ふと言ふ過

分量的には、「菩提心を撥去する過失」だけで本書の八割近くを占め、内容の中心をなしている。しかし、明恵は本書の執筆理由として、本来一味であるべき仏法が聖道門と浄土門に分かれたため邪正雑乱し、その禍が国土にも及ぶのを憂慮するという点を挙げており、分量が少ないからといって「聖道門を以て群賊に譬ふる過失」を軽視すべきではない。この点は、後に論ずる。

本書の論述には繰り返しも多く、必ずしもまとまりのよいものとは言えないが、主要な論点は以下のように整理されよう。

第一点は、菩提心と往生との関係である。『選択集』では、阿弥陀仏の本願にかなった往生のための実践は称名のみであるとして、持戒・読誦などの諸行を否定しているが、明恵は、この諸行の中に菩提心が含まれていることを批判し、菩提心こそが往生の正因（根本の原因）であることを主張する。菩提心とは、文字どおり、菩提（悟り）を求める心であるが、明恵によれば、それはあらゆる仏教実践の出発点であり、むしろ菩提心を成熟させるためにこそ、全ての仏教実践は存在しているのである。称名についても例外ではなく、それが（極楽への往生を経由して）最終的には成仏を求めるものである以上、その根底には菩提心が存在していなくてはならない。この立場からすれば、往生・成仏の本体である菩提心を否定し、単なる口業に過ぎない称名のみを正業とする法然は、「邪見」を立てていることになる。これが明恵の『選択集』批判の基本となる。

第二に、これと関連して、往生のとらえ方の差異がある。明恵にとって、浄土とは菩提心を根本とする無漏の心が環境世界へと変異したものであり、浄土そのものが菩提心を正因とするものなのである。それ故、既に実在している浄土へと往生するといった見方は排され、成仏への過程を離れて往生はないとされるのである。

第三に、衆生の機根のとらえ方の差異がある。法然にとって、衆生の機根は末法に入るにともなって、一律に下劣になるとされ、弥陀の本願である称名によって往生する以外に成仏の方途はないとされる。しかし、明恵にとって、機根はあくまで各人各様のものであり、機根に応じた多様な実践が許容されねばならない。一行のみを正しい実践とするなら、その行に相応しない衆生は成仏できないことになり、かえって仏法を破壊することになる。それ故、称名念仏以外の諸行を否定する法然の見解は、明恵からすれば、許しがたい邪見となるのである。

この点に関連して、称名そのものの位置づけにも大きな相違が見られる。法然にとっては、下根の者をも往生させるからこそ称名は最高の行とされるのに対して、明恵からすれば、下根のための行である称名はあくまで低劣なものに過ぎないのである。

なお、正・像・末の三時説については、明恵は、ある一面をとらえた説に過ぎないと相対化し、むしろ末法の法滅の相を見て菩提心を起こすのが真の仏弟子ではないか、と応酬している。

第四に、「浄土宗」の独立性に対する批判がある。浄土門が独立した一宗であると示す点に『選択集』の一つの眼目があるが、明恵は、「宗」とは仏教の全体を組織的に説明できるものであるとの理解を示し、念仏の一行だけでは「宗」を構成しえない、と批判している（第一部第五章一参照）。

明恵の法然批判には、『興福寺奏状』などと共通する点もあるが、あくまで教理的な問題点を軸に批判を展開した点に本書の特色がある（第一部第三章二（二）参照）。なお、法然に対しては、天台宗に属する公胤[1]・定照などが反駁書を著したとされるが、それらは現在残っておらず、その意味でも本書は貴重である。

なお、本書に関連した明恵の著作としては、本書の重要箇所を取り上げてさらに説明を加えた『摧邪輪荘厳記』がある。

『摧邪輪』が公表されると、高野山の明遍、播磨朝日山の信寂、中道寺の覚住などが反駁書を著したとされるが、いずれも現存していない。鎌倉末になって、鎮西派の了慧が『扶選択正輪通義』『新扶選択報恩集』(2)の二書を著しているが、議論がかみ合っているとは言えない。

『摧邪輪』は、以上述べたように、『選択集』批判を主要内容としているが、明恵の実践理念の確立という点でも重要な意味を持っている。本書の中心的なテーマは菩提心であるが、その背景をなすものは、人法二空所顕の真如を基盤とした仏道修行の理念である。そして、これ以後、仏光観にいたるまでの明恵の諸実践はこの理念を軸として展開されるのである。

以下では、真如説を中心として『摧邪輪』に関わる幾つかの問題を考察してみたい。

一　菩提心と真如――袴谷説を手がかりとして――

（一）はじめに

袴谷［一九九七］・同［一九九八］では、後述するような「本覚思想」批判の立場から、明恵が『摧邪輪』に於いて「菩提心を撥去する過失」をもって法然の『選択集』を批判したことを、「本覚思想」に基づくものとされ、その思想的意義を種々論じられている。ここで言う「本覚思想」とは、本覚や真如といった唯一の基体（＝「本」）を立て、他の一切のもの（＝「迹」）がそれに依存し、それに包括されているとするような思想傾向全般を指すものであるが、袴谷［一九九七］などは、明恵が説く「菩提心」を基体に相当するものと見なし、その主張を「本覚思想」の立場とするのである。

袴谷説は、明恵の思想の全体像を考えるにあたっての一つのモデルを提供するのではないかと考える。第二部の「はじめに」で述べたように、「人法二空による真如の顕現」ということに明恵の実践を導く理念があるとすると、これは構造的にここでいう意味での「本覚思想」に他ならないからである。もっとも、袴谷説そのものは「本覚思想」批判に急なあまり、明恵理解としては必ずしも適切でない箇所もある。本節では袴谷［一九九七］を取り上げ、その検討を通して明恵の思想構造を明確にしてみたいと考える。

筆者の検討した結果では、明恵の思想構造が上記の意味での「本覚思想」に合致するものであることは確かであるが、その場合基体（「本」）に相当するものは、菩提心ではなく真如であると考えられる。また、明恵の法然批判に於いても、「本覚思想」は議論の前提にはなっているが、「本覚思想」それ自体が争点になっているのではない、と考えるべきと思われるのである。

（二）「本覚思想」と袴谷説の明恵理解

ここで問題とする「本覚思想」とは、以下の八つの特質によって規定される思想傾向である（袴谷［一九九七］八四〇～八四二頁）。

①「本」は「迹」の基体（locus）である。

②ゆえに、「本」は「迹」を生じる〔原因である〕。
③「本」は単一であり、「迹」は多である。
④「本」は実在であり、「迹」は非実在である。
⑤「本」は「迹」の本質（ātman）である。
⑥「迹」は非実在であるが、「本」から生じたものであるから、また「本」を本質とするから、ある程度の実在性をもつ、または、実在性の根拠をもつ。その際、「迹」が「本」そのままの顕われにほかならないと看做されるなら、「迹」はそのままで一挙に実在と肯定される。
⑦「迹」は「本」によって無条件に包括されている。
⑧「迹」は言葉によって表現できるが、「本」は言語表現を超えたものである。

以上要するに、単一の実在である「本」が多様な「迹」を包摂しているという点が、袴谷説に於ける「本覚思想」の基本的理念であり、「本迹思想」とも言い換えうるものである（なお、この図式そのものの問題点については、松本［一九九八］四六八～四七三頁に詳論されている）。

このような「本覚思想」論の観点から、袴谷説では、菩提心を肯定する明恵の思想は「本覚思想」に他ならないとされる。

「華厳宗とは、言うまでもなく、『華厳経』に基づく思想であるが、それは全てが仏の自内証の世界に包含されていることを前提に因たる各自の内在的菩提心に目覚めればそれがそのまま果たる仏の世界に通底していると説く」「彼（＝明恵）が右のごとき法蔵教学の特質を見事に継承していることは争えない」「その世界観を支えていたのは、仏の世界と等質の菩提心が各人に内在しているのだという明恵の揺るぎない確信であったろうと思われる。しかも、その菩提心は華厳思想のみならず全仏教の根基であると確信されていたからこそ、菩提心を否定した法然は仏教の「大怨敵」であると明恵の目には映じたのである」（袴谷［一九九七］八三八～八三九頁）。

（三）『摧邪輪』に於ける菩提心と真如

以下、具体的に『摧邪輪』に即して明恵の菩提心説を検討していきたい。各引用文には（1）（2）というように番号を付すが、対照の便のため、袴谷［一九九七］で引用されている文については、該論文での引用番号（ⅰ(a)など）も付記することとする（袴谷［一九九七］での引用とは若干出入りがあるが、主要な論点は尽くしていると思う）。

（菩提心の内容）

（1＝ⅰ(a)）言二菩提一者、即是仏果一切智智、言レ心者、於二此一切智智一起二希求心一。指レ此云二菩提心一。一切仏法、皆依二此心一得二生起一。（三二〇上一九～二二）

（2）菩提心者自性空為レ義。（中略）与二法無我理一相応心、指レ此云二菩提心一。（三二一上一四～一九）

（3）此心、非二甚深一。謂、行者遇二善縁一、率爾縁二仏境一、毛竪流涕、発二希求心一。推二撿此心自性一、言下以二法無我理一為中所依上。更非レ謂三自知二法無我等理一也。（三二一上二一～下二）

（菩提心の名称）

（4＝ⅱ(e)）菩提心亦名二道心一。若言二其体一者、智也。（三四一下一二～一三）

（5）謂、菩提心者、此云二智心一。（中略）欣二涅槃一位、一聚心心所法、皆以レ智為レ主故、云二智心一也。（三六三下一八～三六四上一）

（菩提心と諸行との関連）

(6＝ｉ(e))　菩提心者、一切仏道之体性也。一切諸経所説諸行、是菩提心所起諸行也。(三六四上一四～一五)

(7＝ｉ(b))　雖二所起行不一レ同、約レ心同是希二求菩提涅槃一。其心体更無二差別一。(三二一下一五～一六)

(菩提心と浄土)

(8)　夫以、無漏浄識所変名二浄土一。(中略)然、浄識者即是菩提心也。(三二四下九～一二)

(9)　若口称之外取二内心一者、以二内心一可レ為二正因一。(中略)於二内心一有二浅深差別一。(中略)其深者、即是可二菩提心一也。然者、菩提心、最可レ為二浄土正因一。(三二六下五～八)

(菩提心と成仏)

(10)　成仏遅速、唯任二発心之退不退一。(三三三上七)

(11＝ｉ(d))　菩提心者、初後相続、一切功徳、離二菩提心一不レ成。猶至二果位一亦以レ之為レ体。(三三三下一一～一三)

(浄土宗の菩提心)

(12＝iii(b))　華厳表公、出二四発心一。一縁発心、謂、仰二縁菩提一而発心求、名二縁発心一。(中略)今、依二善導意一、於二浄土家一、可レ取二縁発心一。(三二〇下一～七)

(13)　然、依二善導意一、浄土宗尤可レ取二縁発心一。(中略)然者、此「至心発願」者、可レ当二縁発心一。諸楽二往生一輩、誰人無二此心一乎。(三七一下五～一三)

(「厭苦欣楽の心」と菩提心)

(14)　問、爾者、諸経論、何故以二菩提心一為レ難レ起乎、如何。

答、宿善深厚有二大種姓一人、易レ発故、云レ不レ難也。若無二宿善一小心小姓者、雖レ遇二善友一、不レ肯レ聞二深法一。無レ由レ起二此心一。唯雖レ有二厭苦欣楽之心一、更無下楽二仏境一之志上。諸経論依二此義一説レ難レ発也。(三七一下一六～一

九）

（15）夫、菩提心者、捨邪趣正行相也。既有二此（菩提心を不要とする）大邪見一、非二菩提心一也。唯有二厭苦欣楽心一、外道邪宗亦厭二生死一、求二解脱一。彼非二三乗菩提心一也。（三七三下一〇～一二）

（16）倩察二大乗聖教旨趣一、厭苦欣楽之心未二必為一レ珍。咄禽蹇獣厭二乎苦患一、外道邪宗欣二乎解脱一。（中略）惟難レ有者、愛二楽大乗一之心也。其無上者、守二護仏法一之志也。（三八一上一四～一七）

（菩提心と真如）

（17）良以、我法二執、必依二妄縁一生。畢竟無自性。無自性故、畢竟真空。指二此真空理一、名二二空所現真如一。此真如中、有二不空恒沙性功徳一。此性功徳始顕現名二加行因一。即是菩提心也。（中略）終顕現名二円満因一。即是三十七品等加行功徳也。（三四一下二～七）

（18）応得因性（＝真如）、法爾有レ之。加行（＝菩提心）・円満二因、待二因縁一顕発。（三四一下一七）

（19＝iii(b)）然、始覚菩提心生、初信二真如一也十信、種姓漸顕発也十住、起二称理行一也十行。此行流二至三処一也十廻向、終証二真如一也十地、証道円満到二仏果一。果徳尊高、終不レ堪レ栖二凡界一。無漏浄識、為レ之変為二浄刹一。仏果依正、是得二成立一。此依報名二浄土一。（三二五下二～五）

以上の引用文から読みとれる、明恵の菩提心理解は以下のようなものである（論拠となる引用文番号を（　）内に示す）。

まず、菩提心とは、仏果（菩提）である一切智智を求める心、というのが基本の意味である（1・3）。この希求の念は決して起こしがたいものではないとされる（3）。この菩提心の本体は智であり（4・5）、不空真如の最初の顕現であり（17）、始覚である（19）。「法無我の理」と相応するものであり、それ自体が自性空である（2）。真如は二空所顕とされるので（17）、「法無我の理」とは真如に他ならない。菩提心が智であるというのは、具体的には正法・仏法を求めるということであり、菩提心がなければ、単に「苦を厭い楽を欣ぶ」だけであり、外道と変らないとされる（15・16）。それ故、明恵からすれば、仏道修行とは、真如の最初の顕現である菩提心が成長して、真如そのものが完全に顕現する過程である（11・17・19）。浄土というのも、成仏した結果、「無漏浄識」としての菩提心が依報となったものである（8・19）。

　真如・菩提心・行業（加行）の関係は、応得因・加行因・円満因として整理される（17・18。なお、「円満因者即是加行」〈三四一上一二〜一三〉）。このうち、真如は自《おの》ずから存在するものであるが、菩提心と加行は縁によって存在するものである。それ故、宿善がなければ菩提心を起こしえないということもありうるし（14）、退転することもありうる（10）。このような関係を「本覚思想」論の枠組みから整理すれば、真如こそが実在たる「本」であり、菩提心はそれに依存する「迹」ということになろう。真如が「本」であることは次の文に明示されている。

（20＝ii(e)）然則、真如性在レ下、如二白布一。於二此上一、有二我法二執之仮文一。仮文必無二実体一故、於二真如性上一、無二擁塞一。是故、聞薫智水、洗二真如性徳地一、自性顕発、仮文速滅。仮文依レ地故、無体義成。以二文無体一故、妄執即不レ生。浄水与二白地一和合無二。理智冥合、離二能取・所取一。是名二不思議法身一。（三四一下八〜一一）

この文は、次の『華厳唯心義』の文と符合しており、明恵の一貫した立場であることが分かる。

譬へば、世間に白布を紺染にして、布の白き性は変ぜざれども、其上に紺を染むるに、白布又紺を受け取りて、転じて紺色になりぬ。然ども、此の白き性は底に在て失せず。其紺色、白き性に染を離れず。此中に於て染むと云ふ名を立つるが如し。当に知るべし、此中の道理亦然也。真如は白布の如也。無明は紺の如し。（原カナ表記。日仏全（新）三六・二三三中一二〜一八）

袴谷説では菩提心を「理菩提心」と「行菩提心」に分け、前者を真如や正因仏性にあたるもの、後者を縁因仏性にあたるものとしているが（袴谷［一九九八］四七・九六・二二八頁など）、明恵は「理菩提心」にあたるものは端的に真如と言っているのであり、明恵の使用する菩提心概念から「理菩提心」的要素を強調するのは、少なくとも『摧邪輪』に限って言えば、明恵自身の意図からは逸脱しているように思われる。

次に、菩提心と諸行との関係を見てみたい。菩提心は、「菩提涅槃を希求する」「内心」として諸行を生起するものである（6・7・9）。具体的に言えば、これは菩提・涅槃を希求する心があって初めて菩提・涅槃を達成するための諸行が起こるということであり、袴谷説が想定するような「本」「迹」の関係にあるとは考えがたい。既に述べたように、「本」はあくまで真如であり、菩提心と諸行はどちらも「迹」でありながら因果関係にある（すなわち、「加行因」と「円満因」〈＝加行〉として）、と考えるべきであろう。（1）の文にある「一切仏法、皆依二此心一得二生起一」の箇所は、袴谷説が重視するものであるが、以上見てきたところからすると、「彼が菩提心を「本」としてそこに「迹」としての全仏法を位置づけていた」（袴谷［一九九八］二一五頁）との理解は適切ではないであろう。

最後に、菩提心と浄土教との関連であるが、菩提心は称名などの諸行を生起するものであるから浄土の「正因」であり（9）、また、浄土は「無漏浄識」としての菩提心が依報となったものであるから、この意味でも浄土の「正因」である（8・19）。また、浄土教を奉ずる者も、菩提を求めている以上、菩提心を起こしているとされる（12・13。3も参照）。それ故、明恵の法然批判は、菩提心を起こさないことを批判しているというよりは、正確には「菩提心を起こしているにもかかわらず、往生のためには菩提心は不要というのは、邪見である」ということになる。そして、菩提心を不要とする法然の主張では、菩提を希求していないことになり、外道と同じということになる（15・16）。

（四）まとめ――明恵の「本覚思想」と『摧邪輪』――

以上見てきたように、明恵の立場は、『摧邪輪』以前も、『摧邪輪』に於いても、一貫して真如を「本」とする「本覚思想」である。この点で、菩提心を「本」と見なす袴谷説の理解は修正が必要であろう。

この点から、明恵の法然批判を見るなら、菩提心と称名とはいずれも「迹」であり、その上で両者の因果関係が問題にされている、と言わねばならない。菩提心が菩提を希求する心である以上、それを不要とするものは仏教者でありえず、また菩提を希求する心があって初めて個別の行を起こすことができる、というのが、ここでの明恵の主張となるが、この論点は真如説とは論理的には独立である。この中心的な論点を、真如説に基づく菩提心理解によって補強している、というのが『摧邪輪』の構造ではないだろうか。『摧邪輪』以前に菩提心が大きく扱われていないことは、真如説に基づく菩提心理解が、法然批判の過程で、一種の理論武装として採用されたものであることを示唆していよう。

二　『摧邪輪』に於ける「以聖道門譬群賊過失」

（一）はじめに

『摧邪輪』では、『選択集』の大きな過失として、「撥去菩提心過失」と「以聖道門譬群賊過失」とを挙げる（三一八上一〇～一一）。前者に対する批判が『摧邪輪』の大部分を占め（全三巻のうち上巻より下巻の半ばまでに及ぶ）、内容の中心であることは疑いない。しかし、後者が二大過失の一つとして挙げられていることの意味は小さくないであろう。それは、明恵自身が次のように述べていることからも、うかがえる。

若汝言四「立レ宗時不三捨二余経論一」者、勿下以二持戒菩提心等一為中障礙上、勿下以二聖道門一譬中群賊上。若不レ爾而専二念仏一行一者、我仰レ汝為二西方導師一、衆生亦帰レ汝可レ出二生死大苦一。若爾者、仏法一味、僧衆和合。豈非レ幸耶。豈非レ喜耶。（三八三下一二～一五）

二大過失を離れるなら、「汝」（法然）を西方極楽往生の導師として仰ごうとまで言っているのであるが、ここで注目されるのは、それによって達成されるのが「仏法一味」と「僧衆和合」であるとされることである。図式的に分ければ、「撥去菩提心過失」に対応するのが「仏法一味」、「以聖道門譬群賊過失」に対応するのが「僧衆和合」ということになろう。では、「僧衆和合」とは具体的には何を意味するのだろうか。それを明らかにすることで、「以聖道門譬群賊過失」が二大過失の一つとされた理由を理解することができるのではないか、と考える。

以下、第二過失の内容を概観した後、明恵の聖道門観・浄土門観をそれぞれ検討し、「以聖道門譬群賊過失」の意義を考えることにする。

（二）「以聖道門譬群賊過失」の概要

ここで、第二過失（『摧邪輪』自身の構成では「大文第二」）の内容を検討してみよう。

「大文第二」では、『選択集』第八章「念仏行者は必ず三心を具足す可き文」の次の一文を問題にする。

又此中言二「一切別解別行異学異見」等一者、是指二聖道門解行学見一也。其余即是浄土門意。在レ文可レ見。明知、善導之意亦不レ出二此二門一也。（『昭和新修法然上人全集』三三四・一二～一三）

この文は、善導の『観経疏』の二河白道の譬喩の箇所（大正三七・二七二下一七以下）で、白道を西へと進む人を東から喚び返す群賊を「別解別行悪見人」と説くのを承けて、法然が「私云」として解釈を加えている箇所である。すなわち、群賊＝別解別行悪見人＝聖道門というのが、法然の解釈である。

明恵はこれに対して、善導の意は、別解別行（つまり浄土門とは違う解行の人）即悪見というのではなく、別解別行であって悪見を有する人を指しているとする。それ故、別解別行であっても正見の人は、念仏者の妨げとならないばかりか、かえって彼らを助けるのである。にもかかわらず、別解別行の人をおしなべて群賊に比定するのは、はなはだ不可である、と言う（三七六上三〜三七七上六）。

この後に、さらに善導の文を引いて、三つの問答が行われるが、本質的な議論は以上の箇所に尽きている。(3)この内容を見ただけではあまりに些末な批判であり、なぜこれが撥去菩提心と並ぶ大きな過失であるのかは分からない。そこで、専修念仏者による「聖道門」の否定が、明恵の仏教観に照らして如何なる意味を持っているのかを考えてみたい。

（三）『摧邪輪』に於ける専修念仏者把握

ここで、明恵が、法然門下をどのような存在としてとらえているかを見てみたい。

まず注目されるのは、彼らの属性として、女人・年少者・「初心」などを挙げていることである。

近代女人等之念仏者（三一九上三）

近代専修女人等（三二八下一一）

近代女人等、全不㆑知㆓此等義㆒、唯任㆑口唱㆓仏号㆒。（三二九上一三）

愚鈍女人等称名念仏（三六二上七）

初心比丘比丘尼、多出二和合衆一、入二汝邪門一。（三八四下一二～一三）

近代愚童少女等（三八五上七）

彼愚童少女等（三八五上一〇）

愚童少女廃二経巻一（三八六下三）

「迷二惑於経論一、欺二誑乎諸人一」（三一七下八）、「汝始誑二惑無量愚人一、伝二授此大邪見一」（三七五下一一）といった記述と併せて考えるなら、明恵は、女人や年少者といった「愚人」が法然の「邪見」によって「誑惑」された、という認識を持っていたと推測される。

また、法然門下の広がりについては、次のように書かれている。

汝之邪儻遍二満於七道五畿一。（三七五下一一～一二）

汝之邪法、興而年数未レ久、人多捨二正道一、挙世信二邪説一、遂成レ群立レ宗、遍二満諸国一。掩二耳於読経之音一、背二面於聖道之衆一。（三八一上五～七）

上人作二此書一、述二念仏義一。不レ信人稍尠、帰信人是多。終迄二于滅後頃一、在家出家男女貴賤、皆凝二恋慕一、修二追善一、遍二満諸国一、不レ可二称計一。（三八七下一〇～一二）

法然の教えが全国的に広まっていたことは、既に『興福寺奏状』などにも見え[4]、当時常識化していたと思われる。また、最後の引用文は法然門下の口吻を想定して書かれたものであり、彼ら自身が自宗流布の状況を誇示し、それによって自らの正当化を図った場合もあったと考えられる。

彼らの具体的な行状については、次のようにある。

近代専修者、作二種種別戒一。（三八二下一七）

立レ宗成レ群、口誦二専修文一、心無二専念誠一、以二上慢一為レ心、以二貢高一為レ思。凌二蔑読誦大乗行人一、軽二哢秘密真言持者一。（三八四上一九～二一）

依二汝一言一、男子女人、或捨二已修之諸行一、或止二当修之諸行一。（三八五下一四～一五）

汝之一門、以二称名一為二無上殊勝行一、撥二余行一為二下劣一。（中略）近代専修男子女人等、盛述二此義一。（三八七上一七～下三）

既に引用した「初心比丘比丘尼、多出二和合衆一、入二汝邪門一」（三八四下一二～一三）、「愚童少女廃二経巻一」（三八六下三）、「掩二耳於読経之音一、背二面於聖道之衆一」（三八一上五～七）などをも参照すれば、称名以外の余行を否定し侮蔑し、在来の仏教者たちとは独立の集団を作っている者たちとして把握されていることになる。

また、彼らが『選択集』を尊重している様子については次のようにある。

至二上人入滅之頃一、興行倍盛。専鏤二于板印一、以為二後代重宝一。永流二於一門一、而敬重如二仏経一。惣以二為往生宗之肝要念仏者之秘府一。依レ之、適有二難者一、負三過於難二乎念仏一。希値二信人一、擬三徳於信二乎往生一。（三一七下一四～一七）

近代女人等之念仏者、持二此邪書一為二行力一、受二此邪律一為二正儀一。自不レ弁二邪正一、心漸背二仏法一。（三一九上三～四）

設雖下上人随分立二持戒浄行一好中道心修行上、依レ興二此邪言一、門弟記二貝葉一鏤二簡牘一、永代住持、以為二上人素懐一。（三八四上二～四）

専修念仏者に対する明恵の見方を要約するなら、彼らは法然の『選択集』に惑わされて、称名以外の諸行を否定している愚鈍な人たち、ということになる。そして、彼らの具体的な行状として、最も強い調子で非難されているのは、専修念仏以外の諸行の否定という点である。

（四）明恵の仏教観

次に、専修念仏者によって否定された「聖道門」——実質的には、浄土宗以外の在来の諸宗——についての明恵の理解を見てみたい。

明恵の仏教観の大前提になっているのは、諸宗・諸経の教えは最終的には同一の真理を説き明かすものである、という認識である。

遂使㆔一味法雨分㆓甘鹹之味㆒（中略）何其悲乎。（三一七下一八～一九）

良以、一味法雨無㆓甘鹹不同㆒。（三八二下五）

夫仏正法是一味、終帰㆓菩提㆒。（三八三下一六）

それ故、このような仏法を奉じる人々は、諸宗に分かれているとしても、全体として「和合僧」であり、同じ仏弟子である。

和合衆僧、成㆓不同之失㆒、何其悲乎。（三一七下一八～一九）

和合僧中更得㆑有㆓別衆㆒乎。（三八二下五）

仏弟子是一味、終帰㆓涅槃㆒。（三八三下一七）

その上で、現実に成立している諸宗については、それらが全体として広大な法門を形成しているととらえている。

夫、諸論異諍、其理莫㆑二。（中略。以下、小乗・三論・法相・天台・華厳・真言の六宗について、小乗から真言への

展開が述べられる。本書八四頁既引）浅深絞絡、成㆓一大法門海㆒。竪論、有㆓重重浅深差別㆒。横観、為㆓一味平等法門㆒。（三五七上一九～下九）

この六宗の配列が教判としての意味を持っていることは既に述べた（第一部第五章）とおりであるが、「一大法門海」「一味平等法門」との表現は、これらが全体として一つの仏教であることを示している。これら諸宗はいずれも仏教としては平等であり、一宗が突出して他の宗が滅びるといったことは望ましくないこととされる。

若有㆜偏守㆓慧（ママ）果弘法之一流㆒、一朝永帰㆓真言㆒、唯仰㆓香象清涼之遺風㆒、諸国専崇㆓華厳㆒、令㆛毀㆓呰念仏之法㆒、廃㆚退余乗之行㆙、我聞㆓此事㆒、甚不㆑生㆓随喜心㆒。宛今如㆑嘖㆓汝過㆒、全不㆑可㆑有㆓差異㆒也。（三八四下一六～一九）

こうした主張の基盤になっているのは、衆生には様々な機根があり、それに対応した諸行が必要であるとの認識である。

若許㆓自所㆑好者、自可㆑遇㆓於有縁妙行㆒。若然者、是有縁故、修心自明利。（三五五下一三～一四）

病患巨多、方薬非㆑一。根機万差、教門多種。或愚鈍不㆑足㆓聞思等㆒、或雖㆑非㆓愚鈍㆒、天性好㆓一行㆒。対㆓如㆑此類㆒、可㆑勧㆓進称名一行㆒、不㆑可㆔必勧㆓余行㆒。不㆑然、唯授㆓一行㆒、設雖㆑授、其心不㆓必相応㆒。（三五六上六～九）

設雖㆑授㆓如説行㆒、若守㆓一門㆒者、有㆓薬病乖角失㆒。若然者、唯可㆑待㆓有縁諸行㆒。不㆑然者、順次出離難㆑期。（三五六下七～八）

無量衆生根機不同故、機根多種、教法一種、不㆑応㆑理故。（中略）応㆓機根㆒、設㆓随宜法㆒、是大聖善巧也。（三八五上一六～二〇）

こうした諸宗の修行に励む人々を明恵は次のように描写している。

現見、当今男子女人中、強有㆑好㆓読経修観等行㆒、其類甚多。（三五六下一三～一四）

如三砕船漂二浪一、而纔有下誦二経典一之男子上。似三残灯待二風一、以適有下帰二余仏一之女人上。（三八一上七～九）

「甚多」との表現と、「纔」「適」との表現は、一見したところ矛盾しているが、前者は、「末法の衆生は皆機根が下劣であり称名念仏以外の行は適していない」との専修念仏者の主張に対して眼前の事実を挙げて反論するものであり、後者は、専修念仏の流行によって従来の諸宗の修行を行うものが激減したことを示している。

具体的な仏教修行の在り方については次のような記述がある。

彼愚童少女所レ住近辺、必有二僧尼一。彼僧尼、或是為二兄弟一、或是為二知音一。其僧尼、随分有二所行一、或読経、或学問、或勤二修瑜伽秘法一、或造二立堂塔僧房一。如レ此諸行、雖二浅深不同一、皆帰二一解脱門一。（中略）然、男女等、親二近彼僧尼一、読二一巻経典一、受二一尊真言一、投二財宝一、致二給仕一。所レ帰僧尼、雖二破戒一、若有二正見一、悉為二勝縁一、衆生皆無レ不レ得二大益一。（三八五下一～八）

このような僧俗の関係は、当時の一般的な在り方を示したものではあるが、縁戚である湯浅氏と深いつながりを有していた明恵自身の姿の反映とも言える（仲村［一九六三］参照）。なお、「帰依する僧尼が破戒であっても、正見があるなら、勝縁となる」という思想は、後の『栂尾説戒日記』にも見られる（第三部第三章参照）。

前項で指摘したように、「愚童少女」との表現は専修念仏者の属性であるが、それはこの引用のように「正見」を有する僧尼によって「大益」を受けるにせよ、あるいは前項のように法然らによって「誑惑」されるにせよ、あくまで僧尼にとっての教化対象という位置づけにとどまり、彼ら自身の主体性といったものは考慮されていないのである。

さて、明恵の考えでは、衆生は自らの有縁の諸行を行ずべきであり、一行・一宗のみが突出することは認められない。そのようになれば、自らの機根に合った行を見つけられない衆生が現れ、全ての衆生を救済することができないからである。それは結果として、国土の災厄をも招く、と明恵は言う。

依レ之、滅二三宝一、損二国土一。善神捨レ国、悪鬼入レ国。興二三災一、廃二十善一、基無レ不レ由レ之。（三一八下一四～一五）

このような仏法と王法との関係は、一般的な理念として述べられているにとどまらず、現在の「国主」（恐らくは後鳥羽院）をめぐる具体的な問題として論じられている。

夫、我之　聖主、等二心於須弥一、比二思於蒼海一、明二揚仏日一、敬二重大乗一。以二帰仏有レ余信法無レ外、崛二千万竜象衆一、書二一日一切経一、抑二国務一、読二誦一乗法華一、運二仙毫一、書二写十七地論一、継二已絶聖跡一、興二未興仏事一。（中略）惟難レ有者、愛二楽大乗一之心也。其無上者、守二護仏法一之志也。我之　皇、有二此聖徳一。快哉、幸哉。一国涼二於曼荼灌頂之定風一、万人沐二乎一乗三乗之智水一、専依レ之也。（中略）我聞二汝之邪説一為二深悲一、値二此之正化一為二大幸一。若レ不爾者、我等、従レ冥入レ冥、従レ闇入レ闇、何畜二見仏資糧一、向二菩提大道一乎。倩思二此理一、坐二解脱之床一、亦酬二我之　聖主鴻恩一。（中略）是知、値二明主正化一、専為二解脱因一乎。我之　皇、敬二重仏法一、亦為二諸仏護持力一。（中略）当知、　国主帰二汝邪見一者、仏法一時隠没。今不レ爾者、定諸仏護持之力也。（三八一上一一～下一〇）

此邪法増長、　国主若信レ之者、大海正法即滅。護法聖衆捨レ国、世間無二依怙一。（中略）当今七邪雖二已現一、一朝未レ靡者、当レ知、酬二　国主福徳一也。（三八六下四～一三）

明恵は、専修念仏の流行にもかかわらず仏法が存続しているのは「国主」の信仰による故であるとしているが、こうした把握は『興福寺奏状』の「貴賤未レ帰、法命未二終尽一者、全非二他力一、忝我后叡慮無動明鑑之故也」（旧仏教　三一五下九～一〇）と軌を一にしている。もっとも、明恵は、国主が「邪法」に帰依しないのは「諸仏護持力」

によるとしており、この点では、仏法の方を王法より上に置いていると言えなくもない。

この時期、明恵は、高山寺の賜与（建永元年〈一二〇六〉）に続いて、東大寺尊勝院学頭に任じられる（承元元年〈一二〇七〉）など、京都の貴顕との接触が盛んになっており、それがこうした明恵の発言にも反映していると考えられよう。

以上、『摧邪輪』に於ける仏教一般についての見解を見てきた。その特徴を挙げると、衆生の機根の多様性、諸宗の併存、階層的な僧俗関係、王法と仏法の相依などとなるが、こうした特徴の多くは、いわゆる「顕密仏教」と言われるものと重なるところが多い。既に、平［一九九二］は明恵の法然批判をこうした視角からとらえているが（特に同二四五頁・二九五頁など）、本項での検討はそれを裏づけるものである。

（五）「以聖道門譬群賊過失」の意義

さて、以上のような検討を踏まえて、改めて「以聖道門譬群賊過失」の意義を考えてみたい。

既に検討したように、この過失は直接的には『観経疏』の一文の解釈の問題にとどまるのであるが、その及ぶところは、仏教全体に関わる問題と言える。すなわち、聖道門を総体として「群賊」にたとえ「邪見」とすることは、明恵の考える仏教の在り方――多様な機根に対応した諸宗併存の「和合衆僧」――に違背し、仏法の衰亡のみならず国土の災厄さえ招くものだったからである。明恵からすれば、次のような姿こそが理想であった。


若二門（＝聖道門・浄土門）和会者、愛二浄土門一人、何憎二聖道門一乎。若無二此過一、有二諸仏出現楽一、有二演説正法楽一、有二僧衆和合楽一、有二同修勇進楽一、大楽此極、豈不レ快乎。（三五七下一四〜一五）

教理的に『選択集』を批判するだけなら、「撥去菩提心過失」だけでも事は足りると言える。あらゆる仏教の出発点に置かれるべき菩提心を否定する法然は、それだけで仏教に非ざる説を立てていると断じうるからである（石田［一九六六］一六五頁以下、末木［一九九三］四一八頁参照）。しかし、それだけでは明恵の目指す「和合」の回復はできない。そこで「以聖道門譬群賊過失」が第二過失として要請されたと考えられるのである。

三　『摧邪輪荘厳記』について

（一）はじめに

明恵の『摧邪輪荘厳記』（以下、荘厳記）は、『摧邪輪』を補足する内容の書物である。本節では、『荘厳記』の内容にも立ち入り、成立事情について若干の考察を行う。(5)

（二）執筆の経緯

『摧邪輪』及び『荘厳記』の執筆事情について整理してみると、次のようになる。

建暦二年（一二一二）一月二十五日に法然は没し、同年九月八日に『選択集』が開板される。明恵はこれを承けて十一月二十三日に『摧邪輪』を完成するが、そのまま手許に置かれ、翌年の建暦三年三月一日になって、「依蒙高命、謹以進上之」（旧仏教　三九〇上二）という文言を含む奥書が付される。そして、同じ年の六月二十二日——この日付は『荘厳記』末尾（八〇二下六）に付されたものであるが——に『荘厳記』が執筆されるという流れになる。

これについて、『仮名行状』巻下には、次のようにある。

建暦二年壬申（中略）摧邪輪三巻、高山寺にして同年十一月廿三日これを撰出畢ぬ。（中略）同三年　月　日、重て荘厳記一巻を作て彼の記の中に残るところの義をちりばめ釈す。其後流布せずしてな(ママ)を思惟するところに、子細あるによて、同三年三月一日始て現行流布せしむるなり。（原カナ表記。明資一・四五・一～四六・一二）

この記述では、『荘厳記』は、月日は特定できないにせよ、建暦三年三月一日までに書かれたように解釈できる。一方、『漢文行状』巻下では「建暦二年壬申十一月廿三日、高山寺に於いて摧邪輪を製作す。（中略）仍て摧邪輪三巻・荘厳記一巻を作って（後略）」（原漢文。明資一・一二九・一一～一三）とあり、『荘厳記』が『摧邪輪』と同時に書かれたかのように記されている。

このように、『荘厳記』に付された日付と、『行状』の語るところとは齟齬しているのであるが、この場合、建暦三年六月二十二日という『荘厳記』末尾の日付を尊重すべきであろう。その理由は、『荘厳記』が『摧邪輪』の反響を承けて書かれたことを示唆する次のような記述があるからである。

依レ蒙下更勘二諸本一之許可上。（七九三上一一～一三）

この「更勘二諸本一之許可」の具体的な内容は、後に引用するように経文の出典の調査なのであるが、そこで問題となっているのは源信の『往生要集』の所説との異同である。『摧邪輪』では、『往生要集』は全く引用されておらず、華厳宗に属する明恵としてはさほど関心がなかったはずであるが、それが問題となっているというのは、『摧邪輪』が公にされ、何らかの質問なり意見なりがあったことを予想させる。また、次のような記述もある。

如二近代伝聞一者、此定善為レ本義、定招二専修人之闘諍一歟。（七九五下一）

これは、『摧邪輪』の所説に対し、専修人――すなわち法然門下――からの反応があったことを示唆するものであり、これも、先程と同様に建暦二年三月一日以後でなければならない。

要するに、『荘厳記』は、『摧邪輪』が提出され、人々の間に波紋を広げるという状況の中、彼らに応答するために執筆された、と考えられる。以上の推定より、『荘厳記』末尾の日付は敢えて否定するには及ばないと言える。

（三）『荘厳記』の構成について

『摧邪輪』では、『選択集』の過失として、⑴撥去菩提心過失、⑵以聖道門譬群賊過失、の二つを挙げ、⑴をさらに五つの過（以下の①〜⑧にあたる）に分けている。

『荘厳記』の序文では、これらの過失を以下の十三の過失に整理し直し、さらに⑭⑮⑯の三つの過失を加えている。

①以二菩提心一不レ為二往生極楽行一過
②云三弥陀本願中無二菩提心一過
③以二菩提心一為二有上小利一過
④云四双観経不三説二菩提心一幷云三弥陀一教止住時無二菩提心一過
⑤云三菩提心抑二念仏一過
⑥以二聖道門一譬二群賊一過
⑦於二群賊譬中一隠二自過失一過
⑧云三浄土有二三悪趣一過
⑨云下従二浄土一没中堕穢土悪趣上過

⑩執二往生宗中観仏三昧念仏三昧別体一過
⑪謬二解光明遍照之経文一過
⑫云四仏果一切功徳不三及二名号功徳一過
⑬能立一宗不レ成過
⑭謬二解摂取不捨名義一過
⑮以二念仏一名二本願一而謬二解観経説不説一過
⑯謬二解十声十念義一過

『荘厳記』序文では、このうち①～⑨と⑪とを大過とし、⑩を小中の大過としている（七七四上一～下一〇）。しかし、『荘厳記』は、これらの全てについて論じているわけではない。実際に論じられているのは、①④⑩⑪⑭⑮⑯だけである。このうち、⑭は⑪の傍論として、⑮⑯は⑩の傍論として論じられているので、結局、『荘厳記』の主題は①④⑩⑪の四つということになる。それらの内容は、順に菩提心論・末法論・念仏三昧論・光明（と摂取不捨）論と要約することができる。これらは『摧邪輪』でも多くの紙数が費やされており、明恵の関心の所在を示すものと言える。

また、⑵に関わる過失（⑥⑦。『摧邪輪』本文を参照すれば⑫⑬も該当）が全く論じられていないのも注目される。⑵には前節で論じたような八宗体制や王法・仏法の関係など現実的な問題に関わる部分がある。『荘厳記』は敢えてそのような問題には触れず、教理的な問題に関心を集中させているのである。

（四）内容の検討

本書の内容上の特徴としては次の二点が挙げられる。

第一点は、「諸宗との融和」という志向が顕著に出ていることである。すなわち、『荘厳記』の記述からは、『摧邪輪』の所説と諸宗の教理とが矛盾しないことを示そうとの意図が看取されるのである。たとえば、『摧邪輪』中巻で末法の年限について論じている箇所を承け、『荘厳記』では、澄観『演義鈔』、吉蔵『中観論疏』、法宝『倶舎論疏』、基『弥勒上生経疏』『西方要決』『大乗法苑義林章』、善導『往生礼讃』、天台の一巻の『仁王経疏』などを新たに引用し、明恵の所説がそれらと矛盾しないことを示している（七八二上八以下）。これら諸宗の書物の中でも、特に集中的に取り上げられているのは『倶舎論疏』『弥勒上生経疏』『西方要決』の三書であるが、いずれも法相宗関係の著作であることは注目される。

また、「十念」を「十声」と解する義を論じた箇所⑯では、懐感『釈浄土群疑論』に引用される「大念見大仏、小念見小仏」（大正四七・七六下二）との経文の出典について、源信『往生要集』の所説との異同を記した後、次のような弁明を付している。

然者、疑、恵心所レ得本、此文脱落歟。今雖レ似レ黷二先徳註解一、依レ蒙下更勘二諸本一之許可上、為レ不レ令二経文沈没一、恐載二愚見一。更非レ嘲二先賢一也。（七九三上一～四）

このように、天台宗に属する源信を「先賢」「先徳」と呼び、その所説に対して非常な配慮を示している。

また、観・念をそれぞれ慧心所・念心所に配する解釈について述べた箇所でも、それが『成唯識論』の所説と矛盾しないことを示そうとしている（七九三下一一～七九四上七）。

以上見てきたように、明恵は、自分の所説が他の諸宗の教理と矛盾しないことを示そうとしている。諸宗融和的な志向は、『摧邪輪』そのものにも見られるが、既に述べたような成立事情についての推定を勘案すれば、これらは諸宗から出た異論に対して具体的に応答しているものと考えることができよう。

第二に、『摧邪輪』の所説を明確化しさらに展開した箇所として、特に以下の三点が重要なものとして挙げられよう。

一、「菩提心決中菩提心体性義」（①）に於いて、菩提心を大願と空真如とに要約した点。

出二菩提心当体体一、即大願也。（中略）出二実性体一、即空真如也。（中略）雖二諸門不同一、不レ出二二種一。一有為体、即大願也。二無為体、即第一義空性也。此二体、二而不二也。（七七六上一二～一六）

菩提心は、『摧邪輪』そのものの重要な主題であるが、あまりにも詳細な記述のため、かえってポイントが不明確になっているきらいがある。『荘厳記』で、これを大願と空真如（第一義空性）とに要約していることは、『摧邪輪』の菩提心説を理解する上でも重要である。

二、「謬解摂取不捨名義過」の箇所（⑭）で、釈尊――『華厳経』に於いては毘盧遮那仏――と阿弥陀仏との関係を明確化している点。

且如二我宗盛談一者、華蔵刹海皆遮那之化境、極楽浄土不レ出二刹種之中一。弥陀如来者即本師釈迦分身、化住二極楽一。法蔵別縁十六王子皆為二方便説一也。若爾者、釈尊遺法弟子、誰可レ云レ漏二弥陀慈悲之摂取一乎。（八〇一上一二～一六）

要するに、阿弥陀仏とその浄土は、毘盧遮那仏の方便として包摂されるということになる。華厳宗の立場に立つ明恵としては、当然の発言とも言えるが、『摧邪輪』では明言されていなかったので、自らの立場をより明確化したものと言うことができる。

三、光明への関心。光明の問題は、『摧邪輪』でも、阿弥陀仏の光明について『観無量寿経』「摂取不捨」（大正一二・三四八中二六）の句との関連から論じられているが、『荘厳記』では、十地菩薩の放光（『八十華厳』「十地品」）・光照三昧（『六十華厳』「賢首菩薩品」）を詳細に引用し、光明について論じている（七九七下二一～七九八下一二）。これらは、後年の仏光観や光明真言への関心につながるものとして考えることもできよう。

（五）まとめ

『荘厳記』の成立については、『摧邪輪』を「高命」により提出した後、それによって起こった人々の反応に対応し、自己の主張を明確化するために執筆されたものであると推定される。また、その内容は、諸宗の異論に対して弁明すると同時に、『摧邪輪』の所説をさらに展開したものということができる。

まとめ――『摧邪輪』以後の展開――

『摧邪輪』に於ける法然批判を契機として、明恵の実践はさらなる広がりを見せていく。それらはいずれも『摧邪輪』での所説を具体化していったものである。

その代表的なものは建保二年（一二一四）頃より実践された三宝礼である。これは三宝そのものというより、三宝に対して起こす菩提心を敬礼するものであり、『摧邪輪』の菩提心重視を直接に踏まえるものといってよい。

凡そ仏法に入には先づ菩提心を先とす。其菩提心の名は三宝を所縁として勝心を発すなり。（中略）我等、三宝の勝境にあひながら、菩提心甚だ発しがたし。(原カナ表記。『自行三時礼功徳義』建保四年〈一二一六、明恵四十四歳〉。日蔵(新)七四・一七七下四～八)

六道は我法二執より起り、三宝は真空の一理を体とす。菩提心は此一理に順ずる心なり。(同上一七七下一〇～一一)

菩提心を礼する即是菩提心を願ふ人なり。願心あらば即是初の菩提心なり。(同上一七八上三～五)

第二文・第三文に見られるように、「菩提心は大願と第一義空性（空真如）」という『荘厳記』（さらには『摧邪輪』）の規定がそのままに受け継がれている。特に第二文では、「我法二執」と「真空の一理」の対比により、菩提心が「人法二空による真如の顕現」という枠組みの中で把握されていることが明確である。

また、建保三年（一二一五）には『四座講式』が作成される。これは舎利・如来遺跡・十六羅漢・涅槃の四つに対する敬慕の情を述べるものであるが、これらはいずれも『摧邪輪』で取り上げられたもの（大文第一第四門〈巻中〉）で、菩提心発起の縁としての意味を持つ。

これらが、主として、外的な縁によって菩提心を発起するという性格のものであるのに対し、自らの努力に基づく修行としては、『円覚経』に基づく諸実践が注目される。そこには宗密の影響が看取されるが、これについては次章以下で検討したい。

註

（1）舘［二〇一〇］参照。

（2）ともに『浄土宗全書』巻八所収。

（3）「以聖道門譬群賊過失」全体に対する解説として米澤［二〇〇九］参照。
（4）至于北陸東海等諸国者、専修僧尼盛以此旨云々。（旧仏教　三一五下一～三）
（5）『荘厳記』の全体像については、米澤［二〇〇六］参照。以下、『荘厳記』の引用は『浄土宗全書』巻八により、頁数、段、行数を記す。

第四章　明恵に於ける宗密の受容

はじめに――問題の所在――

明恵は、建保年間頃より、『円覚経』に傾倒し、『円覚経』受持の功徳を述べる『持経講式』を作成するとともに（グュルベルク［一九九八］）、宗密の『円覚経略疏注（以下、略疏）』『円覚経略疏鈔（以下、略疏鈔）』などを講義している。さらに、『略疏』に基づく観法の実践をも行っている。

明恵はその後、李通玄に依拠した仏光観を自らの実践として選択するが、仏光観の構成に宗密の『略疏』が影響を与えていることが指摘されている（小林［一九六九］、柴崎［一九八七］、同［一九九二］）。また、明恵の弟子・証定が、自著『禅宗綱目』で宗密に依拠して教禅一致を主張していることからも、明恵の宗密受容は注目される（鎌田［一九七二］五六七頁）。

宗密の著作のうち、明恵が読んだことが確実なものとしては、『円覚経略疏』『同略疏鈔』『行願品疏鈔』[1]『盂蘭盆経疏』[2]が挙げられる。このうち、最も多く言及され、影響も大きいと考えられるのが、宗密の主著でもある『円覚経』注釈書類である。本章では、明恵の『円覚経』理解を中心として、彼が宗密から受けた影響を考察してみたい。

一　明恵の宗密への関心

『明恵上人行状』をはじめとする伝記資料の上から、明恵と宗密との関わりを掲げると、以下のようになる。
建保二年（一二一四）十二月七日　『持経講式』撰述
建保三年（一二一五）三月十八日〜九月二十二日　『略疏』を講じる（田中［一九六二］一〇一〜一〇二頁）
其の比、上人、『円覚』普眼章の尋思如実観乃至三重法界観等に依て結業禅誦す。（以下、この折の様々な奇瑞が記される）。（原漢文。『漢文行状』巻下　明資一・一三一・九〜一〇。『円覚経』普眼章の内容を尋伺観・如実観等として把握するのは宗密の解釈に基づく(3)）
或又円覚経三観廿五輪の方軌によて、円覚性を観ずるに、其好相をうることあり。（『仮名行状』巻下　明資一・五四・一〇〜一一。『漢文行状』は該当文なし）
建保四年（一二一六）頃　『略疏鈔』『円覚経道場修証義』を講ず（田中［一九六二］一〇七頁）
同年十一月三十日　『略疏』に加点する（田中［一九六二］一一四頁）
貞応二年（一二二三）『略疏鈔』を講ず（『漢文行状』巻下　明資一・一三五・三）
明恵は、承久二年頃から、李通玄の説に基づく仏光観を実修するようになり、『円覚経』及び宗密に基づく観法からは離れるが、宗密及び『円覚経』に対する関心はその後も持続する。最晩年にあたる寛喜二年（一二三〇）九月十五日の説戒会でも宗密への言及が見られるほどである（第三部第三章参照）。
明恵と宗密との関わりを見る上で興味深いのは、以下の箇所に於ける引用である。

圭山大師の『円覚鈔』に曰く、「華厳に仏恩の深き事を説くを見るごとに又みづから法を聞て既に仏恩を感ずる事を喜ぶ。又云、華厳に深く諸仏菩薩の多劫苦行して大法を弘護し衆生を哀愍するあとを見て又大教の義味无辺なる事を悟る。釈迦迹をくだして此門をとくにあらずは吾何によりてか此地に到ることを得む。是故に所感の恩いよいよ深く弥厚し」といへり。（『三時三宝礼釈』〈建保三年＝一二一五＝十一月二十五日撰〉。原カナ表記。日蔵（新）七四・一六二下一四～一六三上五）

これは『略疏鈔』（卍続一五・二一七上五～一〇）の引用であるが、『略疏』の序文部分で、宗密が自らの『円覚経』との出会いを述べる箇所（大正三九・五二四中二二）についての注釈である。宗密自身の意図からすれば、『華厳経』に関する話は一種の傍論とも言うべきものであるが、明恵はわざわざそこを引用しているのである。これは明恵がいかに『略疏鈔』に精通していたかを示すとともに、以下の叙述からも分かるように、あくまで華厳宗の枠組みの中で宗密や『円覚経』を受容するという明恵の基本姿勢をも示している。

二　『持経講式』に於ける『円覚経』理解

『持経講式』は、『円覚経』、『華厳経』「十無尽蔵品」・同「如来出現品」三経の持経の功徳を説くものである（この三経を持経とすることについては『解脱門義聴集記』〈聴集記　一〇八〉でも言及）。特に『円覚経』についての記述は最も長く、その理解は宗密に拠っていることが知られる（『持経講式』の本文はグュルベルク［一九九八］の翻刻により、翻刻文の行数を付す。校異を参照して最も適切と思われるものを採用した。原漢文）。

先づ円覚経は、末代深法を捨て、愚人定性を執す。悉く謂く、「上乗は我分に非ず。当に今別法を行ずべし」

云々。（中略）然るに今経は、（中略）曼殊大士、創めて本起の因を問ひ、薄伽至尊、首めに究竟の果を提ぐ。斯の真体を照らし、彼の夢形を滅す。人我無しと知て、誰か輪転を受けん。（中略）覚宝是れ我が性、誰か卑下を懐かんや。（二九～四三）

況や経に説て云く、「若し如来無上菩提正修行の路に遇はば、根の大小無く、皆仏果を成ず」乃至「若し諸の末世の一切衆生、大円覚に於いて増上心を起こさば、当に菩薩清浄大願を発すべし。応に是の言を作すべし、『願はくは、我今、仏の円覚に住し、善知識を求め、外道及び二乗に値ふこと莫く、願に依て修行し、漸に諸障を断じ、障尽き願満じて、便ち解脱清浄法殿に登り、大円覚妙荘厳域を証せん』」文。（四四～五一）

三部経王は、次での如く、三生成道の正因なり。

先づ円覚経は、見聞の業と為す。十眼中の観法性眼もて円覚性を見、本来成仏の妙義を信ず。十耳中の菩薩道耳もて円覚の義を聞き、歓喜奇特の大心を起こす。経に云ふが如し、「始めて知る、衆生本来成仏す、生死涅槃は猶昨夢の如し、と」文。

圭峯大師、（中略）即ち判じて円教の旧来成仏の義と為すなり。（中略）

十無尽蔵品は、即ち是れ解行の業なり。（中略）

出現品は、即ち涅槃の業なり。（一四九～一六〇）

明恵は、宗密の解釈を媒介として、(4)『円覚経』の「本来成仏」を華厳教学の旧来成仏と等置する。それは衆生に自らの本性たる円覚を示すためのものであり、それによって疑惑を断ち、菩提心を発して修行に励むことが求められている。こうした「頓悟漸修」的修行観は、『円覚経』そのものにも、宗密の解釈にも、もともと含まれているものと言いうるが、これを華厳教学の「三生成仏」と結びつけ、「見聞の業」として位置づけるのは、明恵独自の理解である。この明恵流の「頓悟漸修」は、以下の引用にも明瞭である。

> 一円覚経初心頓悟離四病事
> 経文所離四病〇初心に円覚性を了悟して観じ入る時功用を斎《（ママ）》仏故に四相等の病を離るる也。普通に陀ルマ（＝達磨）宗なんど云て、此観門を修する人、性相をわきえず、直ちに、観に入らざるの時一切善悪の法に所作施為を息め諸行を撥無して急に思ひ到《い》たるは是は僻事也。円覚性は諸分別念相無き故に、是を観ずる時に諸分別善悪之見を留め此性に順ずる也。さて出観の時も一切時に心この性に向て、故《ことさら》に諸善は此性に順ずれば諸善を修し、諸悪は此性に違すれば諸悪を留むる也。是を三観之中の三摩ハチの行とも云也。此くの如く、一切円頓の教文のくせにて初心にまづ本有覚性を了性して、功用、始終を兼ね果位に同ぜしむる也。故に始より四病をのぞけ四相を離せよと云也。（中略）故に今経に初心頓悟の義を説て用心を仏に同ぜしめ、此の用心有るの人即ち生死をば昨夢の如くに思ひ如幻衆生を見れば同躰大悲起る故に三僧祇を経、生死を経歴する也。（中略）一切理教の習にて後位を初心に引越して置く。今経の始めに文殊章に「了悟覚性」「発菩提心」と云也。（原カナ交り漢文。『栂尾御物語』上〈年月不明説示〉。明資三・四〇四下九～四〇五下八。最後の引用文は『略疏』巻上一「初了悟覚性、次発菩提心」〈大正三九・五三〇下一四～一五〉。なお、『栂尾御物語』上〈承久二年＝一二二〇＝六月十六日説示　明資三・三九三上一〇～三九六下一一〉も参照）

ここで、「達磨宗」との対比で示されるように、明恵にとって『円覚経』の「円覚性」や「本来成仏」の教説は、修行無用論に流れかねない衆生の即自的肯定を説くものではなく、あくまで三僧祇にわたる長遠な修行の起点として位置づけられるものなのである。

ここでは第二部第二章で『起信論』理解に関して述べたのと同様の構造が看取されるであろう。

三　『円覚経』と法身説法

明恵が『円覚経』に関わる問題として重視する、今一つの点は、法身説法の問題である。

而を宗密等の御意、法報不分の身と云て、自受用身と法身と合する身あり。即ち円覚等の諸経、理智不分の身を以て浄土の中に在て法を説く経ありとて、円覚経・大毘盧遮那経・密厳経・仏地経等とて、あまたの経を出せり。円覚経の「於不二境現諸浄土」と云は、不二境は凡聖不二・浄穢不二・身心不二等の境の中に於て土を現じ法を説く。其身は即ち内証に約すれば自受用身也。他の為に法を説けば、他受用身也。法報不分と云は即ち自受用身を以て法身に合して真身とす。（『解脱門義聴集記』第十　聴集記　一八〇・五～九。「於不二境現諸浄土」は『円覚経』〈大正一七・九一三中一〉。「法報不分」は『略疏』〈大正三九・五二八下二八～二九〉。他に『真聞集』二〈明資三・一三八上一～二〉・『栂尾御物語』三〈寛喜元年＝一二二九＝十月三日説示　明資三・四二四上一～三〉参照）

この引用に見られるように、明恵は宗密の解釈を媒介にして、『円覚経』の教主を、法身と報身とを合したものと解し、これを『大日経』の法身説法と同様のものとしている。確かに宗密は『円覚経』の教主を「法報不分」としているが、彼自身はそのことを特に重視しているわけではない。そこに注目し、法身説法が密教特有の説ではないことを言うために援用するのは、顕密一致という明恵の立場からの読み込みと言えるであろう。

まとめ

明恵は、『円覚経』に於いて、「本来成仏」や円覚性についての教説と法報不分の仏身観とを重視するが、これらには宗密の『円覚経』解釈が影響を与えている。しかし、それらは宗密の説そのままではなく、明恵独自の解釈によって改変されている。「本来成仏」は三生成道や三祇にわたる修行といった伝統的な修行論の枠組みに結びつけられ、法報不分の仏身観は密教の法身説法の問題に関連づけられる。明恵が李通玄を依用する場合、法蔵・澄観などの教学による改変がなされていることが指摘されているが（中村［一九九一］、小島［二〇〇〇］）、宗密に関しても同様のことが指摘できる。

このような明恵の『円覚経』・宗密の理解から、逆に、何故に明恵がこれらに傾倒したのかを考えることができる。明恵は建暦二年（一二一二）に法然批判の書『摧邪輪』を著しているが、そこで批判対象とされたものの一つは、「劣機であるが故に修行に堪え得ない」という思想的立場であった。『円覚経』の「本来成仏」説は、まさにこうした立場を否定し、明恵の修行観を強化するものとして受容されたのである。また、法報不分の仏身観も、明恵が以前から有していた顕密一致思想を強化するために注目されたと言える。

なお、明恵が宗密から受けた影響としては観法に関わるものがあるが、これは次章で取り上げる。

註

（1）『行願品疏鈔』は『自行三時礼功徳義』（日蔵（新）七四・一七九上一二～一三、一八一下一六～一八二上一）に引

用されている。それぞれ、卍続七・九三九上一六～一七、九六八下一三～一六に対応（どちらも『行願品疏鈔』巻五の文）。

（2）『盂蘭盆経疏』は、明恵作とされる『盂蘭盆経講式』に引用されている。翻刻はグュルベルク氏の「講式データベース」に収録されている。

（3）『略疏』巻上二（大正三九・五四〇上二四以下）。第二部第五章一参照。

（4）宗密の本来成仏説については、吉津［一九八五］二八五頁以下参照。

第五章　仏光観の意義

一　『円覚経』の観法

仏光観が、明恵が探究してきた実践法の帰着点に位置することは、周知のところである[1]。その意義を、その直前に明恵が修していた『円覚経』に基づく観法との比較から考察してみたい。それは、単に観法の内容の違いというにとどまらず、より本質的には人法二空という理念の徹底にあるということができる[2]。

まず、宗密に依拠した『円覚経』に基づく観法とは如何なるものであろうか。既に前章でも引用したが、『行状』建保三年（一二一五、明恵四十三歳）条には以下のようにある。

其の比、上人、『円覚』普眼章の尋思如実観乃至三重法界観等に依て結業禅誦す。（以下、この折の様々な奇瑞が記される）。（原漢文。『漢文行状』巻下　明資一・一三一・九～一〇）

ここで『円覚経』普眼章の内容を尋伺観・如実観等として把握するのは宗密の解釈に基づく。宗密によれば、この箇所の観法は以下のような内容を持つ。

初めに二空観を明かし、後に法界観を明かす。初めの二空というのは、衆生が長遠の間輪廻のうちをさまよい、或る場合には邪見や小乗の見解に堕ちて一切種智を成就することができないのは、二つの障害によるのである。二つの障害が存続しているのは、二つの執着による。二つの執着を除こうとするなら、必ず二空を手だてとしなければならない。故に、法界観の文の前に、先ず二空観の智を成就する。執着がなくなれば、障害もなくなる。そうすれば、聖性が現前し、その働きは無限である。これを仏と名づける。（取意。宗密『円覚経略疏』巻上二　大正三九・五四〇上二四～二八）

以下、二空観については次のような順序で観察していくことになる。

我空（観身無我〈尋伺観・如実観〉→観心無我〈尋伺観・如実観〉）→法空→法界

すなわち、まず分析的に身体が無我であることを観察し、次にただちに無体如幻であることを観察し、次に心について同様の観察を行い、次に心の対象である法について空であることを観察し、最後に清浄なる法界を観察する、というものである。

ここで注意されるのは、この観法が人法二空の理を直接に観察の対象とするものであり、さらに人無我から法無我へという順序を踏むことである。なぜ、これらが留意されるべきなのかといえば、仏光観に於いてはこれらが大きな転換を受けるからである。

二　仏光観

仏光観は『華厳経』「光明覚品」及び李通玄の所説に基づき、毘盧遮那の足下から発する十方を照らす光を十重に観察するものである。もっとも、李通玄の影響が大きいとは言っても、李通玄自身の思想とかなり相違することは、小島［二〇〇〇］などの指摘するとおりである（そもそも李通玄は仏光観とは言わず、「宝色光明観」と言う）(3)。

明恵が仏光観を始めるのは承久二年（一二二〇、明恵四十八歳）夏頃からである（『華厳仏光三昧観冥感伝』明資五・二〇二上六。日蔵(新)七四・一〇七上六)。その後、明恵は『華厳修禅観照入解脱門義（以下、解脱門義）』『華厳信種義（以下、信種義）』『華厳仏光三昧観秘宝蔵（以下、秘宝蔵）』（いずれも大正七二所収）など仏光観に関わる著作を著していく（この間の経緯については小泉［一九七九・一九八〇a］・柴崎［一九九一・一九九二］参照）。

仏光観の具体的な方法を記した「仏光観次第」については、大別して三種類のものがある。小泉［一九七九・一九八〇a］(4)に基づき、その成立と異同を示すと以下のようになる。

①「坐禅次第」（仮称）。承久二年七月二十五日に明恵が執筆したもの。

②「仏光観略次第（以下、略次第）」。承久二年九月三日の『解脱門義』執筆後、三密法門、十二神への帰命などを付し、仏光観の末尾部分を変更したもの。

③「仏光観広次第（以下、広次第）」。「略次第」に、光明真言など密教的要素を増補したもの。これは口伝によって伝えられたと考えられる。

柴崎［二〇〇三］三三六～三五九頁では、この結果を踏まえ、専ら①の系統の日本大蔵経所収本のみを考察の対象にしている。しかし、明恵による「仏光観」の講義（『仏光観聞書』。明資三所収）が、②「略次第」を対象として行われていることから考えて、②及び③を明恵の最終結論と考えるべきであろう。

①の系統に属する日本大蔵経所収本（元禄五年、道棟書写本）及び大日本仏教全書所収本（正慶二年、仁弁所持本）では、十重に光明を観察した後、以下のような観察がなされる。

次、量度想舎（舎→念）を尽くして、皆、虚空に同ぜしむ可し。且く、此の観門に住し、心分別を尽くし、安静を待つ可し(5)（中略）是れ即ち、十信終心、大空智慧門なり。当に十住初心、諸仏境界智慧光明門に入るべきなり。深義、更に之を問へ。心・境、合して是れ一なるが故に、内心・外境、皆亡ず(6)。能観の心、体無きが故に、所観の諸境、皆、体無し。十方円照、身心一性なり無明を破して此の空性又、光明は即ち色、能観は即ち心、色心一体、即ち是れ空性なり。色即是空、空即是色、空・色、無礙にして、是れ理智和合毘盧舎那無作大智と名づくるなり。（中略）一切諸仏と同一智慧家に生ずるが故に、初発心時成正覚なり(7)。（中略）。を見るは、是れ文殊の大智なり。空性の中に於いて称性の智を起こすは、是れ普賢の性徳なり。（中略）是れ入仏知見と名づく。泯絶無寄なり真空観なり。

真・俗、鎔融し、理・事、互ひに遍ず。一塵の真理、分かつ可からざるが故に、一一の繊塵、皆、無辺を摂して、円足せざる無し。有分の事、無分の理に於いて、全同にして分に非ず。事、無体にして、還て理の如くなるを以ての故に、一塵壊せずして法界に遍ず理事無礙観なり。

事事、理の如く、融通無礙にして、大・小、一・多、相即自在なり。自身・他身、一切有情、此界・他界、一切国土、一一塵中、各各、皆、一切仏事有り。九世相即し、因果相摂す。無辺の仏事、一塵の中に現じ、一念を離れず、普融無礙なり事事無礙観なり。

若し此の観智現前せば、一切法に於いて、悉く自在を得乃至、因果・依正・事理・人法の観、皆、此の観門より入るを得。悉く明師の口決を受く可し。（日仏全（新）三六・二六六上六～中一。日蔵（新）七四・三六下三～三七上七）

この文の前半は、註にも示したように、割註も含めて李通玄の文をパラフレーズしたものである。

一方、「又、光明」以下の部分は、柴崎［二〇〇三］三五一～三五六頁が示しているように、杜順『華厳法界観門』に基づく三重法界観である（『華厳法界観門』では最後は周遍含容観であるが、これを事事無礙と解するのは澄観・宗密の説による）(8)。李通玄の説く仏光観（宝色光明観）では三重法界観は説かれず、柴崎［二〇〇三］三五六～三五九頁が説くように、宗密『円覚経略疏』の所説に基づいていると考えられる。

ところが、仏光観の実修を重ねた後で、改訂されたと見られる②「略次第」、③「広次第」では、上記の文に相当する箇所が、以下のように改められている。

（十重に光明を観察して）其の中に前の如くの四州・大海・人天・仏・菩薩等、仏光明力を以ての故に、悉く皆な之を見る。然るに、我が心光を以て之を照らすに、此の諸境悉く皆な無相なり。

謂く、三悪・人天等、善悪の不同有りと雖も、皆な業力の所感の果報なり。彼の諸業、又心に依る。心、又境に託して生ず。心即ち無体の故に果報亦無体なり。

又、須弥・大海皆な是れ業力所感の故に其の実体無し。又、其の体悉く極微の所成なり。極微とは聚集して仮に自体有り。離散すれば即ち無体なり。

是の故に情・器俱に皆な有為の法なり。過去は已に滅し、現在は住せず、未来は不生なり。更に其の実体無し。

又、諸仏菩薩等は是れ清浄業の所起なり。其の業、又浄心を所依と為す。心亦無体の故に、果報亦無体なり。

是の故に染浄の不同縁起の義有りと雖も、是れ同ず。縁生の法、皆な無相にして虚空に同ず。

然るに、虚空は亦諸色の際限なり。尚し色の為めに障碍せらる。自性無し。無自性の故に是れ空性なり。深く此の一法界空理に住すべし。

然して後に亦、定より起て此の能観の心を推求するに、此の心亦諸境に託して起る。

諸境無相の故に、心亦自性無生なり。心・境、合して一なり。皆な是れ空性なり。無体・無相・無内・無外、是れを大空智恵門と為す。十住の初心に入る。初めて此の観門に入らば、深く住心を待つ可し。心若し住せば、無量の仏法現前すること有り。

問て曰く、前に正報を観ずる中に、皆な心を観ず。何が故ぞ、定より起て、又能観の心を観ずるや。

答ふ、前には惣報を観ずる中に、義便に因て心を観ず。今は即ち、彼の、心を以て所観と為（す）る能観の心を観ずるなり。因果両亡・能所俱離の義、此の重に至つて理を尽す。

是れを大空と為るなり。之を思へ。（原漢文。『仏光観略次第』承久二年〈一二二〇、明恵四十八歳〉明資三・六〇三下一二〜六〇四下一四。写本の訓点にしたがって読み下し）

冒頭から「一法界空理に住すべし」までの部分は、①「坐禅次第」での観察内容をより平明・具体的に述べたものと見ることができるが、問題は「然して後に亦、定より起て」以後の部分である。ここでは、定（三昧）の後に、さらに「能観の心」を反省することが説かれ、その意義について問答が付されている。②「略次第」は題名のとおり、仏光観を行うにあたっての式次第であるから、そこに問答が含まれていること自体異様であるが、敢えてそのような不体裁を避けなかったのは、ここに明恵の強調点があったからであろう。①「坐禅次第」でも「能観の心」については言及があるが、それはまだ観察の対象であったのに対してここではそのような観察を行っている「能観の心」そのものを問題としているのである。

仏光観では、仏の放光に沿って十方の一切を空と観じ、さらに最後に観察している自身の心を空と観ずる。『円覚経』の観法と比較するなら、人空から法空へという順序ではなく、法空から人空へという順序になっていることが知られる。しかも、明恵が問答によって注意しているように、ここで空と観ぜられるのは、観察の対象としての心ではなく、観察を行っている心そのものである。このようなことは、人空から法空へという順序では不可能である。そのような順序では、たとえ人空を観じたとしても、法空を観察する段階で、観察している自己を意識せざるをえないであろう。明恵は、②「略次第」では、三昧の後に「能観の心」を反省するという形で、このことを徹底するのである。「此の重に至つて理を尽す」というように、主体としての自己そのものが空であると覚知することにこそ明恵の究極の目的があると言えよう。

なお、承久二年（一二二〇）九月三十日撰述の『解脱門義』、翌年九月二十一日撰述の『信種義』では、「能観の心」については全く問題になっておらず、承久三年十一月九日撰述の『秘宝蔵』になって盛んに論じられる（『解脱門義』には「能観智」が一回出るだけで、『信種義』には一度も言及がない。それに対して、『秘宝蔵』では「能観」の語が二十四回も出る）。当初の「坐禅次第」から「略次第」への転換も、この時期だったのではないかと推測される。『起信論』に由来する「人法二空所顕の真如」という実践理念を背景に置いて考えると、仏光観の意義は何よりも、単に人法二空を観ずるというにとどまらず、「能観の心」それ自体の空性を観ずるという徹底性に求められよう。ここに仏光観が明恵の実践にとって帰着点として意義を持つ理由があると思われる。

まとめ

仏光観にいたる明恵の諸実践は、人法二空による真如の顕現という理念に導かれたものであった。明恵に於いては、真如が衆生に内在することは衆生と仏との即自的同一性を意味するものではなく、修行の結果としての成仏の可能性を約束するものであり、それは『起信論』解釈に於いても、宗密の受容に於いても、一貫した姿勢である。その上で、人法二空の実現のため、観察主体たる心そのものを空と観ずる仏光観が、様々な試行錯誤の末に選ばれたと考えることができよう。

明恵＝「厳密」という観点から言えば、仏光観と光明真言・五秘密との一致という点が重要となるが、それらは既に様々に論じられているので（石井［一九八八］・小泉［一九八〇b］・柴崎［二〇〇三］）[9]、ここでは触れない。第一部でも論じたように、意業を中心とする顕教を、身業・口業にわたる密教によって補足するというのが明恵の基本姿勢であることを考えれば、仏光観への光明真言・五秘密の導入は必ずしも異とするに足りないであろう。

註

（1）柴崎［二〇〇三］第三章「明恵と禅観」は、仏光観にいたるまでの明恵の諸実践を詳細に論じている。
（2）柴崎［二〇〇三］二四五頁では、明恵三十歳の著『華厳入法界頓証毘盧遮那字輪瑜伽念誦次第』についても「その目指す所が心境倶空の境地の体得にあったことは明らかである」と論じている。
（3）『新華厳経論』巻十五（大正三六・八一八中一七）。
（4）明資三「仏光観広次第　凡例」（小泉春明執筆）にも結論が簡潔にまとめられている。
（5）李通玄『解迷顕智成悲十明論』「量度想念皆尽虚空。令其自心亦尽虚空。心同処空。其心自定朗然安楽」（大正四五・七七二上八～一〇）。明恵『秘宝蔵』所引（大正七二・九〇上二五～二七）。
（6）李通玄『新華厳経論』巻十四「心境合一内外見亡」（大正三六・八〇八上二〇）。明恵『秘宝蔵』巻上所引（大正七二・九〇下二）。
（7）李通玄『略釈新華厳経修行次第決疑論』「便同善財童子妙峯山頂徳雲比丘所得憶念一切諸仏智慧光明門。与一切諸仏同一正智家生故。言初発心時便成正覚」（大正三六・一〇一五上一五～一八）。明恵『秘宝蔵』巻上所引（大正七二・九〇中八～一一）。
（8）澄観『華厳法界玄鏡』「観曰。周遍含容観第三　釈曰。即事事無礙法界也」（大正四五・六八〇上二四～二五）。宗密『円覚経略疏』巻上二「第三周遍含容観。即事事無礙也」（大正三九・五四五下一三）。
（9）Unno［2004］は明恵の光明真言信仰についての専著であり、種々興味深い指摘が含まれているが、仏光観との関連についてはほとんど論じていない。

第三部　明恵の戒律観

第一章　明恵に於ける不婬戒の問題

はじめに

出家者が不婬戒を守るというのは、あまりにも当り前に過ぎることかも知れないが、これが少しも「当り前」でなかったのは、日本仏教史を学ぶ者にとっては周知のことであろう。中世に於いては多くの僧が女犯（や男色）をしたり妻帯していたりしたことが、様々な史料や説話集によって知られる（石田［一九九五］参照）。そうした日本仏教の趨勢の中で、「一生不犯」をもって知られる明恵は異彩を放つ存在である。

「明恵＝一生不犯」説そのものは、明恵没後にあらわれるものであり、明恵自身（及び同時代の史料）は彼が一生不犯であったか否か明言してはいない。もっとも、彼が戒律を重視しているのは確かだし、不婬戒に少なからぬ関心を示しているのも事実である。「一生不犯」説の成立は彼のこうした姿勢を反映すると同時に、明恵に対する尊崇の高まりや戒律観の展開とも関係している。

本章では、淫欲と不婬をめぐる問題を一つの中心として、明恵の戒律観とその展開を探り、没後の「一生不犯」説成立の過程を考察してみたい。

一　「打ちさまし打ちさまし」――明恵にとっての婬欲と不婬戒――

「明恵＝一生不犯」説[1]は『梅尾明恵上人伝記（以下、伝記）』の次のくだりに由来する。

上人常に語り給ひしは、「幼少の時より貴き僧に成らん事を恋願ひしかば、一生不犯にて清浄ならん事を思ひき。然るに、何なる魔の託するにか有りけん、度々に既に婬事を犯さんとする便り有りしに、不思議の妨げありて、打ちさまし〳〵して終に志を遂げざりき」と云々。（上人集　一五五）

「打ちさまし打ちさましして」という言葉が妙な生々しさを伝えるのであるが（この表現をめぐっては、窪田［一九八四］四三頁以下参照）、『伝記』は、明恵伝の根本資料である『行状（以下の引用は全て『仮名行状』による）』に比べると、必ずしも史実とは言えない様々な説話や記事が取り入れられていることが知られている（田中［一九六一］二〇〇頁以下参照）。このくだりも『行状』には見えない。もっとも、この記事は鎌倉期末書写と推定される『梅尾明恵上人伝』（上巻のみ）にも見える（明資一・三〇四・一五～三〇五・二）ので、かなり古くから伝承されていたものである。

この話につながるような記事を、より確かな史料の中で探ってみると、たとえば、明恵は『却廃忘記』（弟子・長円による聞書、文暦二年〈一二三五〉成立）の中で、次のように述べている。

第三戒を身命をつくすとも、相構え、まぶらむと思ふべき也。こと服薬ていの事は、所労なにかによりて、不定なることもあるべし。此戒は、病縁にもよるべからず。なににもよらぬ事なれば、一向に堅持すべき也。（原カナ表記。明資二・五二五・一〇～五二六・五。旧仏教　一一〇・三～五）

第三戒というのは十重戒の第三戒である不婬戒のことである。明恵はここで、不婬戒は、事情によっては破戒が許容されうる他の戒と違って、無条件に守られるべきだ、と主張している。この「身命をつくすとも……まぶらむ」という表現が「一生不犯」に連なっていることは見やすい。また、『却廃忘記』には次のような言葉もある。

又懈怠なれば婬心《(ママ)》をこると云へり。実にも、懈怠なるより無量の過はいでくる也。（明資二・五四〇・五〜八。旧仏教　一一三・一四）

『却廃忘記』に記録された晩年の明恵の言葉からは、彼が不婬に大きな価値を置いていることがうかがえる。その意味では、『伝記』が示す明恵像はそれなりに的を射ている。問題となるのは、こうした不婬の重視が何に由来するか、である。

二 「世間の欲相に非ず」——仏光観・五秘密と戒律——

確実な資料による限り、明恵と戒律との深い関わりが見られるのは、中年代から晩年にかけてのことである。もちろん若年の頃から厳しい修行生活を送っていたのであるから、戒律も厳守していたこととは推測されるが、明確な記録はない。

なぜ、中年期から戒律との関わりが増していくのであろうか。その理由として、一つには、仏光観を通じての自己凝視の体験があり、もう一つには、明恵を中心とする教団の成立という事情があると思われる。後者については次節で扱うこととして、ここでは前者について論ずる。

建永元年（一二〇六）十一月、明恵は後鳥羽院より栂尾の地を賜り、同月二十日から二十六日まで九条兼実邸で修法を行っている（『夢記』高山寺本第八篇　明資二・一三〇下七～一一）。それまで紀州を中心として修行生活を送っていた明恵にとっては、京都の貴顕との交流という新たな世界が開けたわけである。こうした交流は彼の宗教活動に多大の便宜を与え、彼の名声を高めることになるわけであるが、一面では、華美浮薄に流れ、彼の宗教性を危うくするものでもあったろう。兼実邸での修法の直後、十二月四日の夢は以下のようなものである。

又、殿下・姫君御前と思しき人二人と共に、成弁、以ての外に親馴の儀を成す。横さまに之を懐き奉りて、諸共に車に乗りて行く、云々。但し車に乗る事は成弁と又姫公と二人也。（原カナ交り漢文。『夢記』高山寺本第八篇　明資二・一三一下六～一一）

「親馴の儀を成す」、「横さまに之を懐き」、二人だけで乗車するなどの表現から、極めて濃密な女性との交渉が描かれており、九条家をはじめ京都の貴族社会との接触が明恵の内面に大きなインパクトを与えたことがうかがわれる。(2)

また、この夢の内容から思い起こされるのは、兼実が、女犯が往生の障りとならないことを示すため、自分の娘「玉日御前」を親鸞に嫁がせた、との伝承であろう。(3) この伝承のみならず、そもそも親鸞のことも明恵は知らなかったと思われるが、にもかかわらず、こうした夢を見るということは、兼実の周辺には「玉日御前」伝承が発生して然るべき雰囲気が実際に存在したということではなかろうか。

また、建暦元年（一二一一）十二月六日の夢には「端政（＝正）なる貴女」が登場する（山外本一・一〇。図版目録　二五五上・一一）。同月九日、明恵は藤原長房（慈心房覚真）を介して、故女院（春華門院。後鳥羽院第一皇女、建暦元年十一月八日死去）の供養を依頼されており、「女房」や「貴女」が夢に出現するのは、直接にはこのことの反映である。十六日には、高峰で「端政奇異」なる「一人貴女」に逢い、彼女の作った願文を聞く、という夢を見て

郵便はがき

料金受取人払郵便

京都支店
承　認

1318

差出有効期間
平成25年11月
30日まで

(切手をはらずに
お出し下さい)

6008790

110

京都市下京区
正面通烏丸東入

法藏館 営業部 行

愛読者カード

本書をお買い上げいただきまして、まことにありがとうございました。
このハガキを、小社へのご意見またはご注文にご利用下さい。

お買上 **書名**

＊本書に関するご感想、ご意見をお聞かせ下さい。

＊出版してほしいテーマ・執筆者名をお聞かせ下さい。

お買上 **書店名**	区市町	**書店**

◆新刊情報はホームページで　http://www.hozokan.co.jp
◆ご注文、ご意見については　info@hozokan.co.jp

11.12.1.20000

ふりがな ご氏名	年齢　　歳　男・女
〒□□□-□□□□ ご住所	電話
ご職業 (ご宗派)	所属学会等
ご購読の新聞・雑誌名 (ＰＲ誌を含む)	

ご希望の方に「法藏館・図書目録」をお送りいたします。
送付をご希望の方は右の□の中に✓をご記入下さい。　□

注 文 書

月　　日

書　名	定　価	部　数
	円	部
	円	部
	円	部
	円	部
	円	部

配本は、○印を付けた方法にして下さい。

イ. **下記書店へ配本して下さい。**
(直接書店にお渡し下さい)

(書店・取次帖合印)

書店様へ＝書店帖合印を捺印の上ご投函下さい。

ロ. **直接送本して下さい。**
代金(書籍代＋送料・手数料)は、お届けの際に現金と引換えにお支払下さい。送料・手数料は、書籍代 計5,000円 未満630円、5,000円以上840円です(いずれも税込)。

＊お急ぎのご注文には電話、ＦＡＸもご利用ください。
電話 075-343-0458
FAX 075-371-0458

(個人情報は『個人情報保護法』に基づいてお取扱い致します。)

いる（図版目録　二五五上二三～二五六上二五）。その後、十九日に鳥羽墓所に詣っているが、その様子は十六日の夢に符合していたという。そして、二十三日より故女院の四十九日の供養を開始し、二十四日に次のような夢を見ている。

一大堂有り。其の中に一人の貴女有り。面皃ふくらかをにして、以ての前（＝外）に肥満せり。青きかさねぎぬを着給へり。女、後戸なる処にして対面。心に思はく、此の人の諸様、相皃、一々香象大師の釈と符合す。其の女の様など、又以て符合す。悉く是れ法門なり。此の対面の行儀も又法門なり。此の人と合宿、交陰する人、皆、菩提の因を成ずべき儀と云々。即ち互ひに相抱き馴れ親しむ。哀憐の思ひ深し此の行儀、又大師の釈と符合する心地なり。（原カナ交り漢文。図版目録　二五六上一〇～一六。河合［一九八七］二二七頁参照）

一連の経過を考えるなら、この「貴女」は九日や十六日の夢に出てくる「貴女」と同じであり、故女院（春華門院）の存在を反映していると言える。供養を行っていく過程で、明恵の内面で故女院のイメージが成長を遂げ、「相抱き馴れ親しむ」までにいたったのであろう。この夢は、かなり直接的に性的なものを示しているが、注意すべきは、明恵がそれを必ずしも忌避しておらず、むしろ好意的に記述していることである。香象大師（法蔵）の釈(4)との符合という後ろ盾を得て、「貴女」との交渉は、菩提の因を成ずる神聖な儀式として理解されているのである。

承久二年（一二二〇）五月二十日の夢も有名なものであるが、明恵の態度は微妙に変化している（以下、承久二～三年の夢の年代比定については奥田［一九八〇］による）。

十蔵房が、崎山三郎から贈られた香炉を持ってきた。その中には隔てがあり、中国からの舶来品が二十余種入れてあった。二匹の亀が交合した形のもの等があり、世間の祝い物だと思った。その中に、五寸ばかりの唐女の形をした陶器があった。日本に来たことを嘆いているのか訊ねてみると、答えてうなずいた。「糸惜くすべし。歎くべからず」と言っても、頭を振るだけである。その後見てみると、涙を流している。女は「曲問の人にてやおはしますらむに、其の事無益に候」と言う。明恵は、自分はただの僧ではなく「大聖人」として人々に崇められているので「糸惜くせむ」、と告げると、女の人形は喜び、「然れば御糸惜み有るべし」と述べ、たちまち生身の女になった。翌日、崎山三郎の母がいる仏事の場に連れていくと、十蔵房が「この女は蛇と通じたのである」と言った。明恵は、「この女は蛇と通じたのではなく、この女が蛇身を有しているのである」と思った。すると、続いて十蔵房が「この女は蛇を兼ねている」と言った。目が覚めてから、この女は善妙であると思った。善妙は竜人なので蛇身であり、焼き物は石身である。（取意。『夢記』高山寺本第十篇　明資二・一四五上七～一四六上一一。原文は第四部第二章二に引用）

善妙は、新羅華厳宗の義湘の伝記に出てくる女性で、義湘を慕い、竜や大盤石となって義湘を助けている（『宋高僧伝』巻四「唐新羅国義湘伝」）。明恵は後に『華厳宗祖師絵伝』にこの場面を描かせている。また、後に尼寺に善妙寺と名づけ、善妙を鎮守神としている。このように、善妙の説話は明恵にとって親しいものであり、夢解もそれによっている（なお、明恵は指摘していないが、善妙は衣鉢などを入れた篋を船上の義湘に投げ渡したとの話もあり、女の入っていた香炉はそれを反映しているとも解しうる）。

もっとも、夢そのものを見るなら、交合した亀や、女と蛇との交合など、性的な要素が少なからず指摘できるが、焦点化されていない。また、善妙説話と比較するなら、少なからぬ相違がある。とりわけ重要なのは、もともとの説話では善妙が義湘を守護するのに対して、この夢では女（の人形）は庇護される対象であり、明恵は庇護者として登場することである。さらに興味深いのは、もともとの説話ではポジティヴな意味を持っている竜（蛇）や石といった表象が、この夢ではむしろネガティヴな意味を負わされていることである（第四部第二章参照）。

こうした要素に留意するなら、この夢は、「大聖人」である明恵の「糸惜み（＝いとほしみ）」によって、蛇であり石身である女性が救済される、という趣旨になる。先に見た「貴女」との交陰の夢では、利益を受けるのは明恵の側であった。それがここでは逆転しているのである。

こうした関係性は、次の一連の夢にも看取される（以下、特に断らない限り、『夢記』高山寺本第十篇の夢。原漢文）。

七月二十日「又、一人の女房有りて、護身と為して予に近づきて語る。夢に云はく、和尚の辺に糞穢の香有り。只、護身為らざるのみに非ず、剰へ此の穢れたる相有り。心に慙ぢて之を思ふ。之を思ふ可し」（明資二・一四七上七～一〇）

（翌二十一日には、「清浄の夢想を得ば、如法懺悔の験と為す可し」との祈請をし、水晶の数珠を得る夢想を得ている。明資二・一四七上一一～下一三）

「夜の夢に五、六人の女房来り、親近して予を尊重す。此の如き夢想多々也。後日記すが故に分明ならずと云々。／前の夢を翻す也」（明資二・一四七下一二～一四八上二）

「前の夢」とは、女房から「穢れたる相」を指摘された、二十日の夢であろう。「前の夢を翻す」とは、これに対して「如法懺悔」が成就したが故に、女房たちが尊重するようになった、と解していると思われる。善妙の夢との関連で考えれば、「大聖人」として人々から尊崇されるというのは、明恵に「穢れたる相」がないからなのである。

この時期、明恵は、仏光観をはじめとする禅観に打ち込んでおり、先の夢にも見られたように、また以下に見るように、しばしば懺悔・滅罪を祈願している。性的な表象に対する明恵の態度が変化したのは、禅観への没入により明恵が自己の内面の不浄性を強く意識するようになったからではなかろうか。

八月七日「是れ具戒を祈請するの間の夢也と云々」（明資二・一五〇上一一）

同初夜「坐禅の時、滅罪の事を祈願し、戒体を得たり。若し好相現ぜば、諸人に戒を授けむと祈願す」。その後、兜率天に上昇して身が水精珠のようになり、「清浄を得たり」との声を聞く。（取意。明資二・一五〇上一二～一五一下一二）

十月二十七日「前の如く三時に一向に坐禅す。上師在りて、予の為に、不倫の如き僧等五人、之を殺害す。殺生罪の体に非ずと覚ゆと云々」（明資二・一四一上一一～一四）

十一月八日「夢に云はく、説戒の時、毎日人数倍する也。常住の人の外に客僧加はると思ふ」（明資二・一四一下一三～一四二上二）

十二月六・七日「持仏堂に於いて縄床に於いて。好相なり仏像に向ひ奉りて、涕を流し悲泣し、罪障を懺悔すと云々」（明資二・一四三上六～八）

これらの夢のうち、八月七日初夜の夢は、仏光観の効験を証明するものとして、明恵撰『華厳仏光三昧観冥感伝』でも引用されている（明資五・二〇四上一一～下一。日蔵（新）七四・一〇八上一三～下七）。これらがそもそも懺悔や戒体との関連で感得されたものであることは、仏光観と戒律が明恵の中で深く結びついていることを示していよう。

このような戒律への関心は翌承久三年も続く。

承久三年八月十一日、行位律師より法蔵撰『梵網経疏（梵網経菩薩戒本疏）』講義を命じられる。その本は極めて霊妙なものであった。（取意。明資二・一五一上一四～下一一）（この夢については次節で詳述）

同十二日「初夜の禅中に滅罪の事を祈念するに、黒き雲の如くの物、頂上より起ち上りて空に散ると覚ゆ。罪業散滅すと思ふ」（明資二・一五一下一三～一四）

同十七日「日中の禅中に、初めて鵄鳥を見て、心に懺悔して思ふの間、後を見るに、灯明を見ること例の如し」（明資二・一五二上一〜三）

同二十七日「夢に、自らの手より二分許りの虫ふと虫、の如し懇ろに之を出せりと云々。即ち懺悔の間也」（明資二・一五二下一三〜一五）

九月一日「三罪を懺悔せむことを請ひ、其の験を見ることを望み、之を得と知る可し。（中略）其の後、案に倚り臥して眠る。夢に、人に戒を授く。其の布施に金三両あり。又、其の外の物等、之在り」（明資二・一五三上一三〜下四）

こうした一連の流れの中で、大きな意味を持つのが、承久三年十一月一日から六日にかけての夢である。

十一月一日「懺悔す。夢に云はく、行遍僧都、予に対《むか》ひて例の如く談話す。予云はく、『卑下の詞を致して、罪障を懺悔す』。僧都の云はく、『御房の御事、以ての外の事也。設ひ罪身の由を称せしめ給ふと雖も、行遍等に望ましむ可からず』と云々」

同二日「関東の尼公の消息を得て哀傷す（後略）」

同三日「中の尅、案に寄り懸りて眠り入る。夢に、三昧観の時のビル舎那像を見る（後略）」

同六日「夢に云はく其の初夜、行法す。坐禅を抑へ、て行法を修せむと欲するの間也一屋の中に端厳なる美女有り。衣服等奇妙也。而るに、世間の欲相に非ず。予と此の貴女と一処に在り。無情に此の貴女を捨つ。此の女、予を親しみて遠離せざらむの事を欲す。予、之を捨てて去る。更に世間の欲相に非ざる也。此の女、一つの鏡を持す。糸金を以て様々にからげたり。又、此の女、大刀を持せり。

案じて云はく、女はビルシャナ也。即ち是れ定妃也。(5)

即ち、此の女の夢に驚きて、其の後夜に禅堂に入ると云々。此の時、禅中、頓爾に尊玄僧都有り。禅堂の外に在りて云はく、『此の禅法は宛も深き秘密也。権機に非ずして法を得べし』。之を讃歎す」（明資一・一五四上一四～一五五下一〇）

これらの夢、特に六日の夢については様々な解釈が可能であろう。たとえば、河合［一九八七］二五五～二五八頁では、先の善妙の夢と相補的なものと見、女性への態度に対して、揺れ動きながらも、時として断固たる決断を下さねばならなかった明恵の内面を示すものと解している。一方、田中［一九九三］八九～九一頁では、この「貴女」が鏡や大刀を持っていることから、王権との関連を探っている。承久の乱（承久三年五月～七月）後という状況、ならびに二日に関東尼公（北条政子？）からの手紙を受け取っていることから考えれば、考慮に値する説と思われる。

明恵に限らず夢は多義的なものであるから、筆者の理解も一つの試解に過ぎないが、続く後夜の夢想からすれば（なぜか両氏とも、この夢想には触れないのだが）、明恵自身はあくまで、この夢を禅法の実践との関連で考えていると思われる。また、これに先立つ十一月一日の夢の内容は、明恵が罪障の身であるにしても、行遍とは比較にならない、という趣旨であり、懺悔による滅罪を示すものと考えられる。そうした夢があったにもかかわらず、「貴女」が夢に出現したということが、明恵の過剰な反応を引き起こした、というように、この一連の夢を解することができる。逆に、この明恵の反応から、懺悔・滅罪に於いて中心的な位置を占めていたのが、性的なものへの対処であったとも考えられる。

この「貴女」が、かつて交陰した「貴女」の再現であるのは、見やすい道理である。さらに注目されるのは、二度にわたって繰り返される「世間の欲相に非ず（非世間之欲相）」の言葉であり、覚醒後の明恵自身の驚愕を示す表現であろう。以前の夢には見られなかった、強い否認の語気や困惑の様子は、この夢が、明恵自身の言葉とは裏腹に、実際には「世間之欲相」に彩られていたこと（そして、明恵がそれを忌避すべきものと感じたこと）を暗示しているように思われる。かつては交陰すら肯定しえたのが、この夢では激しい拒否の姿勢に転じているのは、既に見てきたように、仏光観の実践を通じて高まってきた戒律への意識が背景にあると思われる。

引き続く坐禅中の夢想に登場する尊玄は、華厳学の学匠である東大寺の尊玄（第一部第二章三（三）参照）であろう。すなわち、ここでは明恵の「禅法」（＝仏光観）が華厳学の権威から認められるというかたちになっているのである。このように考えるなら、この尊玄の言葉によって、先の夢は意味転換を遂げることになる。すなわち、単に忌むべき性的な夢であったものが、むしろそれ故に仏光観の勝れた功能を示すものとなるのである。

その結果、明恵は、（恐らく三日の夢を考慮して）「貴女」は毘盧遮那（定妃）である、との解釈を示す（「案じて云はく」が書いてあるのは、「貴女」の夢の直後であるが、時間経過の上から言えば、尊玄の夢を見た後に出てきた解釈であろう）。しかし、こうした操作にもかかわらず、明恵が受けた衝撃は大きなものがあったと思われる。続く十一月八日の夢には、「此の法の可なりや不やを思惟するの間也」（明資二・一五六上六）と記され、此の法（＝仏光観）そのものへの信頼が揺らいでいることが示される。

「承久三年十一月九日」の日付を持つ『華厳仏光三昧観秘宝蔵（以下、秘宝蔵）』こそが、この苦境に対する解答であったと思われる。ここで、明恵は仏光観・光明真言・五秘密の一致を説くのである。時期的な近接から言って、尊玄の言葉の中に「秘密」の語が出て来るのは五秘密と無関係ではなかろう。さらに、『秘宝蔵』巻下の中の次の文言も、六日の夢との深い関係を示唆するものと見られる。

次に漫金剛は、設ひ愛心を起こすと雖も、劣人の貴女を縁ずる等の如きは、心常に卑下して、勝心無し。今、彼の義に翻じて、帝王の自らの妃女を縁ずるが如く、大乗の行者、仏法を以て自法と為す也。（原漢文。大正七二・九七中八～一二）

また、内容的に見ても、五秘密は、この夢の内容と無縁ではない。五秘密は、金剛薩埵と欲・触・愛・慢の四金剛菩薩のことであり、図像的には金剛薩埵を中心にして四金剛菩薩が寄り添うすがたで表される。欲・触・愛・慢は人間の愛欲を象徴するものであり、五秘密は全体として煩悩即菩提を示すものとされる。明恵は『秘宝蔵』に於いて欲・触・愛・漫を菩薩の上求菩提・下化衆生のすがたを示すものとし、金剛薩埵を毘盧遮那と一体不二のものと解している（大正七三・九六下一五以下）。このような『秘宝蔵』の所説から、六日の夢を考えると、「貴女」の出現は金剛薩埵＝毘盧遮那からの下化衆生の働きかけであり、本来何ら忌避すべきものでなかったことになる。しかも、仏光観は初発心住への証入を目指すものであり、一方、『秘宝蔵』では欲・触・愛・漫をそれぞれ十住・十行・十回向・十地に配当している（大正七二・九七中一一～二〇）ので、欲・触・愛・漫を体現するかの如き「貴女」の出現は仏光観の成就を告げるものとも解しうるのである。

以上、夢を中心に明恵の内面を追ってきた。京都の貴族社会との接触は明恵の内面に大きな変化を引き起こし、夢の中では女性との性交渉すら肯定されるにいたる。しかし、仏光観をはじめとする禅観への没入は、明恵に自己の罪障・不浄性を自覚させ、性的な表象への態度を変容させる。明恵は懺悔・滅罪を求め、戒律への関心を深めていく。こうした一連の経過のクライマックスにあたるのが、承久三年十一月六日の夢である。ここで出現した女性の表象は明恵に大きな動揺をもたらすものの、最終的に五秘密の導入による意味転換によって仏光観を軸とする明恵の宗教実践の中に解消されていくのである。

三　「人みな婬酒を断ち候」——高山寺教団と戒律——

明恵の戒律への関心をうながしたものとして、前節では明恵の内面に焦点をあてたが、本節では明恵を中心とする高山寺教団の成立という観点から考察してみたい。

既に述べたように、明恵は建永元年十一月、後鳥羽院より栂尾の地を賜った。これによって、高雄の神護寺を退去して以来、紀州などを中心に遍歴の生活を送ってきた明恵にとって、ようやく修行に専心できる場所が手に入ったことになる。もっとも、明恵自身は、その後も紀州や賀茂を往来しており、必ずしも栂尾に定着してはいない。栂尾の運営の中心になったのは、遍歴時代から明恵に付き従ってきた弟子の喜海たちであり、修行の拠点ができたことは彼らにとってこそ大きな意味があったのではないだろうか(6)。

とは言え、栂尾の中心的存在が明恵であったことも間違いない。伽藍が整備されていくのと並行して、様々な講義や密教の伝授が行われ、『四座講式』に基づく涅槃会が恒例の行事として行われるようになる（『仮名行状』巻下　明資一・四七・一〇～五〇・七）。こうした中、建保四年に初めて法蔵撰『梵網経疏』が講義される（『仮名行状』巻下　明資一・五二・四）。そして、本堂が整備された承久二年にもまた『梵網経疏』が講義される（『仮名行状』巻下　明資一・五三・一～六）。特にこの折の講義は、毎回、十重戒の全てを講じ、さらに四十八軽戒のうち一、二を講義するという形式で行われ、後に恒例となる説戒の先駆として注目される。こうした戒律への関心が、仏光観の実修とともに高まってきたのは、前節で見たところである。また、説戒への意欲も既に見たところである（承久二年八月七日初夜、同十一月八日、承久三年八月十一日、同九月一日のそれぞれの夢参照）。ここで注目されるのは、承久二年八月十一日の夢である。

夜、坐禅の後に眠る。夢に云はく、故行位律師、大師の梵網経《ママ》を以て、高尾に於いて蟄く籠居して、高弁に対ひて言はる、「此の疏を読み奉れ」。高弁之を領掌し、其の本を取りて之を見るに、不思議なる霊本也。夢の中の其の本に冒地と云ふ梵語、之在りと思ひて此を見るに、𑖤𑖺𑖠𑖰の梵字也。又、菩薩の名在るの処は即ち絵図也。不動尊等の如く、大きなる火聚の中に処り。其の炎、紺青色也。心に思はく、此は真言の宗骨の、此の如くしなしたる本かと思ふ。都て此の如くの証本の有りけると思ふ。都て書体も薄香の表紙にて、能筆を以て書ける也。（『夢記』高山寺本第十篇　明資二・一五一上一四～下一一）

法蔵の『梵網経疏』が説戒の台本に特に選ばれたのも、単に法蔵が華厳宗の祖師であるからというだけでなく、夢による裏打ちがあったればこそである、と思われる。

貞応二年（一二二三）、明恵はそれまで居住していた賀茂を引き上げて、栂尾に帰還する（『仮名行状』巻下　明資一・五七・一～一二）。そして、嘉禄元年（一二二五）から始められ、以後、毎月二度（十五日・晦日）、恒例の行事として行われたのが、説戒である（『仮名行状』巻下　明資一・五八・一三～六〇・七）。これは、三帰依のあと、十重戒の全てと四十八軽戒のうち幾つかを説き、最後に全員で十重戒の文を誦する、というものである。

この説戒が、これまで見てきたような明恵の中での戒律重視の姿勢を反映したものであることは言うまでもないが、より重要なのは、これが教団運営の上で持った意味であろう。明恵の死の直前、「寛喜四年（一二三二）正月十一日」の日付を持つ『置文』で、この説戒を寺中根本の勤行とし、この説戒の座に列なることをもって「交衆の人」と定めるとし、もし用事があって出席できない場合は事前に連絡すべきであるとしている。また、寺主・学頭と並べて説戒を「三役」とし、説戒については住山後三年を経て初めてその役に就くことができるとしている（高

古　二九五～二九七。田中［一九八二］三四六～三四七頁）。

このように戒を重視したのは、高山寺の僧侶集団の事情によるものである。すなわち、この『置文』の中で、明恵は高山寺の内情について、「衆を領して主と為らんと欲せば、諸衆皆な親馴の朋友に非ず。身を下して伴と為らんと欲せば、愚身又法門の先導たり。進退惟《ここ》に谷《きはま》り、起居計を失ふ」（原漢文。高古　二九五。田中［一九八二］三四六頁。ただし、写本の訓点を改めた）と述べている。また、寺ができてまだ新しいのに、自分には俗系でつながる弟子もおらず、老僧たちは寺務に励まない、とも述べている（同上）。このような状況の中、戒律を中心に置くことで、各自の反省をうながし、高山寺教団の引き締めを図ったのである。ここでの戒は、むしろ教団統制のための律に近い役割を持たされていると言えよう。明恵自身、高山寺教団に於ける「三学の法門」を定めて、「律には梵網疏」（『解脱門義聴集記』第五　聴集記　一〇八。嘉禄二年〈一二二六〉三月十八日の発言）[7]と述べている。

少なくとも明恵生前の高山寺に於いては戒律が厳守されていたようである。寛喜元年（一二二九）十一月十九日付の明恵宛・覚真（慈心房）書状では、栂尾の様子について「御庵室辺に人みな婬酒を断ち候か、常に思ひ出でられて候」（原漢文。高古　二八六）と述べている。

寛喜四年正月十九日、明恵は、前年からの病臥の末に、最期を迎える。様々な奇瑞が伝えられているが、臨終の言葉は「我、戒を護る中より来る」であった、という（『仮名行状』巻下　明資一・八〇・六～七）。

四　魔道と戒律

明恵は既に生前から尊崇を受けていたが、その評価を高める上で大きな役割を果たしたのが、『比良山古人霊託』

に記録された天狗の託宣である。ここでは、慈円や法然といった名だたる高僧が天狗道や無間地獄に堕ちたことが告げられる中、明恵は兜率の内院に往生したことが明かされるのである。(8)

同書は、延応元年（一二三九）九条道家邸内の女房に「比良山の大天狗」が憑いた折、慶政が問答した記録である。慶政は明恵の生前から交流があり、同書での明恵評価は慶政の考えを反映したものと言える。

僧侶が、天狗をはじめとする魔道に堕ちることについては、この当時広く共有された認識であり、『却廃忘記』の中で明恵も次のように述べている。

> 六道の外に法師道はあるなり。われは法師道におちて、苦をうくる也。法師のわるさ、こはいかゞすべかるらむと云々。（原カナ表記。明資二・五七一・一〇～一五。旧仏教　一一二・一五～一六）
>
> 勤行の人の魔道に堕ると、世間に人のいふ事、其の謂れ有る事也。魔とは具には魔羅と云ふ。是れ障礙の義也。三業の中に身語二業に神呪等の行あれば、たちまちに地獄等の極苦をうけずと云ふとも、意業に菩提心無きが故に、魔道に趣く、極めたる道理なり云々。（原カナ表記。明資二・五七二・六～五七三・三。旧仏教　一一三・一二～四）

『比良山古人霊託』では天狗道に堕ちるのは「憍慢心、執着心の深き者」（新大系四〇・四七二・一二）とされている。これらをまとめるなら、魔道に堕ちる原因としては、広く意業の問題が考えられていると言えよう。

ところが、魔道に堕ちることは次第に戒律の問題と結びついてくるようになる。

たとえば叡尊（一二〇一～一二九〇）は、真言宗の高僧が多く魔道に堕ちていることを見知って、戒律の重要性に目覚めたことを語っている。(9) さらに、無住（一二二六～一三一二）の『沙石集』（一二八三年成立）では、『首楞厳経』の「三決定」の説を引いて、淫戒を破ることが魔道に堕ちる原因とし、『比良山古人霊託』を踏まえて明恵を魔道に堕ちなかった高僧の例として挙げている[10]。

同じような認識は『伝記』の中にも見られる。すなわち、貞慶が明恵に語った言葉というかたちで、次のような話が述べられる。

夢の中に、多くの異類異形のものが現れた。その中に老僧がいた。彼は「自分は仏法の学を積んだが、戒をおろそかにしたため、魔道に堕ちて長年月を経ている。自分たちは、末世の僧たちにこのことを知らせるために来たのである」と言い、異類異形のものがそれぞれ昔は名だたる高僧であったことを明かした。そして、魔道で受ける苦しみを述べて、かき消すように消えてしまった。（取意。上人集　一六七〜一六九）

このような鎌倉後期から室町期にかけての動向を見ると、魔道に堕ちることが戒律、さらには不婬戒と結びつけられ、『比良山古人霊託』を踏まえて、魔道に堕ちなかった明恵＝持戒堅固＝一生不犯という理解が成立し、それが最終的に『伝記』の文言として定着したと推定される。

まとめ

「明恵＝一生不犯」説は、それ自体は後世の成立であるが、全く根拠が無いというわけではない。明恵が戒律を重視したのは確かであるし、その中で不婬戒に少なからず重きを置いていたのも事実である。そこには、仏光観の実践に励む中で自覚された自己の不浄性や、それにともなう戒律への関心の深まりがある。また、高山寺の運営にあたっても、戒律は中心に置かれ、持戒堅固の宗風が成立していた。こうしたことを踏まえつつ、明恵死後に展開した魔道に関わる諸説を直接の背景として、「明恵＝一生不犯」説が成立したと言えよう。

当然のことながら、こうした明恵自身の、ならびに明恵周辺の動向は、明恵という特異な個性に関わるものであると同時に、中世仏教（ないし中世社会）総体に於ける性的なものへの認識という問題と関わっている。思えば、明恵は親鸞と全く同年の生まれである。性的なものに対する態度に於いて、一見彼らは対極の位置にあるように見える。しかし、そもそも性的なものが「問題」となることに於いて、彼らの同時代性はある。このような大きな視野の中に明恵を位置づける必要があろう。

註

（1）近代に於いてこの点を強調し、その後の明恵像の形成に影響を与えたのは、辻［一九二一］である。

（2）もっとも、建永元年六月十四日の夢には、殊勝なる家に坐す「十五六歳許りの美女」が出現している（『夢記』高山寺本第七篇　明資二・一二九上一三〜下一）。もっとも、明恵が御簾を上げたところ、美女も見返した、というだけで深い交渉はまだ見られない。

（3）この伝承は談義本『親鸞聖人御因縁』などに見られるものである。その信憑性については、平松［一九九八］一一頁・一三五頁など参照。

（4）ここで念頭に置かれているのは、『華厳経探玄記』に於ける玉女宝についての説明ではないかと思われる。「七、玉女宝。不長不短、不黒不白、身諸毛孔出栴檀香。其目視一由旬。耳聞鼻嗅亦爾。其舌覆面。以手触王衣即知王身安楽病患。亦知王心。此女定従蓮華化生。又依菩薩本行経。女香潔如優曇華。王意欲得清涼之時身自然冷。王欲得温時身自然温。声如梵声、常使王喜」（巻八。大正三五・二五七下一六〜二一）。また、同じく『探玄記』には、「宝女」に関して、次のような記述もある。「今此宝女既生彼貪染。云何施与。答此中有三義故。是故施之。一菩薩観彼有益無染、方乃施与。若有染過、則不施之。二此女既実是菩薩同行眷属。是故不令前人生施貪染。三此女能以法門有利益彼。是故施之」（巻八。大正三五・二六二下二五〜二九）。

（5）明資二では「定めて妃也」と読むが、改める。どなたか忘れたが、密教では女性の尊格を「定妃」というので、この読みがよいと主張されていたと、人づてに聞いたことがある。妥当な意見と思われる。

（6）　明恵が制した「高山寺置文案」には以下のようにある。「霊典法師は殊に当寺土木の功を営み、諸人止住の計を巧む。喜海法師は正教を守護し法文を習学し、諸人の導師と為る。当寺の人法・仏方の繁昌、偏へに此の両人の功労に依る也」（原漢文。高古　四九～五〇。田中［一九八二］三四四～三四五頁）。

（7）　この『解脱門義聴集記』での発言については、柴崎照和先生よりご教示いただいた。記して感謝申し上げたい。

（8）　「明恵房高弁は、都率の内院に上生しおはします。努力〳〵不審には思ふべからざるなり。近来、真実に出離得脱しおはします人は、この外には無きなり」（新大系四〇・四七二・一五～四七三・一）。

（9）　叡尊撰『金剛仏子叡尊感身学正記』「稟承嫡々の行者、多く魔道に堕在す。猶ほ身子の『将に魔の仏と作りて我が心を悩乱するに非ずや』の如し。是くの如く思惟して、已に年月を経るも、未だ決智を生ぜず。屢しば勘ふるに、密かに終に自ら憶はく、『浄戒を持たず、七衆に入らざれば、仏子に非ざるが故なり』と」（原漢文。伝記集成七・一～三）。

（10）　「楞厳には三決定の義とて、仏法の定る事を云に、『（中略）淫心のぞこらざれば生死を出づ可からず。多智禅定現前すとも、淫を断たずは必魔道に落て、上品は魔王、中品は魔民、下品は魔女となりて、皆従衆あり（中略）』と説り。心に淫心をたゝざる、猶魔道にをつ《（ママ）》。況《いはんや》身にも行じて恥る事なく、恐る心なからんをや。盗・殺・妄も、心にをこす《（ママ）》失《と》が淫の如し。（中略）故法性寺の禅定殿下の御時、殿中の女房に霊の託して（中略）解脱房・明恵房ぞ、いづちえ《（ママ）》行きたるやらん、みへ《（ママ）》ぬと申ける。真実の道心者の聞へ《（ママ）》ありしかば、さもと覚へ《（ママ）》侍り」（原カナ表記。大系八五・四三三・一三～四三四・八）。なお、ここで言及されているのは『首楞厳経』巻六（大正一九・一三一下一七～一二〇）。

第二章　修法から授戒への移行

はじめに

中世日本に於いて密教の加持祈禱は極めて大きな意味を持っていた。怨敵調伏・治病・延命などのため密教の修法は盛んに行われ、密教者は「験者」として修法により奇跡的な現世利益をもたらすことが期待された。明恵も「験者」として評価され、様々な修法を行っていたことが知られる。しかし、明恵の場合、或る時期から次第に修法から離れていったことが知られる。彼が代わりに採用したのは授戒であった。前章では主として明恵の内面的変化に焦点をあてたが、本章ではそれをうながした外的状況に目を向けてみたい。

一「験者」としての明恵

明恵は、建仁三年（一二〇三）、春日明神の託宣を受けた。その中に次のような言葉がある。「なを〳〵勤学の外他事あるべからず候。験者ゆへに、いとま入れさせ給ことあるべからず。験者の役は我かはりに勤べく候。病者の候はむをば、春山（＝春日）へつかはさせ給べし」（原カナ表記。喜海筆『明恵上人神現伝記』明資一・二三九・六〜八）。この託宣は、明恵が「験者」として病者のための加持を行っていたことを前提としている。

明恵伝の基本史料である『行状』によると、明恵は若年の頃から、祈禱にすぐれていたようである。彼は、叔父の上覚を師として九歳の時に高雄の神護寺に登ったが、十四歳の時には、薬師仏に祈請して文覚（上覚の師）の所労を癒したという（『仮名行状』巻上　明資一・一五・一二〜一五）。

『漢文行状』巻中には、明恵が紀州の湯浅宗光の妻のためしばしば加持を行ったことが記されている。明恵の母は宗光の姉妹であり、湯浅氏は明恵の有力な支援者であった。

『漢文行状』によれば、宗光の妻は年来の持病として腹病を患っており、灸をすえたり医療を行ったりしても、何ら効果がなかった。或る時、病状が進行し、ほとんど「邪気」を発したかのようになった。明恵が加持すると、宗光の妻は腰の激痛を訴え、看病している人が腰を押さえた。宗光の妻の体内から声がして、逆上した末に、油で揚げた梅の枝のようなものが三つ、口から吐き出された。これを火で焼くと、しばらくは燃えなかった。このことがあってから、宗光の妻の病いはたちまちに平癒した。『漢文行状』では、「邪気等に対して不思議の効験を施すこと、其の例多しと雖も、此の如き事に至ては未だ見聞せざる所なり」（原漢文。明資一・一〇九・四〜七）と評語を加えている。

また、この妻は、十二〜三歳の頃、「霊物」を見たため、「邪気」に悩んでいた。何人かの験者が加持したが、平癒することがなかった。建仁年間、懐妊した時、この「邪気」が激しくなった。明恵は、しばしば加持を行ったが、或る夜、霊物が顕現して、明恵と問答を行った。霊物は毘舎遮鬼（肉を食う鬼）の一種で三匹おり、宗光の妻に憑いてから数年になるが、彼女の寿命が尽きようとするので現れたという。また、母子二人ともを助けることは難しいという。明恵の説得によって、毘舎遮鬼は去ることを約束するが、母子の安全のためには明恵の「威力」が必要であることを強調する。自分たちが去るのは全て明恵の「高徳」に帰依したためであるとし、今後は殺生を行わないので、そのかわりに施餓鬼供養を行ってほしいと頼む。初回の施餓鬼供は明恵自身が行ったが、「化鳥」が飛んできて、喜んだ様子を示したという。これについて『漢文行状』は「都て上人、病者を加持するの間、或る時は面より光を放つ、或る時は膝より光を放つ、或る時は念珠より光を放つ、此くの如き奇瑞、度々に及ぶ。或いは病者親しく之を見る、或いは看病人之を見る」（原漢文。明資一・二〇・八～一〇）と述べ、明恵の加持の力を強調している。

建仁二年の夏の初めに、この宗光の妻は出産を迎えたが、難産であり、子は無事であったが、母体は体温が下がり息も絶えてしまった。明恵は仏眼尊の前で祈請し、仏眼明を誦しながら香水を加持した。加持すること一千遍で、香水は沸騰して、乳白色となった。この香水をとって、頭にふりかけると、宗光妻はたちまち蘇生した。『漢文行状』ではこのことについて「仏法の霊験、末世辺地と雖も、猶ほ未だ地に墜ちず。法味に疎《うと》きの輩、之を撥して無と為す。仏化及び難き者か。不思議の仏法、凡情寧《いづく》んぞ測る可けむや。疑ひを成して、信ぜずは、得法、何れの時をか期せむ」（原漢文。明資一・一一・七～九）とコメントしている。なお、『真聞集』にも同内容の記事があるが、そこでは「建仁二年の比、紀州経廻の時、親里に一人の病者、忽ち絶入て、其の息止て稍久し」（原漢文。明資三・一九二下一五～一九三上一）云々とあり、宗光妻と明言していない。

既に述べたように、建仁三年（一二〇三）明恵は紀州で春日神の託宣を受けるが、『漢文行状』では春日神の降託を受けたのが宗光の妻である橘氏の娘であるとしている（明資一・一一一・一）。これが事実なら、明恵から加持を受けたのと同一人物である可能性が高いが、明恵の弟子・喜海が記した『明恵上人神現伝記』では、単に「一人の女房あり、橘氏」（原カナ表記。明資一・二三七・一一）としており、『行状』の記載を単純に事実とするわけにはいかない。

建永元年（一二〇六）五月五日には、湯浅光重（宗光の兄である宗方の息）夫妻のため温病加持法を修している（『真聞集』二　明資三・二六二上四〜二六四下一三）。この時、夫妻が南枕であったため、当初効果がなく、光重が「枕を改めたなら二人とも安穏を得られる」と夢を見たので、北向きに改めて再び修したところ、平癒したという。建保六年（一二一八）十月十八日には、督三位局（能円の娘・時子[1]）の子（時子と近衛基通との間の娘）のため随求陀羅尼五色加持を行っている（『真聞集』一　明資三・二一四下三〜二一五下一〇）。督三位局も明恵の有力な檀那の一人である。子は、忽ちに「大なる栗ほどある血」を吐きだして平癒したという。

また、年月不明ながら、明恵の姉妹である常円房が危篤に陥った時、仏眼法を修し、平癒したという。この時、壇の中心に金鳥が出たため、『聖徳大師伝』に照らして吉相と判断した（『真聞集』本　明資三・一九三上五〜八。『仮名行状』巻上〈明資一・二一・二〜三〉にも同様の記事があるが、「或人」が遠方より「万死一生」の由を告げてきたのに対して仏眼法を修したところ「白雉」が現じたという話になっている）。

このような事例から、明恵が修法にすぐれていたこと、すなわち「験者」であったことが理解されよう。

二　九条家と明恵

明恵の「験者」としての活動を考える上で、見逃せないのは九条家との関係である。

明恵が湯浅氏以外の貴顕から修法の依頼を受けたのは、元久二年（一二〇五）十月十四日より十八日にかけて、「丹波殿」の依頼により祈禱を行った（『夢記』高山寺本第七篇　明資二・一二四上四〜一二五上一〇）のが史料上の初見である。丹波殿は丹波守藤原信雅と推定されているが（奥田勲執筆の注釈　明資二・一七九上）、その後の明恵との交渉は不明である。

同年十二月十四日には「一条講堂」に於いて大願成就の由を祈請しているが（『夢記』高山寺本第七篇　明資二・一二六上一五〜下一）、一条は九条道家の居所であり（奥田勲執筆の注釈　明資二・一八〇下）、この段階で既に九条家と関係があった可能性がある。もっとも、九条道家（一一九三〜一二五二）は明恵の四十九日に捧げた諷誦文で「十四歳以来廿七年之間、常に浄戒を受け頻りに法文を談ず」（原漢文。定真『最後臨終行儀事』明資一・五七四・六〜七）と述べており、道家十四歳時は一二〇六年（元久三年＝建永元年）にあたるので、この記述を真実と見なす限り、厳密には道家自身との交渉は翌年からということになるかも知れない。

翌建永元年十一月頃、仏眼法を自行のため、ならびに女院の祈禱のために行じ、宝楼閣供を湯浅宗光・藤原親康らの祈禱のために行じている（『夢記』高山寺本第八篇　明資二・一三〇上一一〜一三）。「女院」が誰であるかは確定できないが、藤原親康は九条家の家司であり、九条家との関わりを想定することができる。

同年十一月二十日より法性寺禅定殿下（＝九条兼実）の依頼により七日間、宝楼閣供を行じ、同月二十六日に結願している（『夢記』高山寺本第八篇　明資二・一三〇下七〜一一。『大宝広博楼閣善住秘密陀羅尼経』巻下［目録番号第一部二九・三］識語）。『漢文行状』では、同年十二月頃、月輪禅定殿下（＝九条兼実）の依頼により、星供を七日間行ずる（明資一・一二四・九〜一一）とするが、これは先の宝楼閣供の誤伝であるのか、それとは別に星供が行われたのか、決定することはできない。また、年月不明ながら、月輪禅定殿下（＝九条兼実）の依頼により仏眼法を修している（『真聞集』本　明資三・一九二下一二〜一四）。兼実が様々な僧侶による祈禱を行っていたことは、既に種々に論及されているが、(2) 明恵は兼実晩年の祈禱体制の一角を占めていたことになる。

兼実は建永二年（一二〇七）に亡くなっているが、明恵と九条家との関係は孫・道家に引き継がれる。承元三年

（一二〇九）六月、九条道家室の出産に際して明恵は上洛を命じられる。もっとも、この折は、出産が五月二十二日に済んだため、結局祈禱の必要はなかった（『明恵上人歌集（以下、歌集）』七一番・七二番。『玉蘂』承元三年六月三日条）。

このような明恵と九条家との関わりは、春華門院の追善仏事に関しても示されている。春華門院昇子内親王（一一九五〜一二一一）は、後鳥羽院第一皇女で、母は兼実女・任子（宜秋門院）である。春華門院は建暦元年（一二一一）十一月八日に崩じたが、翌月十二月八日に明恵は出京し、九日に民部卿入道（＝藤原長房）と会見し、故女院の念珠を得、さらに翌日十日には手習いの反古などを得て、故女院の菩提を祈念している。その後も、長房をはじめとする貴顕と会見し、二十三日から二十六日にかけて四十九日の仏事のため、宝楼閣陀羅尼や四十経（曇無讖訳『大般涅槃経』）を読誦している。(3)

長房（一一七〇〜一二四三）は後鳥羽院の近臣であるとともに九条家の家司であり、承元四年（一二一〇）に貞慶を師として出家している（法名覚真）。出家後とは言え、長房が春華門院の葬儀に携わっていたことは『明月記』に見えるところであり、(4)そうした立場から明恵に春華門院の追善仏事を依頼したものであろう。もちろん、それが九条家ならびに後鳥羽院の意を受けたものであることは言うまでもない。春華門院の仏事は、女院が幼少であったためか略儀であり、(5)明恵による追善供養はそれを補うための私的なものであったと考えられる。こうした一種異例な依頼がなされたのも、明恵の験者としての評価の高さを示すものと言えよう。

三　験者から戒師への転換

以上見てきたように、明恵は験者として高い評価を得ていたわけであるが、ここで注目したいのは、明恵自身がこのような立場からの転換を図ったように見えることである。

既に引いた九条道家による諷誦文で「十四歳以来廿七年之間、常に浄戒を受け」と述べられているように、戒を授けることが明恵の役割として付け加わってくるのである。

史料上は、貞応二年（一二二三）十二月二十日に『自誓八斎戒略作法』を著し修明門院（後鳥羽院妃）に進上したのが明恵の授戒の初見である。(6) これは、次に見るように、授戒をした上で、以後本人が自誓授戒できるように、授戒式を与えたものであろう。嘉禄二年（一二二六）八月十四日富小路盛兼（一一九一～一二四五）に八斎戒を授けているが、これについて明恵は次のように述べている。

同八月九日、大宮宰相中将盛兼、八斎戒うけむとて、閑居のところに来臨あり。次の日十日のあした、日出の時、本法のごとく持仏堂に行導して、斎戒さづけたてまつる。あしたのかゆ、日中の斎、おなじく呪願の文さづけて、愚僧が持斎の坐にむかひゐて、一々つたへうけて、愚僧所撰の自誓の戒体よみつけて、毎月に自誓の作法にてたもつべきよしちぎりて、十日さる（＝申）の時ばかりいでられぬ。（原カナ表記。歌集六九番詞書　新大系四六・一三七・一七～一三八・六）

一方、嘉禄元年（一二二五）六月十五日からは高山寺の恒例行事としての説戒（梵網布薩）が始まっている（『仮名行状』巻下　明資一・五八・一三）。これは三帰依・三聚浄戒・十重戒の全部及び四十八軽戒のうちの二一～三戒を講義し、最後に全員で十重戒をとなえるというものである。高山寺の住僧は全員出席が義務づけられた。

以後、明恵の授戒活動のうちはっきりしているものを列挙すると次のようになる。
・嘉禄三年（一二二七）七月二十七日、西園寺公経夫人の臨終出家の戒師となる（『明月記』。田中［一九六一］一五七頁）
・同年九月十九日、疫病流行により修明門院に授戒（『民経記』・『明月記』。田中［一九六一］一五七頁）
・安貞二年（一二二八）九月十一日、藤原孝道に授戒（『新夜鶴抄』　大日本史料五編之七・四九五頁所引）
・寛喜二年（一二三〇）正月二十七日、前斎宮熙子内親王の出家の戒師となる（『明月記』。田中［一九六一］一六七頁）
・同年九月十三日、松殿基房の女の出家の戒師となる（『明月記』。田中［一九六一］一七三頁）
・同年十一月十八日、北白河院・道深法親王・尊性法親王に授戒（『金剛定院御室日次記』。田中［一九六一］一七三頁）
また、年月日は不明であるが、先に取り上げた諷誦文によれば、九条道家も明恵から授戒されていることは確かだと思われる（道家の日記『玉蘂』には関連記事がない）。

このように、明恵による授戒は貞応二年頃より本格化するのであるが、授戒への関心は建保三年（一二一五）頃よりうかがうことができる。『仮名行状』巻下によれば、建保三年より五年くらいにかけて明恵は高山寺で『梵網菩薩戒本』、法蔵『梵網経菩薩戒本疏（以下、梵網経疏）』、道宣『浄心誡観法』などを談じている（明資一・五二・四）。また、同じく『仮名行状』巻下によると、承久二年（一二二〇）頃、高山寺で法蔵『梵網経疏』を談じたとされる（明資一・五三・一～二）。この折には、十重戒全部と四十八軽戒のうちの四～五戒を講じて数遍に及んだといい、後の高山寺恒例の説戒の原形となるものと考えられる。この時期の夢にも、戒律や滅罪懺悔のことが頻出している（以下、『夢記』高山寺本第十篇より引用。原漢文）。

同じき（＝承久二年七月）廿一日、晨朝、信心を起こし祈請す。清浄の夢相を得ば、如法懺悔の験と為す可しと申す。（明資二・一四七上一一～一二）

同じき八月七日の朝、禅より起ちて臥息したる夢に云はく（中略）是れ具戒を祈請するの間の夢也と云々。／一、同じき初夜坐禅の時、滅罪の事を祈願し、戒体を得たり。若し好相現ぜば、諸人に戒を授けむと祈願す。（明資二・一五〇上七～一四）

同じき十一月八日の夜、夢に云はく、説戒の時、毎日人数倍せるなり。常住の人の外に客僧加はると思ふ。又、人有りて云はく、然なりと云々。又温室に入りて数多の人数と沐浴すと云々。（明資二・一四一下一三～一四二上四）

同じき（＝十二月）六七日の比、一向に三時に坐禅す。持仏堂に於いて縄床に於いて。好相なり仏像に向ひ奉りて、涕を流して悲泣し、罪障を懺悔すと云々。／已上、此は行法を修せざる事を危ふく思ふの間なり。（明資二・一四三上五～一〇）

同じき（＝承久三年八月）十一日の夜、坐禅の後に眠りたる夢に云はく、故行位律師、大師の梵網経（ママ）を以て高尾に於いて蟄く籠居して高弁に対ひて言はる、此の疏を読み奉れと。高弁、之を領掌して、其の本を取りて之を見るに、不思議なる霊本なり（後略）。（明資二・一五一上一四～下三）

其の次の日十二日なり、初夜の禅中に滅罪の事を祈念するに、黒き雲の如くの物、頂上より起ち上りて空に散ると覚ゆ。罪業散滅すと思ふ。（明資二・一五一下一一～一四）

同じき廿七日の夜、夢に、自らの手より一分許りの虫ふと虫の如し、懇ろに之を出せりと云々。即ち懺悔の間也。（明資

二・一五二下一三～一五）

同じき九月一日、三罪を懺悔せむことを請ひ、其の験を見ることを望み、之を得と知る可し。／一、坐禅の時、飛び過ぐる蟬を見る。／一、其の後、案に倚り臥して眠る。夢に、人に戒を授く。其の布施に金三両あり。又、其の外の物等、之在り。（明資二・一五三上一三～下四）

同じき十一月一日一日より行法す、懺悔す。夢に云はく、行遍僧都、予に対ひて例の如く談話す。予云はく、「卑下の詞を致して、罪障を懺悔す」。僧都の云はく、「御房の御事、以ての外の事也。設ひ罪身の由を称せしめ給ふと雖も、行遍等に望ましむ可からず」と云々。（明資二・一五四上一三～下四）

この時期は明恵が自ら創始した仏光観を行じ始めた時にあたる。仏光観が真実であるとの確証を得るため頻りに好相を求めている。観法に専心する中で、自己の罪障が強く意識され、清浄性を保持するための持戒が要請されるようになった、と一応は解釈できる。しかし、ここで注目されるのは、明恵が当初から単に自身の持戒だけでなく、他の人々への授戒に関心を持っていることである。

四　戒師への転換の意義とその背景

明恵から戒を授かった者の多くは、臨終直前の授戒であったり病気平癒のための授戒であり、治病の効果を期待するという点では、実は修法と変わるところはない[7]。たとえば藤原孝道の受戒については、次のように記されている。

安貞二年九月二日より、世間人々しあひたるやまうを大しにして、同五日より、持病のあえぎおこりあふ。同六日より、はらのうちいたく、同八日より、むねへあがりてのち、いきたゆるにおよびて、十一日、とがのをのひじりの御房（＝栂尾の聖の御房＝明恵）へ申ておはしまして、かい（＝戒）をうけまいらす。（『新夜鶴抄』大日本史料五編之七・四九五頁所引）

また、『仮名行状』巻下でも、説戒による奇瑞が次のように述べられている。

或年来の重病、説戒の間に忽に其気を失ふ人あり。或は瘧病煩ふ人あり。戒授る次に瘧鬼に告て云く、「菩薩戒器を出すに『乃至鬼神金剛神等、但解法師語尽受得戒』[8]等と云へり。汝、此説戒の語を聞知りたらば、これ戒器なるべし。速に此の菩薩戒を受て、この煩をなすべからず」と云て、戒を授しかば、瘧病即時除愈せることありき。都て渇仰聴聞の輩は不思議の霊異にあづかること多く、不信凌蔑のやからは、会場に臨て忽に不祥をまねくことあらたなり。（原カナ表記。明資一・五九・四〜八）

臨終受戒や病気平癒のための受戒は平安時代から見られることであり[9]、明恵の受戒もその延長線上にとらえることができる。

しかし、同じく治病をもたらすとは言っても、修法と授戒には少なからぬ相違がある。

一つには、それを実施する者の地位の違いである。たとえば、九条兼実は次のように述べている。

受戒は是れ、事、聊爾ならず。伝受の人を以て師と為す可し。而るに、近代の名僧等、一切戒律の事を知らず。禅仁・忠尋等の時までは、名僧等、皆授戒を好む。其れより以後都て此の事無し。近代の上人、皆此の道を学ぶ。又、効験有り。（原漢文。『玉葉』建久二年九月二十九日条）

ここでは、授戒の師とすべきは「伝受の人」であって、単なる「名僧」では十分ではないという認識が示されている。また、下間［一二〇〇二］は、貞慶が頻繁に貴族たちと交友しているにもかかわらず彼らに授戒を行ったことがないことを指摘し、「貞慶は兼実などからみても「授戒」を依頼する対象ではなかった、言い換えれば持戒僧と認められてはいなかったのではなかろうか[10]」と推測している。すなわち、戒師となるには、実際に戒を伝受した僧であることが認められていなければならなかったのである。

一方、修法を行う真言師については、彼らが「魔道」に堕ちることがしばしば指摘されている。たとえば、明恵は次のように述べている。

勤行の人の魔道に堕ると、世間に人のいふ事、其の謂れ有る事也。（中略）三業の中に身語二業に神呪等の行あれば、たちまちに地獄等の極苦をうけずと云ふとも、意業に菩提心無きが故に、魔道に趣く、極めたる道理なり云々。（原カナ表記。長円『却廃忘記』下　明資二・五七二・五～五七三・三。旧仏教　一二二・二～四）

叡尊（一二〇一～一二九〇）も同様の認識を示しているが、魔道に堕ちる原因を、無戒・破戒によると明言している。

常に一疑殆を残すこと有り。稟承嫡々の行者、多く魔道に堕在す。（中略）屢しば勘ふるに、密かに終に自ら憶はく、「浄戒を持たず、七衆に入らざれば、仏子に入らざるが故なり」と。（中略）因果必然なり。応に地獄に堕つべくして魔界に堕つ。是れ三密修行の威力なり、貴む可し貴む可し。（原漢文。叡尊『金剛仏子叡尊感身学正記』伝記集成　七・一～八・七）

叡尊がこのような認識に達したのは、文暦元年（一二三四）で、明恵没年（貞永元年、一二三二）の二年後であり、急激な状況の変化があったとも思えないので、真言行者が往々にして持戒清浄ではないという認識は、明恵生前から既にあったものと考えられる。

戒師となるためには戒を伝受していることが必要であり、いくら験者であっても、それだけでは戒師とはなれない。その意味では、戒師となりうるのは、ただの験者以上の存在である。明恵が戒師となることを目指した理由の一つは、このような地位の上昇とそれにともなう帰依の獲得にあったのではないだろうか。このように言うと、明恵の持戒意識を矮小化するように聞こえるかも知れないが、建永元年（一二〇六）に栂尾の地を賜り（『夢記』高山寺本第八篇　明資二・一三〇下三～五）、高山寺を経営する立場にあった明恵としては、大きな関心事であったのではないかと考えられる。

この点と関連するが、授戒と修法の違いとして、授戒が受戒者の側の持戒を要請するという点が挙げられる。修法に於いては病気平癒などの必要がなくなれば召請されることはないわけだが、授戒の場合、受者からの継続的な帰依が期待されるのである。明恵が高山寺の恒例行事とした説戒会も、当然、授戒・持戒を前提としている。直接的には、この説戒会は住僧のためのものであるが、その他多くの貴族が参集したと言われる(11)。それは、結縁の意味もあったと思われるが、明恵から授戒された者も多かったであろう。説戒は基本的には、戒を受けた者が自らを反省し、持戒の心を固める場だからである。

在家者にとってだけではなく、高山寺住侶にとっても、明恵が戒師であることは意味があった。岩田［二〇〇四］は『菩薩戒弁沙弥戒伝授記』（東京大学史料編纂所所蔵）に基づき、明恵教団が独自の授戒システムを有していたことを示しているが、これもそもそもは明恵が戒師であったからこそ可能であったと考えられる。明恵が戒師として授戒を行い、毎月の説戒会で統制を行うというかたちで、高山寺教団は運営されていたのである。

以上のように、高山寺を運営する上でも、在家者の外護を求める上でも、明恵が戒師であることは大きな意味があったと考えられる。と同時に、このような動向の背景には、次のような時代状況が指摘できる。

既に引いたように、九条兼実は「近代の上人、皆此の道を学ぶ。又、効験有り」と述べていたが、ここで「近代の上人」として念頭に置かれていたのは、法然であった。法然が叡空より円戒を相承しており、兼実はじめ多くの貴顕に授戒していたのは周知のことであった[12]。専修念仏を奉ずる者には、往々にして無戒・破戒の行状があったにしても[13]、法然自身が持戒清浄の行者であったことは、専修念仏を批判する者にとっては、いささか気おくれを感じさせるものであったろう[14]。下間［二〇〇二］一四七頁は「憶測になるが、彼（＝貞慶）が戒律を意識し始めるのは専修念仏を非難した『興福寺奏状』以後ではなかったか。この奏状は様々な論点から法然を批判しているのだが、この中で唯一、貞慶の実践になかったものが戒律ではなかったか」と論じているが、同様のことは明恵にもあてはまるであろう。明恵が専修念仏批判の書『摧邪輪』を著したのが建暦二年（一二一二）、既に述べたように授戒への関心が表面化するのが建保三年（一二一五）頃からである。『摧邪輪』にも、専修念仏の信徒が破戒していることを批判しており[15]、貞慶と同じく、明恵に於いても専修念仏批判を契機として戒律への関心が高まったのではないかと考えられる。つまり、彼ら専修念仏を批判する者にとっては、法然に対抗しうるだけの持戒の実を示す必要があったのであり、それが戒律への関心につながったと推測されるのである。

こうした動向に影響を与えたものとして、俊芿（一一六六～一二二七）の存在が挙げられる。俊芿は建暦元年（一二一一）に帰朝し、律宗典籍三百二十七巻をはじめ全二千百十三巻もの典籍を将来している。俊芿没後ほどなくして成立した伝記（信瑞撰『泉涌寺不可棄法師伝』〈寛元二年〈一二四四〉成立〉）には、貞慶が律について俊芿から教えを受けたことが記されている（石田編［一九六六］四一八上七～一一）。十二年にわたって在宋し、戒律を学んできた俊芿の存在は、戒律に関心ある者にとって無視できないものであったと思われる。明恵との直接の交渉は知られないが、『泉涌寺不可棄法師伝』には俊芿に帰依した貴族の一人として、明恵とも関係の深い九条道家が特筆されている（石田編［一九六六］四一八上一五）。また、明恵側の資料には、次のような発言が見える。

聖人御房（＝明恵か）仰に、先年に隠岐国より上人出来云、（中略。以下、この「ヒト」の禅中の好相）虚空の声ありて云、「末代と雖も勝道に近き人はあるなり、我前房（＝我禅房＝俊芿）は相心印の位人也。明恵房は観行印の位人也云々、我は此毘盧遮那仏也」と云々。（原カナ表記。禅浄房記『上人之事』明資一・六〇〇・七〜一二）[16]

ここに登場する〝隠岐国の上人〟が如何なる人物かは不明であるが、少なくとも一部では明恵と俊芿とを同列に置くような見方があったことになる。先に見たように、明恵の授戒活動は、資料に残っているものとしては、嘉禄三年（一二二七）七月二十七日、西園寺公経夫人の臨終出家の戒師となって以後に集中しているが、俊芿が没したのは同年閏三月八日であり、あたかも俊芿に代わりうる戒師として明恵が要請されたような印象を受けるのである。俊芿が授戒に於いて授けたのは梵網戒であったと推測されているが、[17]明恵の場合も法蔵『梵網経疏』を重んじたことや説戒会の内容から考えて梵網戒であったと思われる。法然はもともと天台宗であるから当然梵網戒を授けたわけであるが、俊芿が梵網戒を授けたことは、華厳宗の立場に立つ明恵が梵網戒を授けるための地ならしをするものとなったのではないだろうか。

以上、要約するなら、明恵が験者から戒師へと転換を遂げた動機としては、教団運営上の必要性（在家からの帰依の増大、出家に対する統制）があり、その背景としては法然への対抗、俊芿からの影響があるのではないか、ということになる。

まとめ

明恵の治病者としての側面に焦点をあてて、それが修法から授戒へと転換していったことを見てきた。そこにうかがうことができるのは、乱暴な言い方をすれば、修法を行う「験者」より授戒を行う「戒師」の方が格上であるという意識である。この傾向は、明恵没後さらに亢進していくように見える。明恵の伝記として最も人口に膾炙した『栂尾明恵上人伝記』（南北朝期以後の成立）では、持戒清浄な清僧としての明恵像が前面に出ており、「験者」としての側面は極めてわずかしか触れられていない。下間［二〇〇二］一四八頁は貞慶について「貞慶のイメージは、彼の活動の一部分のみが肥大化して、伝承なされていったことにより形作られていった」と述べているが、明恵についても同様のことが言えそうである。そうしたイメージ形成をうながしたものとしては、叡尊らによる「律復興」の影響が大きいが、その中で授戒の意味も大きく変化したように見えることは注意を要する。叡尊は一度に極めて多数の人々に授戒しており[18]、病気平癒のための授戒というより、仏道との結縁のためという意味合いが強くなっている。このような一連の動向からは、人々が仏教に期待するものが変化していることが推測される。それは、病気平癒といった直接的効果よりも、信仰レベルでの安心を求める傾向と言えるかも知れない。このような推定が可能かどうか、中世社会全体の動向をも踏まえつつ、検討を進める必要があろう。

註

（1）督三位局は明恵の有力な後援者の一人であるが、彼女を能円の娘である時子とするのはブロック［一九八八］の考証による。
（2）小原［二〇〇〇］参照。「祈禱体制」との語も同論文より借りた。
（3）第三部第一章三参照。
（4）上横手［一九八九］二二八〜二二九頁参照。
（5）土谷［二〇〇三］参照。

（6）仁和寺所蔵本奥書、大日本史料五編之二・一二〇頁所引。なお、『仮名行状』巻下（明資一・五七・四〜五）では「或貴門」とする。

（7）もっとも必ずしも全ての授戒がそうだと言うわけではない。八斎戒を授けられた富小路盛兼の場合、明恵と次のようなやり取りをしている（前引の続き。新大系四六・二三八・七〜一四。上人集二二八〜二二九も参照）。

同十一日書状をつかはして、このこと輪廻の中の思いでなり、五欲酔郷のまくらのもとにたちまちにゐひさめたるこゝちし侍、歓喜《ママ》をさへがたきよし、こま〴〵と《ママ》をほせつかはさるとて

わすれじよ　やつのことのは（＝八の言の葉）を《ママ》のづから　六のみちには　なを《ママ》かへるとも

返哥

やつのちかひ（＝八の誓ひ）　むつのちまたに　わすれずは　すへ《ママ》（＝末）は仏の　道へいでなむ

ここでは八斎戒の受持が仏道との結縁を意味することが述べられている。

（8）『梵網経』よりの引用。「若受仏戒者、国王・王子・百官宰相・比丘・比丘尼・十八梵天・六欲天子・庶民・黄門・婬男・婬女・奴婢・八部鬼神・金剛神・畜生乃至変化人、但解法師語、尽受得戒、皆名第一清浄者」（大正二四・一〇〇四中七〜一〇）

（9）石田［一九五〇］参照。

（10）下間［二〇〇二］一三三頁。

（11）田中［一九六二］一六一〜一六二頁では『明月記』に基づき、このことを述べている。

（12）三田［一九七四］参照。

（13）貞慶『興福寺奏状』では、「専修」の主張として「囲碁双六は専修に乖かず。女犯肉食は往生を妨げず。末世の持戒は市中の虎なり、恐るべし、悪《にく》むべし。もし人、罪を怖れ、悪を憚らば、是れ仏を憑《たの》まざるの人なり」（原漢文。旧仏教　三一五上一三〜一五）と記している。

（14）同じく『興福寺奏状』には、「ただし末世の沙門、無戒破戒なること、自他許すところなり。専修の中に亦持戒の人無きに非ず」（原漢文。旧仏教　三一五上一九〜二〇）とある。明恵『摧邪輪』巻下にも、「設ひ上人随分に持戒浄行を立て道心修行を好むと雖も」（原漢文。旧仏教　三八四上一一〜一三）とあり、上人（＝法然）が持戒清浄であることは認めている。

（15）『摧邪輪』巻下に「然るに汝、一宗を立て、持戒・菩提心を以て念仏の能障と為すと云ふ。豈に人をして戒見倶壊の悪行を勧めしむるに非ずや」（原漢文。旧仏教　三八四上一～二）とある。

（16）文中に見える「相心印」「観行印」はこのままでは意味が通じない。「相似即」「観行即」とあるべきではないかと思うが、写本の検討も含めて今後の課題としておきたい。

（17）石田［一九六三＝一九七六］五一二～五一三頁参照。

（18）たとえば『金剛仏子叡尊感身学正記』弘安五年八月十八日条では二千七百十五人に授戒したことが記される（伝記集成　五二・九）。

第三章　『栂尾説戒日記』について

はじめに

本章で取り上げる『栂尾説戒日記（以下、日記）』は栂尾高山寺に於ける明恵の説戒について長円[1]が記録したものである。この説戒は毎月十五日と晦日、梵網戒に基づいて行うもので、この説戒の座に列なることが栂尾住山の条件とされるほど重視されたものであった[2]。

本書は寛喜二年（一二三〇）二月十五日から同年十一月晦日までの説戒の記録であるが、二月十五日は明恵の病いのため中止され、以後、七月晦日にいたるまでは円道房・禅浄房が代理を務めている[3]。実際に明恵が説戒を行ったのは、八月十五日から十一月晦日（『日記』では「卅日」）までの八回である。もっとも、本書には戒そのものの講義部分は記録されていない。これは一見不可解であるが、恐らく説戒が法蔵の『梵網経菩薩戒本疏（以下、梵網経疏）』をもとに行われたため、特に記録するに値する独自性を認められなかったためであろう。

本書については、既に二度にわたって翻刻がなされているが[4]、その内容については未だ十分に考察されていない。本章では、本書を明恵晩年の思想の一側面を示すものと考え、その内容を整理し、明恵の思想展開の中に位置づけてみたい。

一　説戒の具体相

本書にしたがって、説戒の式次第を示すと次のようになる。

①請師　②三帰　③三聚浄戒　④十重戒　⑤四十八軽戒　⑥誦十重文　⑦出堂

※なお、十一月三十日条によると、開会にあたって、鐘を鳴らして参集の徒を集め、鼓を鳴らして住侶たちを着席させたようである。

①請師は「請不現前師」（十一月十五日条）とも書かれているが、明恵の説明（九月晦日条）によると、釈迦牟尼仏の来臨を請うて和尚とするなどのことである。

②は仏・法・僧の三宝への帰依である。

③の三聚浄戒は、摂衆生戒・摂善法戒・摂律儀戒の三つである。

④⑤が説戒の中心をなす。④は十重禁戒の全てを説くこと、⑤は四十八軽戒のうち一、二を説くものである。明恵が、『梵網経疏』の講義を最初に行ったのは、建保四年（一二一六）頃のことだが、続く承久二年（一二二〇）の講義で既にこの説戒の形式が採られている。『日記』では、四十八軽戒のうち以下の戒が説かれている（数字は四十八軽戒内での順次）。

1軽慢師長戒（八月十五日）　2飲酒戒（同晦日）　3食肉戒（九月十五日）　4食五辛戒・5不挙教懺戒（同晦日）　6不敬請法戒（十月十五日）　7不聴経律戒・8背正向邪戒（同晦日）　9不瞻病苦戒・10畜諸殺具戒（十一月十五日）　12傷慈販売戒（同三十日）

基本的に四十八軽戒の順番どおり説かれていることが知られるが、第十一軽戒の「通国入軍戒」が除かれているのが注目される。これは、国使となって交戦国間を往来したり、軍中に入ったりすることを禁ずるものである。この戒が除かれたのは、たまたまであるのか、意図的なものであるのかは、判断しかねる。もっとも、明恵は後鳥羽院はじめ京都の貴顕とも親しい一方、幕府の要人たちとも交渉のあったことが知られるので、そうした明恵の立場と関係がある可能性は否定できない。しかし、明恵の周辺に目をやるなら、この第十一軽戒に抵触しそうな人物が一人いる。それは、高雄中興の祖であり、明恵の師匠筋にあたる文覚である（後述）。[5]

⑥は、最後に十重戒の文を全員でとなえることである。これは『梵網経』に「若受菩薩戒不誦此戒者、非菩薩、非仏種子」（大正二四・一〇〇四中一一〜一二）とあるのを踏まえている。明恵はこれについて「大きな声で誦すべきである。息つぎを何度もするのはよくない」（「高声に誦すべし、いきのしくるあし」。十一月卅日条）と注意している。

二　本書の思想内容

本書は記述に精粗があり、比較的詳しく明恵の言葉を記している日とそうでない日とがある。記述のスタイルとしては、「日付、式次第、四十八軽戒のうちどれが説かれたか」（日付の後に天候が入る場合もある）というかたちで記されており、特記すべきことのみ記されているようである。明恵の言葉が記されているのは、九月十五日・同晦日・十一月十五日・同三十日の四日分で、それぞれの内容を略記すると以下のようになる。

九月十五日　　三帰　帰依　三聚浄戒
九月晦日　　三帰　三輪と三宝　請師　三聚浄戒　霊育説話

十一月十五日　六種供養と六度との対応
十一月三十日　衆会の鐘　菩薩十願　誦十重文にあたっての注意

以下、具体的に明恵の発言を見ていこう（誦十重文にあたっての注意については前節の最後に引用した）。

（一）三帰

三帰は仏・法・僧の三宝に帰依することであるが、明恵は「十方一切諸仏世尊　彼所証真如法界　普賢文殊等菩薩僧に帰依する也」（九月十五日条）としている。そして、三宝の各々について、次のように説明している。

〈仏〉円満四智三身妙果無上大覚世尊（九月十五日条）

十方一切諸仏如来、三祇百大劫に因を修し已て円かなる大覚世尊（九月晦日条）

〈法〉仏独り尊からず、法を証するに依て尊しと為す。此に教・理・行・果の四法有り。教は、理を詮する能詮の教文、『法花』・『々（＝花）厳』等の八万法蔵海也。名句文身・音声・言語を体と為す。理は、三乗・一乗、聖智の遊履する所の処の理也。行は、此の教・理に依て行を起こし修行す。果は、修行に依て得る所の聖果なり（九月十五日条）

其の仏証し給ふ所の功徳法蔵、其の法理を詮する『法花』『々厳』等の能詮の教法（九月晦日条）

〈僧〉僧は、地前・地上の菩薩僧、四向・四果の聖人僧乃至凡夫僧等也。今は菩薩戒の故に殊に菩薩僧に帰依する也（九月十五日条）

普賢・文殊等の地前・地上の大菩薩僧、四向四果の聖者、幷びに別解脱戒を成就せし凡夫僧等也（九月晦日条）

九月晦日条では、この三宝を三輪（風・水・地）にたとえて、その機能を説明している。

此れは、三輪の世界を持つが如し。世界、三輪にあらざれば成ぜざるが如し。仏は風輪の如し。十力無畏の徳をたゝえて、能く衆生界をたもつ。法は水輪に似たり。真如法性、普く諸法の体性となりて、衆生界を生長せしめ、法をうるをすが《ママ》故に。僧は金地輪等の如し。能く法の潤ひを受け持て、衆生界に伝通すること、大地の物を生長するが如くなるが故。

（二）帰依

九月十五日条では、三宝の説明に続いて、帰依の意義と功徳について長文の解説が記されている（内容にしたがって分節し、それぞれに小見出しを付した）。

（帰依の語義）帰依の義は、『倶舎』等には救斉（＝済）の義に名く。[6] 謂く、衆生輪廻無窮なり。三宝能く救ふ故に。又は、よする義也。国王に臣家身をよせつれば、安穏に身を持つが如し。又、帰は帰順の義、依は依拠の義。又、一切衆生に本覚仏性有り。本来、如来性に帰付す。一切衆生、未だ三宝に帰依せざる以前、此の本覚に遠違し、深く此の理に迷ふ。若し三宝に帰依すること有らば、漸に本性に随順し、本原に向ふが故に、帰《か》へると云ふ也。宗密大師等、殊に好て此の義を説く云々。

（三帰の功徳）若し三宝に帰依する心は深けれども、余の悪業捨し難くして、悪を造り地獄に入るとも、是れ仏の御弟子也。好《よ》き外人は父母がため子にあらず、悪き子は実の子なるが如し。破戒無慚なれども、猶諸の外道にすぐれたり。犯有るも菩薩と名け、犯無きも外道と名くは、此の義也。無間の猛炎にこがされながらも、仏の独り子たらむほどの悦びやはあるべき。無間のそこにしづみては、仏弟子としても何の益かあると思ふ人もありぬべけれども、これはあまり有所得を案じて、真実三宝の功徳を渇仰せざる也。只今日の女房・在家人等の御学問には、無間猛火の中にても、仏の御弟子の一分にもれざらむことこそ、うれしけれ、と思《おぼ》し食《め》すまでを、御所得とせさせ給ふべし。「仏《ほと》け、あらたふとや」と思ひ、『法花』『々厳』等の経教、何と義理を知ねども、転読の声をも聞て骨髄にとをり（ママ）、普賢・文殊等乃至ならびなき祖師・先徳なんどの御徳を聞て、「あはれ、僧とならば、あれがやうならばや」なんど、誠に心に渇仰せば、当来はねがひの如くに三宝の御弟子為るべし。此の義、決定して疑はざれ。されば、仏在世に餓鬼・畜生等皆集会す。悪業によりては悪趣の身を受くとも、三宝に帰依する心ありしによりて、仏前に会する也。（中略）此の如く、真実に帰依三宝によりて見仏聞法の益うたがふべからず。

（仏地経論の引用）今生に正法流行の世に生を受るも、を（ママ）ぼろげの因縁に非ず。親光論師の『仏地論』に云へるが如し、「如器世間種（……）薗林池等奇飾間列威光熾盛、令諸有情歓喜愛楽、如是如来妙観察智、由諸有情感正（……）業増上力故、種々可玩波羅密多菩提分等、奇飾間列、令諸有歓楽愛楽」[7] 未だ本文を見ず。只口説に依て書く。後に本文を見る可し。余文、之に同ず。訓尺は文の如く解し易し。これ、たのもしく、かなしき事也。今の戒は即ち第二の戒はらみつ也。已に此を感得す。生々世々も又心に随て然る可し。

（聴法の功徳）又、遠所よりつかれをわすれ、世務をかたはらにして、此の道場にきたり（ママ）者、衆人豈に無からむや。帰依三宝の心、すべて聴法の功徳、無量無辺なり。世間に二人の、功徳広大なる人あり。一は、能く如来の正法を説く者、一は能く行きて聞く者也、と云へるは、此の理也。

（『陀羅尼集経』の引用）されば、『陀羅尼集経』には、法師ありて如実（……）法所をば奇樹・名花をうえて荘厳尊重すべし。此の人の死ぬれども、此の所は諸天善神等恭敬礼拝し、諸仏・菩薩等此処に法楽をまし給ふが故、此の説法の人は多くは（……）如来に同ず。少分は如来と異なり。多分は同ずとは、所説の法、諸仏の所説に違背せざる也。大智恵あり、仏智の玄底をかゞみ、大慈悲ありて、一切衆生を一子の如くに（……）故、如理不顚倒の正法を説く、是れは全く如来に同じ、更に差別無し。少き（……）は、其の身に卅二相をも具せず、八十随好をもかざらざる（……）

（道英の故事）心かなひぬれば、身語も心の如くに法にそむ也。花厳祖師道奥か、(8)『起信論』の講じ給ふに、絶言真如の所に至て、言絶え息止り、死ぬるが如し。衆、之を怪しむ。一日夜ありて蘇息し給て本の如し云々。此の程こそ心にそまずとも、仏をたふとくし、法を重んじ、仏弟子の僧を愛敬する心のは、それならぬ虚言をもはきてこそあれ。わざとなりとも、ひたき事也。

（結び）惣《す》べて一代聖教は、をちつく（ママ）ところ三帰を本とす。等覚位に「五種障を除くを以て、等覚位に安住す」と云ふにも、五種の障には、仏障・聞法障・供養如来障等を出せり、これまで已か皆三帰義をはなれざる也。

（「以除五種障　安住等覚位」は李通玄『解迷顕智成悲十明論』〈大正四五・七七三上二〇〉の引用）

（三）三聚浄戒

三聚浄戒については九月十五日条・同晦日条に解説があるが、九月十五日条の説示は長文のため、先と同様、小見出しを付し分節した形で示す。

（三聚浄戒は全ての善根をおさめる）次に三聚浄戒。以前の十重等は、戒相を一々にわけて、其の相○此の戒、一善一慈をもらす事無き也。謂く、非之（ママ）。殺生戒の如きは我○の殺して其の外を殺さずと云はれ。随分の志はあれども、実戒を持するにはあらず。此の三聚浄戒の中には、聊かの善分（……）備はれつ。聊かの慈悲をも又摂衆生戒に摂するに入らざる事無し。又今生に悪を断尽せよ、善を行つくせばならば、大事な（……）菩薩戒のならひは期心を本とするが故に、未来際をつくす。漸くづゝ悪をもすて、善をも行ずる也。衆生をも慇念せむと誓はむ（……）少々の悪とどめむと願ずべからず。少々の有情（……）らむと思ふべき理無きなり。然れば、今、今身より未来際に至りて、四智仏の妙果を証せむまでに、此の三聚戒能く持す、と堅く誓ふ也。

（戒体について）凡（……）体を定むる事、ゆゝしき大事也。先づ大小乗、同じく無表色を以て体と為すと云ふ事、常事也。又、無表色と云ふは、きはめてこゝろえがたくうる（……）物なり。委細に及ばず、其の中に菩薩戒は期心を以て体と為す（……）きせねば戒体に失無し。

（三聚浄戒の持ち易さ）仍て此の戒、やわらかにして持ち易き也。大仏頂ダラニは、諸仏頂を合して一陀羅尼とせり。是には「不持斎者名持斎、不持戒者名持戒[9]」等と云へり。此れ、やわらかなり。（……）仏頂金輪仏頂等なり一づゝは殊にきびし。「五辛を取りちらせらむ所して之を誦せず」なむど云へり。念ずる大ダラニは、やはらか也。

（仏と凡夫との関係）此の戒文〇惣て衆生の信心と云ふ物、不可説也。聖教には此れを（……）能仏果を取るが故に、なにともしらぬことを信仰する心なくは、具縛の凡夫、云何が仏道の初門に入るべき。此の信欲ありて、やともなく仏にならむと、凡夫地より発心趣向せむことは、さらに（……）時の別もあるべからず。いまの灯火は昔の灯火のごとし、昔くひ（ママ）をともせばくらかりしが、今はあかきといふことはりあるべからざるが如し。此の理又此くの如し。更に諸仏如来昔因位に在《い》ましゝ時にかはりたることとなし。若し諸仏如来は本より無上正覚を成じ、未来を取らずは、此の人大いに仏を謗ずる人なり。「仏は本、凡夫なり。地獄の猛火にもこがれ、畜生残害のうれえにもあひたまひき」と説かむは、此の人は真実に如来を讃嘆する也。先の謗仏の人をば、

「是くの如き等の人は我が弟子に非ず。諸仏世尊は彼の世尊に非ず」と放ち給へり。

（初発心について）『報恩経』に、菩薩・如来の生死苦海の中にして、始て菩提心を発し給ふことを問じたてまつるには、火車地獄の因縁を説き給へり。[10] 此の最初発心を説く事は不定也。或いは人界の生を受け、善友に対して法を聞き、ゝ。信向するよりをとくことあり。又、仏前に生在し仏の教化を蒙るよりを説く事あり。「我等、往昔に於いて、釈迦仏の所にして始めて阿耨多羅三藐三菩提心を発せり」と云ふが如きは、此れ、仏前に於いて発心する也。謂く、過去に仏有り、釈迦牟尼と名く。一乗の二大弟子を普賢・文殊と云ひ、三乗の二大弟子を舎利弗・目連と云ひき。我、此の仏の所に於いて始めて無上菩提心を発し、誓て、当来、仏果を成ぜん時、名字・弟子等、此の仏に同ぜむ由を云ふ。此の故に、今、我、此の名等を得る也。（「我等於往昔釈迦仏所」云々は法蔵『華厳五教章』巻二（和本では巻下）に引用された『菩薩善戒経』の文〈大正四五・四九〇下四～五〉）

（成仏の必然性）若し然らば、我等も発心趣向せば、すゝむで仏果に至らむこと、あへて疑ふ可からず。譬へば檜木を仏壇にもつくり、灯台にもつくるがごとし。われ、此にはなり、かれにはならじ、と云ふ理なきが如し。衆生の受る所の身心二法は幻の如し、夢の如し。何の定性有あ（ママ）ればか、われ無上道に於いて其の器に非ずと云ふべき。先づ五蘊の体を観ずるに、忽ちに空也。「色は知覚無し、生じ已て必ず滅す。草木瓦石の類、微塵の聚成に同ず。受は浮泡の如し。想は影焔の如し。行は芭蕉の如し。識は幻夢の如し」[11] 等と云へり。

（初心行者への注意）第一に初心行者あるまじき事は、知らざることを知る由也にもてなす事也。又、心中に聊かの義、一をもえ、又一をもえて、これにて我が法をかざる事の有るまじき也。仏法の大なるあた、此にしかず。「少しく学び或いは心向く、満ち易きこと牛の迹の如し、鼠の手に物を持つが如し、自ら己の能多しと謂ふ。智海は広くして量り難し、測らずして反て謗りを増す、牛は水を飲みて乳と為す、蛇は水を飲みて毒と為す、智は学んで菩提を成じ、愚は学んで生死と為す(12)」と云へり。此れ、『花厳』の文なり。
（受戒の意義）　我等、五蘊の仮形の身ながら、四智三身の妙果を成ぜじ、と云はむは、檜木のものに造られ不《ざ》らむがごとし。諸仏・菩薩・大善知識のたくみなる工巧人にあひて、仏につくられむずるみそぎ（＝御衣木）也と思ふべき也。其の始めは、即ち此の菩薩戒、十重四十八軽戒を以てさづくる也。たへたるにしたがひて、一二戒をもたもてば、分受の菩薩と名く。たとひ後にやぶるとも、只今仏前にして信心を発して受けつれば、生々をへて其の戒体を失せざる也。畜生鬼類等までも、受持の志あるを以て先と為す。比丘戒等には同ぜず。「但解悟するより乃至金剛まで」と云へり。法師のことばを聞きしるより乃至十地位満までに、皆此の戒を受くと云へり。但「三賢已上、法雲已還は、位に従て、菩薩、生を経て受くる所、新得と名けず。性戒を具するが故に(13)」と云へり。三賢已上は、生を経て受くる所の戒体をきよめて、あらたに受くるにたらず。今は十信の凡夫、仏果を愛楽し、此の仏戒を受くれども、其の心は軽毛の如し。受有り、随有り、持有り、犯有り。此の位に殊に此の戒相当れる也。『瓔珞経』等には、「若し、人、菩薩戒を受けざれば、男も不男、女も不女、人と雖も畜生の如く木石の如し。菩薩戒を受けつるよりを、実の男女と名く(14)」等と云へり。

一方、九月晦日の説示は、より簡潔なかたちで三聚浄戒の意義を説いている。

次に三聚浄戒・菩薩戒に惣受有り、別受有り。此の戒は惣受なり。惣て戒定恵三学の中に定恵二法は甚深にして極めて様あるべし。戒の一門は無風立（＝無風流）に仏法に入る初門、衆生の悪業を止むる初めなるが故、様もなくして易き也。医師の病のつぼを知て灸治のしるしをあたふるが如し。位ふかくなりては此の戒もふかくなりて、定恵に融ずるなり。定共・道共戒等は此の義也。摂律儀戒の満には、仏の法身を得、摂善法戒の満には、仏の報身を得、摂衆生戒の満には、仏の化身を得、此れ即ち三身の正因也。

（四）請師

九月晦日の説示では、三宝についての説示のあと、請師についての説示がある。

又、尺迦牟尼仏を請じたてまつりて和尚とす等と云ふこと、「来臨なくやあるらむ」といふ不審は有る可からざる也。惣て如来の境界は不可説々々にして、凡夫の所知の如くにはあらず。只衆生の六根に対して、暫く眼耳等を定めたりといへども、仏の実に物をみむとおぼしめす、(ママ)は肩にても御覧ず。頸（くび）にても御覧ず。必ず眼にはかぎらず。諸根支分又以て此くの如し。又、遠きをも近《ち》かくて見、近きをも遠くみる。耳根等の諸根、又以て此くの如し。然れば、来臨無き也とても、遺恨あるべからず。其の上、来たまふこと、決定して疑ひ無し。のりものいらば、すなはち請じ奉る声、雲となり、車輿となりて来臨し給ふ也。只来るのみにあらず、即ち信心物のみ（＝身）に入り居給ふなり。天狗・野干等の人の身に入り居るが如し。又、此の尺迦牟尼仏等を請じ奉る詞、我が私の安立にあらず。尺迦如来即ち金言也。又、十方三世の諸仏如来、昔、因地に在る時、菩薩戒を受くる時、同じく此の語を作す也。更に差別無し。

（五）霊育の説話

九月晦日には、十重戒の講義のあと、霊育の説話が説かれている。

漢土に霊育といふ人御《おはし》ます。母の夢に、梵僧ありて虚空中に花を散らすと見て之を生む。仍て霊育と号す。生年十二歳にして、しきりに山林に道を行ぜむと云ふ。父母、これをゆるさず。然れども、此の志やむ時、之無し。或る人、山に入るに、父母、此の小児の山林行道をねがふによりて食をわすれて其の身つかれ損ぜんは、

　さりとてはとて、此の人につけて深山にを《ママ》くる。村邑の人、此の事を随喜感談して来集して山林まで之を送る。次の日、村邑隣次の人、又来たりて云く、「小児の入る山をばなどかつげざる。然送りてまし」と父母をうらむ。「昨日正しく之を送る。何故今日此くの如く云ふや」。諸人皆、「然らず」と云ふ。以て知んぬ、昨日の人等は、護法善神等、化して来て此事を随喜し給ふ也。此の霊育、後に人の国王に讖言するによりて、みやこをいだされて、猶ふかき山に追入られ給ふ。異国僧ありて此事を申ゆるすによりて又帰り給ふ。後に又猶嫉妬のあまりに人、育を殺害したてまつる。彼弟子等、此事を知らず。或る時、光りこゞりしてき塔をめぐる。其中、声ありて云、「我已に此世をさりぬ」。次に彼光、彼の常に坐禅し給ふ石屋のかたに行きて入る。屋の弟子、之を見て、「早く遷化せり」。弟子等、悲歎に堪へず、流を為す。「教誡無く、にはかに去ぬ。願はくは、今一度蘇生し給て」予（＝余？）に申すに、死人たちまちによみがへる。其身にあせ出、其あせ極て香ばし。をきゐて、のちの行事ども付属して、相構へて「住世したまへ」と請ずれども、かなはず臥給ふ。又、或所の御弟子ありて、今一度拝したてまつらざることをかなしみて、草庵にとぢこもりて此事を悲しむに、空をとびて来て対面し給ふ。「抑も何所にか生在し給ふ」と、とひ奉るに、「我は、此国の国王をはじめて、かくあまりにを《ママ》ろかなるが、いとを《ママ》しければ、此を教化せむがために、又此国に生を受たる也。已に母胎にやどる也。汝が志の苦《ねんご》ろなるを哀みて、前生の形を以て、今来て汝に対する也」。

この説話は、見てのとおり、戒律とは全く関係なく、霊育が死後、弟子たちのために出現したという話が骨子となっている。これについては、後に考察を加える。

（六）六種供養と六波羅蜜

十一月十五日には、軽戒の説戒のあと、六種供養と六波羅蜜との対応が説かれる。

香花等六種供養は、是れ六度に配する也。先づ水は布施也。香は戒、花は忍、飲食は禅、灯明は般若、灯香は精進也。精進は六に通ずるが故に、中に居る也。在家は財施を好み、出家は法施を好む事、十住ビバサにあり。（『十住毘婆沙論』巻八「在家則貴財施、出家則貴法施」〈大正二六・六二中二四〉）

これも先の霊育の説話同様、直接戒律との関係がない。最後の財施・法施への言及から考えると、布施や供養についての話題が出て、それにちなんで説かれたものと考えられる。もっとも、この日説かれた不瞻病苦戒も畜諸殺具戒も特に布施について述べるものではなく、結局、いかなる文脈のもとで、この説示がなされたのかは不明である。

（七）衆会の鐘について

十一月三十日には、三帰の前に、鐘の音の功徳が説かれている（これによって、説戒に於いては、鐘を鳴らして開始の合図とし、鼓の音によって僧侶が着座したことが知られる）。

先づ衆会し了て、相構へて調へるべき也。始の衆会の鐘は、一切仏菩薩諸天聖衆乃至受戒者の父母の、畜生鬼類となりて、山林曠野に居するまでも、みな此鐘の声を聞て、道場に来臨する也。これ、子息受戒の善根に引かるゝが故也。すべて一切の仏菩薩乃至世間人天の類、聊かも通力あり、仏法に帰する、此所に集会せざることなし。しかれば、在家の衆は、かまへて此の鐘のとき、懈怠なくあつまらむとすべき也。次のつゞみに諸僧の衆会、又聊かも懈怠あるべからず。

（八）十大願について

同じ十一月三十日には、三帰の後、十大願について説かれている。

今日三帰のつぎに、菩薩十種大願を、こ《ママ》して、成就す可し。菩薩種姓十種願に多種あり。或いは普賢十願を云ひ、或いは此の戒本の十三大願等、或る説に、十願とは、一愛楽仏果、二離悪知識願、三悔過増善願、四供養三宝願、五流布大乗願、六拯済貧苦願、七捨離懈怠願、八滅損煩悩願、九錬磨不退願、十不惜財命願。

三　思想内容の検討

以上に示した明恵の説示から、特に思想的に注目される点を取り上げ、検討してみたい。

〈戒律観の特色〉　九月十五日の説示では、菩薩戒の体は、「期心」「信心」「受持の志ある」ことであるとしている。そして、『梵網経疏』の説を踏まえて、十信の凡夫に対応した戒としている。また、九月晦日の説示では、戒を仏法に入る初門とし、定・慧に比べて易しいものだとしている。

〈結縁の思想〉　九月十五日の説示では、三宝との結縁の意義が強調されている。「たとえ無間地獄に堕ちたとしても仏弟子である方が良い」というほどに結縁を強調しているが、これは『随意別願文』や『摧邪輪』などにも同趣旨のことが表明されている。[15]「仏の独り子たらむほどの悦びやはあるべき」というのも、「如来滅後遺法愛子」[16]と自称した明恵らしい表現である。また、在家者に向けて、信仰や聴聞の功徳を特に論じているのも注目される。

〈仏と凡夫〉　九月十五日の説示では、『報恩経』を引き、仏ももとは凡夫であったのであり、両者を隔絶したものと考えてはいけないとされている。これは既に『摧邪輪』巻中が同じ『報恩経』の文を引き「謂レ為二釈尊因事一、莫レ作二過分思一而已」（旧仏教　三四三上一〇～一二）と言うのと同趣旨である。本書では、これをさらに灯火や檜といった譬えを通して分かりやすく説明している。

〈宗密の援用〉　九月十五日の説示では、帰依について、本覚性との関連から説明している。このような理解は、『摧邪輪』をはじめ明恵がしばしば表明するところであるが、注目すべきは、宗密の名が出されていることであろう。明恵が宗密の著作に傾倒していたのは、建保年間の頃のことである[17]。その後、主たる関心は李通玄に移っていくが、最晩年の説示に於いても言及されることからすれば、宗密への関心は持続していたと考えられる。

〈請師について〉　九月晦日の説示に見られるように、高山寺の説戒に於いては、釈尊を勧請して和尚としている。これは天台宗の円頓戒と同じ形式である[18]。もっとも、密教系の『無畏三蔵禅要』でも同じ形式を踏襲しているので、単純に円頓戒の影響とは言い切れないが、注目すべき点であろう。

〈三聚浄戒と梵網戒の関係〉　『梵網経』自体には三聚浄戒は説かれていないが、同じ大乗戒ということで、古来その関係が論じられてきた。明恵が説戒にあたって依拠した法蔵『梵網経疏』では、『梵網経』の内容について「以菩薩三聚浄戒為宗」（大正四〇・六〇四上一七）と述べられている。明恵は、これを受けて、両者を一体のものと考えているようである。

〈霊育説話の意味〉　霊育の説話は、『高僧伝』巻十一「釈玄高」（大正五〇・三九七上三～三九八中一一）に基づくものである（霊育は玄高の出家前の名）。もとの伝記では、生前の事跡が中心であるが、明恵の引用では蘇生譚としての側面が強調されている。この説話は戒律とは何の関係もなく、明恵の意図は、自らの死を意識して、死後の結縁もありうることを述べたものではないかと思われる。また、もとの伝記と比較して大きく異なるのは、玄高（霊育）が最後に告げる言葉である。明恵の説明では、（玄高を死にいたらしめた）愚かな国王・国民の教化のために同じ国に生まれかわる、という趣旨であるが、『高僧伝』では単に「吾願生悪世。救護衆生。即已生閻浮」（大正五〇・三九八中四～五）とあるだけである。これは、自らを迫害した人物をも救うという明恵の菩薩道観の表れとも取れる。しかし、ここで、「王権によって流罪されたり死に追いやられる」という玄高の生前のすがたに注目して、明恵の周辺を探るなら、これに該当しそうな人物が一人いる。それは、先にも挙げた文覚である。憶測をたくましくするなら、先の第十一軽戒の扱いと併せて、晩年に於いても明恵にとって文覚の存在が重要な意味を持っていたと見ることもできよう。なお、定真『最後臨終行儀事』によると、明恵の死に際して、この説話と同様の蘇生があったことが知られる[19]。

〈鐘について〉　もともと高山寺の鐘楼は、檀那であった督三位局が、亡き子息の追善のために寄進したものだった。鐘の声が亡者にも届くとの思想は『光明真言土砂勧信記』巻下にも見え、そこでは元照『四分律行事鈔資持記』巻上一下の文を典拠としている[20]。

まとめ

『栂尾説戒日記』は明恵最晩年の思想を伝えるものである。そこに見られる思想は、全体としてはそれまでの著作などの延長上にあるが、この時期に特に目立つものとしては以下のような点を挙げられよう。

一つには、結縁の思想である。大病の後ということもあってか、死後にもわたる結縁の功徳が強調されている。

それは、明恵と三宝との結縁というだけでなく、聴衆と明恵との結縁をも含むものである。霊育説話の援用は、自らの死を意識して弟子たちとの結縁を語ったものと考えられるが、同様の蘇生現象が明恵自身の死に際して実際に起こったとされていることは、この結縁の思想が明恵周辺で広く共有されていたことを示していよう。

第二には、第十一軽戒の取り扱いや霊育説話の改変などから暗示される、文覚との意外な接点である。この観点から見るなら、霊育説話は、文覚の死に対する明恵なりの総括を示しているものとも言えよう。

第三に、戒律観という点では、請師の方式に見られるように天台円頓戒との関係が注目される。しかし、これについては本書だけで考察するのは限界がある。明恵の戒思想全体を見渡した上で、考察する必要があろう。

註

（1）長円は、明恵晩年の弟子と想像され、他に明恵の折々の示教を記した『却廃忘記』がある。

（2）明恵が高山寺での説戒を開始したのは嘉禄元年（一二二五）六月十五日であり、最後の説戒が行われたのは寛喜三年（一二三一）九月晦日である（『仮名行状』巻下　明資一・五八・一三〜六〇・六）。明恵が寛喜四年（一二三二）に定めた「置文」では、この説戒の座に列なることを寺僧の条件とし、欠席する場合は理由を届け出なければならないとしている（田中［一九八二］三四六頁）。

（3）『日記』には「寛喜二年二月中旬より、御不例に依り、説戒の事無し」とあり、『仮名行状』巻下には同じ日付で「不食の所労に煩ふ」（原カナ表記。明資一・六二・一）とある。『仮名行状』巻下によれば、この病いは、三月いっぱいまで続き、その後平癒したらしい（明資一・六四・八）。もっとも、八月十五日まで説戒を再開できなかったことからすれば、その頃まで体調はすぐれなかったのであろう。

（4）『日記』の翻刻としては次の二種がある。
田中久夫「栂尾説戒日記について」（田中［一九八二］五一二〜五二四頁）
柳田征司編「栂尾説戒日記」（明資三・六〇五〜六四三）

どちらも寛文九年（一六六九）永弁書写の写本（高山寺蔵）に基づくものであり、後者には影印も付されている。本書はカナ表記であるが、本章では平仮名表記とし、漢文部分は書き下しにした。なお、（……）とあるのは、永弁が判読不明として空白にした部分を示す。また、短編であるので、引用にあたっては頁数などは付さない。

（5）たとえば、『明恵上人歌集』には北条泰時や安達景盛と歌の往来があったことが記されている。泰時は、寛喜二年四月にも、明恵の不食に対して見舞いの歌を贈っている（歌集一二七・一二八番。新大系四六・二五五・八〜一二）。なお、『栂尾明恵上人伝記』巻下（上人集　一六三〜一六六）によれば、承久の乱の折、明恵は高山寺に上皇方の武士たちをかくまい、六波羅探題であった北条泰時に助命を乞うた、とされるが、史実としては疑わしいところがある。

（6）『阿毘達磨倶舎論』巻十四「如是帰依。以何為義。救済為義」（大正二九・七六下一八）。

（7）『仏地経論』巻五「如器世間種種可玩園林池等。綺飾間列威光熾盛。令諸有情歓喜愛楽。如是如来妙観察智種種可玩波羅蜜多菩提分等。綺飾間列威光熾盛。令諸菩薩歓喜愛楽」（大正二六・三一六中一〇〜一四）、同巻六「如是如来妙観察智。由諸有情感正法業増上力故」（大正二六・三一七下一四〜一五）。

（8）道奥は道英の誤り。『華厳経伝記』巻三「一日講『起信論』。至真如門。奄然不語。怪往観之。気絶身冷。衆知滅想。即而任之。経于累宿。方従定起」（大正五一・一六二下三〜五）。

（9）『首楞厳経』巻七「未得戒者令其得戒。（中略）不持斎戒自成斎戒」（大正一九・一三七中一一〜一四）。本文の「大仏頂（……）」は「大仏頂陀羅尼」であろう。引用文は、この陀羅尼の功徳を示す部分。

（10）『報恩経』巻二（大正三・一三六上）では、仏の初発心の因縁として、「過去久遠不可計劫生死中」に於いて、火車地獄に堕ち、そこで呵責されている罪人たちの苦悩を見て、慈心が生じ菩提心を発した、とある。ちなみに、この本生譚は『摧邪輪』巻中（旧仏教　三四二下〜三四三上）でも引用されている。

（11）『大日経』『大日経疏』などの取意と思われる。『大日経疏』巻一「色本非情。無覚知相。況於是中有心可得。（中略）復観内身五蘊。亦如聚沫・泡・炎・芭蕉・幻化」（大正三九・五八九中二四〜二八）。また、『大日経』巻一「若於蘊等発起離著。当観察聚沫・浮泡・芭蕉・陽焔・幻等」（大正一八・三中五〜六）に対して『大日経疏』巻二（大正三九・六〇一中〜下）では、聚沫・浮泡・芭蕉・陽焔・幻事を順に色・受・想・行・識にあてている。

（12）『大方広仏華厳経（四十華厳）』巻十二（大正一〇・七一七下一三〜一七）。なお、「心向」は「心高」、「為乳」

「為毒」は「成乳」「成毒」が、それぞれ正しい。

(13)『梵網経疏』巻一（大正四〇・六〇三下一〇～一四）では、『梵網経』の「所被機」（教えの対象となる機）を明かして、次のように言う。「一終。二始。終者。如三賢已上法雲已還終位菩薩。雖亦受持菩薩浄戒。然経生所受不名新得。具性戒故。非此正為。始者。従初発意十信已還。於此戒品有受有随有持有犯。故是正為」。

(14)『菩薩瓔珞経』巻下「若過去未来現在一切衆生。不受是菩薩戒者。不名有情識者。畜生無異。不名為人。（中略）非菩薩。非男。非女。非鬼。非人。名為畜生。名為邪見。名為外道。不近人情」（大正二四・一〇二一中三～六）。なお、『梵網経疏』巻一（大正四〇・六〇二下一八～二〇）でも、この文は引用されており、明恵は直接には『梵網経疏』から孫引きしたと思われる。

(15)『随意別願文』「我起清浄無染信心、雖在難処、当得聞法。若成就此大誓願者、受三悪趣諸大悪趣、如飲甘露而不辞」（田中［一九八二］三三五頁）。『摧邪輪』巻中「此結縁徳、設雖不生解、而能信向、以成堅種。（中略）設因余過堕於三途、聞経信力、速能証悟。（中略）外道闡提、雖聞生謗堕於地獄、一薫耳識、功不唐捐、終令獲益、乃至成仏」（旧仏教　三四六下一六～二二）。

(16)『漢文行状』巻中（明資一・一一八・一二）による。

(17)建保二年（一二一四）に、宗密の『円覚経略疏』に基づく『持経講式』を作成したのを皮切りに、以後、しばしば同書や同じ宗密の『円覚経道場修証義』などを講じている。

(18)『観普賢菩薩行法経』に「行者。若欲具足菩薩戒者。（中略）而作是言。諸仏世尊常住在世。我業障故。雖信方等見仏不了。今帰依仏。唯願釈迦牟尼正遍知世尊。為我和上」云々（大正九・三九三下一一～一五）とあるのに基づいて、天台宗の円頓戒では、釈迦牟尼仏を戒和上、文殊を羯磨阿闍梨、などとする（最澄『山家学生式』など参照）。

(19)「十九日の酉剋に願仏房実名を知らず。円道房同宿と云々和尚の平生に拝謁を遂げざる事、生涯の恨みたり、仍て聖容を拝して、此の怨みを休めんと欲して、入滅の形を見奉るの処に、眼を開けて願仏房を見たまへり。不思議の想いに住して時を経る程に、又眼を開き（閉ぢ？）領納の粧を示せり云々」（原漢文。明資一・五七一・一〇～一一）。

(20)『光明真言土砂勧信記』巻下「さりにし承久元年の十一月一日、此山寺の大願主・督の三位、はじめて鐘堂の住持等に供料をつけらるるとき、かたりて云、『かねのこゑは悪趣にきこゆなり。我子息の小将に是をとくきかせばや』と、いはる。（中略）律書に鐘声の離苦得楽の因縁を釈していはく、『罪者の善にあふを因とす。打者の発願を縁とするがゆへ《ママ》に、こゑつたはり、苦滅することをゑ《ママ》て、自然に感応す』と、いへり」（原カナ表記。日蔵（新）七四・二一一下二～二一二上六）。引用されているのは、元照『四分律行事鈔資持記』巻上一下「罪者遇善為因。打者発願為縁。故得声伝苦滅。自然感応」（大正四〇・一八六下一九～二〇）。

第四部　明恵『夢記』とその周辺

第一章　明恵の羅漢信仰

はじめに

明恵は、生涯にわたり自らの見た夢を記録し続けたことで知られる。それら『夢記』のうち、かなりの部分は高山寺現蔵であるが、寺外に流出したものも少なくない（小林他［二〇〇八］参照）。本章では、このほど全文が公開された建久十年四月十八日条『夢記』（平野・前川［二〇一〇］）に基づき、そこに見られる羅漢信仰を検討し、明恵の思想展開の中での意義を考察してみたい。

一　建久十年四月十八日付『夢記』の概要

本『夢記』は、建久十年（一一九九）三月十五日に神護寺で書写された『十六国大阿羅漢因果識見頌（以下、因果識見頌）』の紙背に書かれている。この写本の存在は、龜田［一九五九］で既に指摘されており、紙背に夢が記されていることにも触れられているが、内容の詳細は述べられていない(1)。

この『因果識見頌』写本の識語には、

建久十年三月十五日夜寅剋於神護寺十無尽院以唐本書之了

同十六日以唐本又一交了　華厳宗喜海法師

とあり、唐本（中国から渡ってきた刊本）を神護寺で得て書写したことが分かる。『因果識見頌』は、天竺沙門闍那多迦訳とされるが、実際には中国で作られた擬経と見られる。(2) 内容的には、十六羅漢が、仏の説いた「因・果・識・見」(3)という「悟本成仏大法」を、頌によって説くというものである。十六羅漢は無仏の世に於いて仏の遺法を護持し、衆生の福田となるとされるが、(4)本書では十六羅漢が具体的に法を説くという点に特色がある。夢は、書写の約一箇月後に紀州で見たものであるが、内容的な関連から、この写本の裏に記されたものであろう。

【翻刻】

1建久十年四月十八日早朝夢相　於紀州筏師庵室
2成弁居於一大舎又有行顯闍梨喜海増信任禅
已上与成弁合五人
3十六大阿ラ漢聞可降臨於此室給之由即時高僧七八
4人入來其形多分老僧也其中有一人若僧是思尊者
5之侍者也即對尊者有給侍之儀此時思十六ラ漢
6少々來給也不盡其數高僧來入已皆着座其
7中有一人ラ漢曰云十六羅漢字或讀白米或讀□□（空白）也
8聞之思歸十六ラ漢一切事皆滿云義也讀ラ漢功徳
9也着座已異口同音讀眞言宗金剛界礼懺文給
10其次又誦尊勝陀ラ尼給尊者來入時少暗時也
11來入以後次第夜明皆成白晝已其中一ラ漢誦陀
12ラ尼已以石打火其火打形如金剛鈴中子長八寸許也
13少角形金銅成也當其時火星日生迸散成弁夢中思
14若眞ラ漢者願（?）隨打火炎流出即時火焔飄出其後又
15有大檜木切其口一尺許長四尺許彼ラ漢於板敷上以
16火焼之給其焔熾盛也焼已後板敷全無炎氣即
17現神変已尊者等忽然而不現成弁流涙恋慕
18五躰投地礼前尊者在方四遍即覺已猶涙湛
19眼中云々

【読み下し】

建久十年四月十八日早朝の夢相紀州筏師の庵室に於て。成弁、一大舎に居る。又、行顕闍梨、喜海、増信、任禅有り已上、成弁と。合わせて五人十六大阿ラ漢、此室に降臨し給ふべきの由を聞く。即時に高僧七八人入り来る。其の形、多分老僧なり。其の中に一人の若僧有り。是思はくは尊者の侍者なり。即ち、尊者に対して、給侍の儀有り。此時思はく、「十六ラ漢少々来給ふなり。其の数を尽さず」と。高僧、来入し已りて、皆着座す。其の中に一人のラ漢有りて、曰はく、「十六羅漢と云ふ字、或は白米と読み、或は□□と読むなり」と。之を聞きて思はく「十六ラ漢に帰するに、一切事皆満つと云ふ義なり。ラ漢の功徳を読むなり」と。着座し已りて、異口同音に真言宗金剛界礼懺文を読み給ふ。其の次で又尊勝陀ラ尼を誦し給ふ。尊者来入する時少しく暗き時なり。来入してより以後、次第に夜明け、皆白昼と成り已んぬ。其の中の一ラ漢、陀ラ尼を誦し已り、石を以て火を打つ。其の火打ちの形、金剛鈴の中子の如し。長さ八寸許なり。少しき角形にて金銅にて成るなり。其の時に当りて、火の星迸り散る。成弁、夢中に思はく「若し真のラ漢ならば、願はくは随はん」と。火を打ち、炎流出す。即時に火焰飄出す。其の後、又大いなる檜の木の切れ有り。其の口一尺許、長さ四尺許なり。彼のラ漢、板敷の上に於いて火を以て之を焼き給ふ。其の焰、熾盛なり。焼き已りて後、板敷、全く炎気無し。即ち神変を現じ已りて、尊者等忽然として現れず。成弁、涙を流し、恋慕し、五体投地す。前に尊者の在る方を礼すること四遍なり。即ち覚め已りて、猶ほ涙眼中に湛ふと云々。

主たる内容は、以下のようになる。

①明恵が同法の僧らといるところに、十六羅漢のうち七、八人が出現する。

②羅漢が「十六羅漢」の字を、「白米」「□□」と読むことを教示する。
③羅漢たちが真言宗金剛界礼懺文・尊勝陀羅尼を読誦する。
④羅漢は火炎を出現させ、忽然と姿を消す。
以下、この夢の内容が明恵の羅漢信仰の中で有する意味を考察してみたい。

二　明恵の羅漢信仰の展開

十六羅漢の信仰は玄奘訳『法住記』によって始まり、特に唐末に貫休（禅月大師、八三二〜九一二）が十六羅漢図を描いて以後、宋代にかけて広く信仰されるようになった(5)。日本には奝然が永延元年（九八七）最初に十六羅漢図を将来し(6)、藤原道長・高陽院などが羅漢供養を行っていることが知られる(7)。鎌倉時代になると、俊芿が宋から伝え(8)、禅宗の流布とともに広まった。『仮名行状』巻上（明資一・三二）によれば、明恵は文覚から「唐本の十六羅漢」の「墨絵の摺本」を付属されたという。また、明恵は若年の頃、四天王寺滞在中、神護寺にあった十六羅漢（及び釈迦）に手紙を送り、思慕の情を吐露している（報恩院本『漢文行状』別記　明資一・二二一・一一〜二二三・三）。

こうした背景のもとに、明恵は建久十年三月十五日『因果識見頌』を筆写し、同四月十八日、前述の夢を見たわけであるが、『因果識見頌』との関連で興味深いのは、羅漢たちが金剛界礼懺文や尊勝陀羅尼をとなえることである。『因果識見頌』では、范仲淹序文が「直指死生之源、深陳心性之法」と要約しているように、頓悟的な傾向の強い頌が述べられるのであるが、この夢にはそれが反映していない。高陽院の羅漢供について『台記』久寿元年九月二十八日条には「為二故内親王一修レ之」と記されており、羅漢供の目的が追善のためであることが知られる。北条政子が源頼朝の追福のために建てた寿福寺に十六羅漢が安置された[9]のも同じ目的のためと思われる。明恵の夢の中の羅漢が金剛界礼懺文や尊勝陀羅尼をとなえるのは、こうした背景があるのではないだろうか（特に尊勝陀羅尼は亡者供養に用いられるとされる[10]）。

また、『法住記』では、十六羅漢は、人寿七万歳にいたり、正法が永久に滅した時、願力によって火を発して身を焼き、無余涅槃に入るとされる。この夢で、羅漢が火を発して姿を消すのは、『法住記』の説の直接の反映であろうし、明恵が涙を流しているのは、羅漢示現の感動とともに、羅漢が永久に姿を消した悲しみの表現と考えられる。

この夢の大きな特徴は、羅漢が「十六羅漢の字を『白米』『□□』と読む」と教えることである。「□□」は本文では空欄であり、明恵は敢えて記さず秘密にしたと考えられる。この二つの言葉を受けて、「十六羅漢に帰するに、一切事皆満つと云ふ義なり。羅漢の功徳を読むなり」と明恵は解釈しており、「白米」以外の言葉も何かしら重要な意義を持つものであったと思われる[11]。

この後の明恵の羅漢信仰をうかがわせるものとしては、『摧邪輪』と『十六羅漢講式』がある[12]。建暦二年（一二一二）の『摧邪輪』では、法然の末法説に対して、『法住記』を長文にわたって引用し、釈尊の正法が滅していないことを主張している。その中で「如二十六聖衆等一、多是深位菩薩、現二小聖形一」（巻中。旧仏教　三四四下一一）と述べているのは注目されるところである。

建保三年（一二一五）の『十六羅漢講式』では、『法住記』にそって十六羅漢の記述がなされ、「内秘二普賢広大行一外現二声聞利衆生一」（大正八四・九〇一中一五）、「第三挙二福田利益一者。凡十六尊者。尋二其本地一極位大菩薩隠二解行之玉於慈悲之懐一。語二其垂跡一付法大羅漢翫二覚満之月於楽樹之下一」（大正八四・九〇一下二一～二四）と述べられるなど、『摧邪輪』での十六羅漢理解の延長上にある。一方、「我此道場如二帝珠一　十六大聖影二現中一　我等於二彼大聖前一　頭面接足帰命礼」（大正八四・九〇〇下一九～二〇）、「四倒狂乱之窓内待二羅漢医王訪一」（大正八四・九〇一下一四～一五）といった表現は、単なる修辞ではなく、夢の中での羅漢との出会いと別れが背景にあると見ることもできるだろう。明恵の羅漢信仰の特徴は、従来の追善供養的要素や、鎌倉中期以後の現世利益的要素があまり強調されず、仏の正法との結縁という要素に集中していることである。[13] 建久十年の夢では、羅漢は尊勝陀羅尼をとなえるというかたちで、在来の羅漢信仰との連続性を示していたが、『十六羅漢講式』にいたって明恵独自の羅漢信仰が明確なかたちをとったということができる。羅漢を菩薩の垂迹と見なすのは明恵独自の解釈であり、羅漢への高い尊崇の念がうかがえる。

　この時期の明恵の夢には幾つか羅漢が登場するものがある。それらの大きな特徴は、賓頭盧（聖僧）が前面に出てくることである。[14] 賓頭盧は十六羅漢の第一であり、単独でも信仰の対象となるので、夢の中に出てきても不思議はないが、明恵自身の側の積極的な理由を考えてみると、高山寺を賜り（建永元年〈一二〇六〉）、教団運営を本格的に開始したこと、明恵の関心が戒律に向かったことが挙げられるのではないかと思われる。賓頭盧は寺院の上座とされ、食堂に安置されるものであり、寺院・教団の整備と深く結びついているからである。[15]

　承久二年（一二二〇）七月頃の夢（原カナ表記。高山寺本第十篇　明資一・一四九上一五～下一〇）は、比較的長編であり、明恵の羅漢への対応がよくうかがえるものである。[16]

一　式を撰ずるの間、夢に／此の本堂の後戸に二三人の僧有り。黒き色の／鶉衣なり。心に思はく、「聖僧なり」と。即ち問ひ奉る。答へて曰はく／「住処を申す可し」。問ひて云はく、「住処、如何」。答へて曰はく

〈木丁ヘ斯論〉。／心に、「天竺に此くの如き処、此れ在り」と思ふ。尚ほ強ひて／名字を問ひ奉る。頻りに之を秘し給ふ。切々に問ひ奉る。外戸に／諸人有るの心地す。予、之に近づき、即ち憚り付き奉る。／予の左耳に当たりて答へて曰はく、「賓ヅル也」と。／予、深く哀傷し、「不審を問ひ奉る可きに、此にて／足る可く候。無礼に候へば」と申して、覚め了んぬ。／余の二三人も、十六羅漢の随一也と思ふ。

仏光観の式を撰述中の夢であるが、ここで特徴的なのは、明恵が、聖僧（賓頭盧）と思われる黒衣の僧から執拗に名前を聞こうとしていることであろう。もちろん単に賓頭盧であることを確かめたいという気持ちの表れと解釈して問題ないが、建久十年四月十八日の夢と比較してみるなら、明恵の名前へのこだわりに新たな光を当てることができよう。建久十年の夢では、羅漢は「十六羅漢」の字の意義を明かし、明恵が敢えて書かなかった秘密の意義をも教示した。承久二年の夢で、明恵が名前にこだわったのは、建久十年の夢の記憶があったからであると考えるのは、あながち牽強付会ではあるまい（黒衣の僧が執拗に名前を秘匿しようとしたのは、『法住記』の「蔽隠聖儀」〈大正四九・一三中一三〉を踏まえるか）。明恵が執拗に名前を聞き、「賓頭盧」の名を聞いて、「不審（仏光観に関しての？）を聞くべきでありましたのに、これで十分でございます」と答えているのは、建久十年の夢での名前を通じての示教という経験を踏まえて、初めて十分な理解が可能になるのではないかと思われる[17]。

まとめ

このように、明恵の羅漢信仰の展開を見てくるなら、建久十年の夢は、単にその時点での明恵の羅漢への尊信を示すというだけでなく、その後の明恵の羅漢理解に大きな影響を与えるものであったと言えよう。それは一つには、羅漢の示現に対する確信である。浄土宗的な末法観への対抗軸が羅漢信仰に求められていくのも、羅漢の示現を明恵が強く確信していたからであり、夢での出会いがその裏打ちとなっていたと思われる。第二には、明恵にとって羅漢は、単に福田として功徳を衆生に利益を与える存在というよりも、仏の正法を説く存在であるということである。「十六羅漢」の字義を教示したこともそうであるが、金剛界礼懺文や尊勝陀羅尼をとなえたことも、この文脈でとらえることが可能である。ここには『因果識見頌』の影響もあるであろう。第三には、羅漢の名前そのものに対する特別の意味づけである。建久十年の夢で、明恵は「十六羅漢」の字にこめられた秘密の意味を示された。記録には残されていないが、明恵自身は忘れることはなかったであろう。この経験が、二十年を経ても、羅漢に対し執拗に名前を尋ねるという形であらわれていると見ることができるのではなかろうか。羅漢を菩薩の垂迹と考える明恵の羅漢理解は、建久十年の夢の感動を出発点として、形成されていったと見ることができるであろう。

註

（1）亀田論文では書写の日付を「十月十五日」と判読しているが、「三月十五日」が正しい。なお、この『因果識見頌』の閲覧にあたっては古美術祥雲より格別のご配慮を賜った。記して感謝申し上げたい。

（2）『仏書解説大辞典』「十六国大阿羅漢因果識見頌」（成田昌信執筆）。本書には范仲淹（九八九～一〇五二）による序文があり、明恵の写本はこれも写している。この序文によると、慶暦（一〇四一～一〇四八）の初め、河東の宣撫に赴いた時、本書を発見し、戊子歳（＝慶暦八〈一〇四八〉）仲春にいたり、「副本」を得て校正したという。范仲淹が陝西河東路宣撫使に任命されたのは、慶暦四年六月のことである（竺沙［一九九五］二〇〇頁）。河東（山西）は、当時、遼に接しており、西夏からの難民も流入していたので、遼や西夏で作成されたのかも知れない。

（3）因は因縁、果は果報、識は自らの本心を識ること、見はその本性を見ること、と解説されている（卍続三・八三四上一五～一六）。

（4）玄奘訳『法住記』（大正二〇三〇番。大正四九・一二下八以下）参照。

（5）道端［一九八三＝一九八五］、小林［一九四六］、Lévi et Chavanne [1916] 参照。シルヴァン＝レヴィとシャヴァンヌの論文についてはフレデリック＝ジラール先生（フランス極東学院）よりご示教いただいた。

（6）『百練抄』巻四十一（一条天皇永延元年条二月十一日条）、『元亨釈書』巻十六（釈奝然）。『梁塵秘抄』にも「文殊は誰れか迎へ来し、奝然聖こそは迎へしか、（中略）さて十六羅漢諸天衆」（巻二・四句神歌。通番二八〇。大系七三・三九三〜三九四）と歌われている。

（7）道長の羅漢供養は『小右記』（寛仁三年〈一〇一九〉六月一日）、高陽院は『兵範記』（仁平二年〈一一五二〉十月十二日、仁平三年九月二十六日、久寿元年〈一一五四〉二月二十日、久寿元年九月二十八日〈『台記』同日条にも〉）。なお、平清盛は、大悲山寺に仏舎利一粒と「唐羅漢十六舗」を安置している（『大悲山寺縁起』、平治元年〈一一五九〉五月二十三日）。また、『小右記』長元五年（一〇三二）十二月十八日条で藤原実資は栖霞寺にあった十六羅漢を拝しているが、『左経記』長元四年九月十八日条により、これは唐から将来された絵像であることが分かる。栖霞寺では承暦（一〇七七）頃から羅漢供が恒例の仏事として行われていたらしい。塚本［一九七五］二四五頁参照。

（8）『泉涌寺不可棄法師伝』（石田編［一九六六］四一六上二〇〜下一）には建暦元年（一二一一）の帰国時に「十六羅漢二品三十二幅、水墨羅漢十八幅」を将来したことを伝える。

（9）『吾妻鏡』正治二年（一二〇〇）七月十五日条。なお、この十六羅漢図を調進したのは「佐々木左衛門尉定綱」とされるが（同上七月六日条）、当時京都にいた嫡男の左衛門尉広綱の誤りではないだろうか。広綱は明恵帰依者の一人で、『高山寺聖教目録』には広綱の奉納した五部大乗・大般若経の存在が記され、京都国立博物館所蔵『夢記』（山外本一・一〇）の螺鈿の軸は広綱の喜捨したものとされている（小林あづみ先生の調査による）。

（10）もっとも、尊勝陀羅尼は亡者供養に限らず広く用いられるので、この点だけを強調するのは、解釈の方向を限定し過ぎるかも知れない。この点については、苫米地誠一先生よりご教示いただいた。

（11）「白米」というのは、十六羅漢が「福田」とされることからの連想かも知れない。

（12）なお、明恵は建仁三年（一二〇三）に『十無尽院舎利講式』（明資四所収）を著し、翌元久元年（一二〇四）に紀州湯浅で涅槃会を修しているが、この時期に十六羅漢についての講式も著したと考えられている。高山寺には元久二年（一二〇五）七月六日に明恵の高弟・喜海が書写した『羅漢供式』（明資五所収）が蔵されており、山本眞吾「高山寺本羅漢供式内容解題」（明資五）では、これを明恵の作として扱い、これが『十六羅漢講式』に発展したと推定している。平野・前川［二〇一〇］でも、この見解を採用したが、この供式の内容を詳細に検討してみると、五百羅漢への言及があるなど、明恵自身の作としては問題を含んでいる。『羅漢供式』は、『高山寺聖教目録』に「十六羅漢供式」として収載されているものに相当し、明恵自身の作ではないのではないかと思われる（『高山寺聖教目録』は蔵書目録であり、明恵の著作は含んでいない）。

(13) たとえば道元に帰される『羅漢供養講式文』や瑩山に帰される『羅漢供養式』には「除災利益」の項があるが、明恵の『十六羅漢講式』にはこの項目がない。

(14) 陽明文庫本『夢記』（山外本二・二）の建暦二年（一二一二）三月二十三日条では羅漢の絵像が、建保二年十一月二十六日条では聖僧（賓頭盧）が現れる。この『夢記』は未公開であるが、仏訳がある（Girard [1990] 176. それぞれ日付を「十三日」「廿八日」と誤読している）。出光美術館蔵『見ぬ世の友』所収『夢記』断簡（山外本四・二）は、羅漢が生身になり、たちまち火が出現する（この点は建久十年四月十八日の夢に似ているが、前後が欠けているため詳細は不明）。なお、北村美術館所蔵『夢記』（山外本二・一〇）某年七月十一日条では、三重塔の上に聖僧（賓頭盧）がいて、明恵が礼拝している（もっとも、この夢記は文章表現などに不審な点があり、慎重な検討が必要と思われる）。この二つの夢は、自称が「高弁」であるため、承元四年（一二一〇）以降の夢である。

(15) 最澄の大乗戒壇独立運動の焦点の一つが、賓頭盧に替えて文殊を上座とするものであったことを想起されたい。なお、磯部［一九九七］では、高山寺旧蔵『大唐三蔵取経詩話』『新雕大唐三蔵法師取経記』の存在から、明恵の玄奘説話受容を考察し、唐末・宋初に形成された「玄奘の前世は賓頭盧、来世は宝勝如来」という伝説を明恵が知っていた可能性を示唆している。本章では、この説の当否を検討することはできなかったが、今後の検討課題としたい。磯部論文の存在は奥田勲先生よりご教示いただいた。

(16) 明資二の訓点を私見により変更して読み下した。

(17) なお、この夢には、明恵の「左耳」が出てくる（周知のように、明恵は若年の頃自ら右耳を切っている）。「耳」について言及されるのは『夢記』では極めて稀で、その点でも注目すべき夢である。

第二章　明恵と善妙説話

はじめに――問題の所在――

本章では、承久二年（一二二〇）五月二十日の夢を取り上げ、そこにあらわれた明恵の思念を考察してみたい。この夢に登場する女性を、明恵は善妙であると解しているが、この善妙という女性は、後述のとおり新羅華厳宗の義湘の伝記に登場する人物である。明恵は、義湘の伝記を『華厳宗祖師絵伝（以下、華厳縁起）』に描かせたほか、自らの関係した尼寺に善妙寺の名を与え、善妙を守護神として勧請している。明恵と善妙説話との関係については、既に多くの論文で考察がなされており[1]、承久二年五月二十日の夢についても言及がなされているが、この夢そのものについては、河合［一九八七］二三九～二五九頁の精神分析学的な解釈を除けば、十分に考察されていないように思われる。

一　夢の内容

承久二年五月二十日の全文は以下のとおりである（適宜、段落分けした。《　》内は、後に補入された部分）。

十蔵房、一の香炉を持てり〈茶埦也〉。心に思はく、崎山三郎〈貞重〉、唐より之を渡し、十蔵房に奉る。

之を見るに、其の中に隔て有り。種々の唐物有り。廿余種許り、之在り。両亀交合の形等あり。心に、此は世間の祝物也と思ふ。

其の中に、五寸許りの唐女の形有り。同じく是れ茶埦也。人有りて云はく、「此の女の形、大いに唐より渡れる事を歎く也」。

即ち、予、問ひて曰はく、「此の朝に来れる事を歎くか、如何」。

答へて、うなづく。

又、問ふ、「糸惜しくす可し。歎く可からず」。

即ち、頭を振る。

《其の後、蹔時ありて、取り出だして見れば、涙を流して泣く。其の涙、眼に湛ふ。又、腨《かた》に湿ふ。此、日本に来たれる事を歎く也》

即ち、語を出だして云はく、「曲問の人にてやおはしますらんに、其事、無益に候」と云ふ。

予、答へて云はく、「何に、僧と申す許りにては然る可き。思ひ寄らざるの事也。此の国には、随分に大聖人の思《おぼ》え有りて、諸人、我を崇むる也。然れば、糸惜しくせむ」と云ふ。

女の形、之を聞きて、甚だ快心の気色ありて、うなづきて、「然れば、御糸惜しみ有る可し」と云ふ。

予、之を領掌す。

忽ちに変じて生身の女人と成る。即ち、心に思はく、明日、他所に往きて、仏事有る可し。結縁の為めに、彼の所へ往かんと欲す。彼の所に相具す可し。

女人、悦びを為して、相朋《ともな》はむと欲す。

予、語りて云はく、「彼に公の有縁の人有り」心に、崎山尼公、彼の所に在り。聴聞の為めに至れる也。三郎の母なるが故に、此の女の形は、三郎渡せるが故に、此の説を作す。

即ち、具して此の所に至る。

十蔵房有りて云はく、「此の女、蛇と通ぜる也」。

予、此の語を聞きて云はく、「蛇と婚《とつ》ぎ合ふに非ず。只、此の女人、又蛇身有る也」。

此の思ひを作すの間、十蔵房、相次ぎて云はく、「此の女人は、蛇を兼じたる也」、と云々。

覚め了んぬ。


案じて曰はく、此、善妙也。云はく、善妙、竜人にて、又、蛇身有り。又、茶垸なるは、石身也。（原カナ表記。『夢記』高山寺本第十篇　明資二・一四五上七～一四六上一一）

二　善妙説話の内容

ここで、明恵が言及している善妙とは、新羅の僧・義湘の伝記に出てくる女性である。『宋高僧伝』巻四「唐新羅国義湘伝」の骨子は、以下のような話である[2]。

善妙は唐・登州で義湘に会い、「巧媚」をもって近づくが、義湘は動揺しない。善妙は、にわかに菩提心を発し、義湘に帰依することを誓う。別れに際し、善妙は義湘に贈る法服や什器を用意していたが、義湘の船は既に出帆してしまう。善妙が呪願とともに、法服などを入れた「篋笥」を波に投ずると、風に吹かれて船に跳入する。善妙はさらに願を立て、自ら竜と化して、義湘を扶翼することにする。善妙が海に身を投げると、願いどおり、竜と化し、義湘の舟を新羅へと到達させる。義湘が新羅に帰り着き、勝地で法を説こうとするが、そこは「権宗・異部」の徒が集うところであった。善妙は義湘の思いを知り巨石と化して虚空に出現し、人々を驚愕させ、彼らを追い払う。

明恵はこの説話から、善妙が竜となり石となった点を取り上げて、夢に出て来た女の人形（十蔵房により蛇身であると指摘された）を善妙と判断したわけであるが、他にも以下のような対応点が見出せる。

・仕切りのついた箱……法服や什物を入れた箱

・唐からの渡来……善妙が唐人

・交合している亀……善妙の義湘への愛欲（?）

しかし、以下のような相違点も指摘できる。

①もとの説話では善妙が義湘を助けるが、夢に於いては人形が明恵に助けられる。

②もとの説話では、善妙は自らの意志で新羅へと行くが、人形は日本に来たことを悲しんでいる。

③もとの説話では竜や巨石といった要素は「願力」の結果としてプラスの価値を持っているが、夢に於いては陶製の人形であることや蛇であることは解放されるべき負の要素と考えられている。岩や竜の巨大さと、人形の小ささ（五寸許）も、同様の対比を示している。

全体として、明恵の夢は、もとの善妙説話を反転させたようなかたちになっている。

三　『華厳縁起』に於ける善妙説話

明恵が作成させたと考えられる『華厳縁起』には、義湘の伝記が収められる。そこでは、『宋高僧伝』以上に、善妙の義湘への愛着が強調されている。詞書には以下のようにある（小松編［一九七八］一一二下）。

善妙、これ（＝乞食に来た義湘）をみて、こびたるまゆをあげ、たくみなるこゑをいだして、法師にまふしていはく、「法師、たかく欲境をいでゝ、ひろく法界を利す。きよくその功徳を渇仰したてまつるに、なを《ママ》色欲の執着おさえがたし。法師のかたちをみたてまつるに、わがこゝろ、たちまちにうごく。ねがはくは、慈悲をたれて、わが妄情、とげしめたまへ」といふ。

これに対して、義湘は次のように答える（同上）。

法師、このことばをきゝ、そのよそおい《ママ》をみるに、心かたきこと、いしのごとし。慈悲をたれて、こたえ《ママ》ていはく、「われは仏戒をまぼりて、身命をつぎにせり。浄法をさづけて、衆生を利す。色欲不浄の境界、ひさしくこれをすてたり。なむぢ、わが功徳を信じて、ながくわれをうらむることなかれ」。

『宋高僧伝』でも、「湘之心石不可転也」とは言われているが、『華厳縁起』の方は持戒という点を特に強調した描き方になっている。

『華厳縁起』では、善妙が竜に化したことを叙した後、長大な問答（ほぼ七紙分）が付されている（小松編［一九七八］一一〇上〜一一一下）。その趣旨を要約すると、以下のようになる。

①善妙が不思議を現じたのは、義湘という善縁による。善妙の不思議ではあるが、これを義湘の徳とする。

②善妙は前生で正法に縁していたが、欲塵に染まっていたため女身を得た。浄信の力により、今生で義湘に値遇したが、欲染が継続していたので、僧形を見ても、在家としての愛心を発した。宿善により、義湘の言葉によって信心を起こした。

③もし新羅に帰る際に対面を遂げていたなら、離別の悲しみだけにとどまり、大事を起こすことはできなかった。

これも宿善の報いである。

④善妙の現じた不思議は、大願によるものであり、世間の男女が執着によりて蛇などに変化するのとは異なる。

⑤善妙は初めは有染の貪心を起こしたが、後には無染の愛心を起こした。これは仏道の妙因である。

全体として見れば、善妙の義湘に対する愛執を強調する一方で、神変そのものはそれとは無関係であり、善妙の信心と、義湘自身の徳によるものとしていると言える。なお、「かの男女、執着のみちに熾盛の貪瞋にひかれて大蛇となりて男をおふためしきこゆ」（小松編［一九七八］一一一上）と言われているのは、承久二年五月二十日の夢との関連で興味深い。「蛇身」と判定された夢の中の女の人形は、いわば発心しそこなった善妙なのである。

まとめ――明恵の善妙理解――

女性が高僧への敬愛により奇跡を現ずるというモチーフは、もともとの善妙説話でも、明恵の夢でも共通している（前者の場合は、人間から竜・巨石への変化、後者の場合は、人形から生身の人間への変化）。明恵の夢では、女性の側の願力という要素は希薄になり、明恵の高徳（「大聖人」）だけが強調される結果になっている。『華厳縁起』では、義湘に戒律堅持という特性を付与しており、これを義湘の「徳」と考えていると思われる。『行状』によれば、承久二年には法蔵撰『梵網経菩薩戒本疏』の講義を行っている（後に説戒として恒例行事化）。また、仏光観を開始したのもこの年であるが、『夢記』を見ると、この行法の実修中も、自己の清浄性に強い関心が抱かれている（第三部第一章参照）。

そうした明恵の関心の結果、夢の中の善妙（とされる人形）は、愛欲（蛇身）や卑小さが強調され、明恵自らの高徳さ（その中心は持戒）を証明する存在となっていると考えられる。

註

（1）平野［二〇〇四］参照。従来の代表的研究についても挙げられている。

（2）以総章二年、附商船、達登州岸。分衛到一信士家。見湘容色挺抜、留連門下既久。有少女、麗服靚粧。名曰善妙。巧媚誨之。湘之心石不可転也。女調不見答。頓発道心。於前矢大願言、「生生世世、帰命和尚。習学大乗、成就大事。弟子必為檀越、供給資縁」。（中略。義湘は長安終南山の智儼のもとに行き、華厳経を学ぶ）復至文登旧檀越家。謝其数稔供施。便慕商船、逡巡解纜。其女善妙。預為湘弁集法服幷諸什器可盈篋笥。運臨海岸、湘船已遠。其女呪之曰、「我本実心供養法師。願是衣篋跳入前船」。言訖、投篋于駭浪。有頃、疾風吹之、若鴻毛耳。遥望径跳入船矣。其女復誓之、「我願是身化為大竜。扶翼舳艫到国伝法」。於是、攘袂投身于海。将知願力難屈。至誠感神。果然伸形。夭矯或躍。蜿蜒其舟底。寧達于彼岸。湘入国之後遍歴山川。於駒塵百済風馬牛不相及地。曰、「此中地霊山秀真転法輪之所。無何権宗異部聚徒可半千衆矣」。湘黙作是念、「大華厳教非福善之地不可興焉」。時、善妙龍、恒随作護。潜知此念。乃現大神変。於虚空中、化成巨石。縦広一里、蓋于伽藍之頂。作将堕不堕之状。群僧驚駭、罔知攸趣。四面奔散。湘遂入寺中敷闡斯経。（大正五〇・七二九上一六～中一四）

第三章　『渓嵐拾葉集』に於ける明恵説話

はじめに

『渓嵐拾葉集（以下、渓嵐集）』は、中世天台宗に於ける様々な口伝を集成した書物である。口伝に関連して様々な説話も収録されているが、本章では、その中の明恵に関わる説話を取り上げ検討してみたい。これらの説話は他の明恵関連の史料には全く見られず、その意味でも注目に値するものである。本章では、これらの説話の背景を探ることで、中世に於ける明恵理解の在り方を考察する。

一　『渓嵐集』所収の明恵説話

問題となる説話は以下の四篇である。

①巻六十三「密秘決事」

一、行法時剋長短事　師物語云、栂尾明恵上人ハ行法ヲシ給ケルニ一座ニ百（一日？）乃至七日、一座一月ニ一座トナシ終リ給ケル也。昼夜不断道場ニソ念誦観法シ給ヒケル。其間、若シ急事アレバ起座ノ法ヲ修シ、出道場シ給ヒケル也。其外ハ余事ヲ休息シ給ヘリ。凡念誦ハ三密平等ヲ得ヲ為レ期、入三摩地ハ字道観成就ソ為レ期。無二左右一、行法ヲ不レ終給ヒケリ。故、

一日三日七日乃至一月一年ナド行法シ給ヒケル也云々。（七一六中一一～一九）[1]

②巻六十七「怖魔　私苗」

一、明恵上人授二戒於天狗一事　師物語云、栂尾明恵上人許ヘ山臥一人来現云、受戒之悉（志？）有レ之云々。仍上人授レ戒畢。彼山臥申ク、我受戒当レ絶二三種ノ事一、可レ奉レ授也。所謂、我是山ノ辺有ル者ニテ、作下為二仏法一三種怖畏上有レ之。一、明障子内不レ可レ灯レ火也。二、聖教等幷一切物直可レ置レ之。三、諸危所ニ不レ得レ居。又不レ可レ置レ物也。（七三〇下一七～二三）

③巻七十九「五種供養釈」

一、明恵上人修二諸尊ノ法一ヲ事　師云、此上人不レ限二一尊ノ法一ニ、彼尊此尊ヲ打替打替行シ給ケリ。門弟等成レス疑ヲ。上人云、各称二本習一ニ而入二ル円乗一。本習不同ナレハ円乗不レ一ニ云々。何尊ニテカ三昧現前スラン。故ニ衆多本尊ヲ行スル也云々（七六四下一九～二三）[2]

④同上

一、明恵上人行法次第事　師語云、彼上人ハ者、寂静之時ハ毎日三座也。総恩（怱々？）之時ハ毎日ニ十二座被レ修云々。（七六四下二四～二六）

この四種の説話のうち、①と④とは実は同一の話柄である。上記では、直接明恵に関係する部分のみ引用したが、それぞれ後続する部分を引用すると以下のようになる。

①-2又或明（先？）達一期ニ行法一座ソ不レソ修（終？）、後鈴ヲ於二浄土一ニ可レ振トテ入滅シ給ヒケル也。甚深甚深。一義云、或軌云、毎日三時一時一時等云ヘリ。若然者、依二毎日三時一時等一、可二行法一火（矣？）。長時積功事者、不レ可レ依二行法ノ長短一ニ歟。行法一座ノ之間、前後供養有レ之。是ハ六度万行ヲ行法一座ニ修尽也。前供養、従因至果義、

表二自行一也。後供養、従果向因、表二化他一也。自行・化他、不レ可レ有二闕滅(ママ)一也。凡行法・物忌、早速ナレハ不レ可レ然事也。相構相構、慇懃可二如法一ナル歟。（七一六中一九～二八）

④―2解脱上人モ亦復如是云云。或人ハ者毎日一座修レ之。或人ハ者七箇日一座修レ之。或人ハ者一月ニ一座修レ之。或人ハ者一期ニ一座修レ之也。所詮、以二テ一座ノ行法一ヲ、一期ノ中ニ修レ之也。謂意者、道場観ト者、浄土行ナルカ故ニ、以二中道妙観一ヲ、令レ浄二国土一ヲ也。本尊ト者、能化正覚ナルカ故ニ、成就衆生儀式也。六種供養ト者、自証化他ノ所行也。念誦者、説法利生ノ儀則也。故ニ、本尊観ノ時ハ、令レ同二身密一ニ、念誦ノ之時ハ、令レ同二口密一、入三摩地ノ之時、令レ同二意密一ニ也。所詮、身密者、法身修因也。意密者、報身ト(ノ?)修因也。口密者、応身ノ修因也。凡ソ一座ノ行法ト者、万行ノ諸乗ヲ一念ニ従(促?)メテ三身万徳ヲ一身ニ満足スル儀式也。故、三密平等観成就スル程、或ハ経二七日一ヲ、或ハ経二一月一ヲ、或ハ経二一期一也。能能可レ思レ之。

一、或人云、生中ニ一座振鈴シテ後鈴ヲハ於二テ浄土一ニ可レ振也云云。謂意者、一座ノ行法ハ者、自行・化他ト習カ故ニ。前供養ハ者、従因至果ノ自行也。後供養者、従果向因ノ化他也。化他ハ即是浄土行ナルカ故、後鈴ヲハ者於二浄土一可レ振也。甚深云云。（七六四下二六～七六五上一七）

両者を比較するなら、記述の繁簡・出入りはあるものの、同一の話柄であることが分かる。もっとも、そうすると、これら二つの記述はもともとどのような話だったのであろうか、との疑問が起こる。この問題については後に考察することにする。

二　『渓嵐集』の情報源

既に述べたように、上記の四種の説話は、明恵関連の史料には全く見出すことはできない。(3) では、『渓嵐集』はどこからこれらの説話を取材したのであろうか。

『渓嵐集』の編者は光宗（建治二年〈一二七六〉～観応元年〈一三五〇〉）である。(4) 光宗は「記家」（比叡山に伝わる様々な秘説・口伝を記録する職掌の僧侶）として、多くの先師から伝承した秘説・口伝を『渓嵐集』に集大成した。光宗は自ら師事した僧侶を「渓嵐拾葉集縁起」に列挙しているが、「真言宗依学師」だけでも三十二人にのぼり、幾つかの例外を除けば、誰からどの口伝を伝授されたかを特定するのは容易ではない。

先ほど挙げた明恵関連説話はいずれも「師」から伝えられたものであるが、それぞれの説話が記される巻を見ても、この「師」を特定しうる記述はない。もっとも、②を含む巻六十七「怖魔　私苗」及び③④を含む巻七十九「五種供養釈」にはそれぞれ光宗の執筆年代を示す次のような奥書がある。

巻六十七「怖魔　私苗」：「文保三年（一三一九）正月十一日、於天台黒谷慈眼房、記之畢。　天台籠山沙門光宗記之」（七三二上二五～二六）

巻七十九「五種供養釈」：「嘉暦二年（一三二七）十二月日、於金山院方丈、記之　天台沙門光宗」（七六五中一七～一八）

光宗は正和五年（一三一六）から元応二年（一三二〇）まで黒谷清滝寺の慈眼房に住んでおり、奥書類などによれば黒谷では義源からの伝授が多いが（田中［二〇〇三］一五頁・二七一～二七二頁）、「師」を特定するにはいたらない。

金山院は、光宗が長らく住した寺院で、「この一帯には、仏法世界と世俗世界の交錯によって説話を生み出す時空が存在したのではないかとさえ思われる」（田中［二〇〇三］一九頁）とも言われるが、これまた「師」を特定することはできない。

なお、『渓嵐集』の中で、直接明恵の説を引用する箇所があり、現存する明恵の聞書（『観智記』）に対応する所説が見出される。

明恵上人云。今軌大意ハ依二胎蔵一。其故説二三三昧耶一故云云。（「法華法大意事付観智儀軌」大正七六・五九二下二一〜二二）

今此ノ儀軌ノ諸相修行法次第等大旨頼レリ二胎蔵界ニ一。（土井・金水［二〇〇二］一〇六頁）

題名事　成二就スル妙法蓮華経王ヲ一瑜伽観智ノ儀軌。成二就スル妙法蓮華経王ノ瑜伽ヲ一観智ノ儀軌。成二就スル妙法蓮華経王ノ瑜伽観智ヲ一儀軌。師云。此三ノ文点ハ明恵上人ノ文点也。（同上。大正七六・五九四下一〜四）

一、文点事。（中略）付テ二此ニ題目一可シ三有ル二三ノ読一。妙法蓮華経王ヲ成就スル瑜迦観智ノ儀軌是一。妙法蓮華経王ノ瑜迦ヲ成就スル観智ノ儀軌是二。妙法蓮華経王ノ瑜迦観智ヲ成就スル儀軌是三。随テレ読ニ聊又其義モ可キレ異也。（土井・金水［二〇〇二］一〇八〜一〇九頁）

この「法華法大意事付観智儀軌」には、以下のような奥書が付されている。

康永元年壬午六月二十八日立秋鬼宿於二江州霊山寺密厳菴一書写畢。
此抄者東寺流秘抄也。然而、今智証大師御釈意為レ本、天台流宗義被レ抄者也。尤可レ秘二蔵之一。甚深甚深耳。
天台沙門光宗記レ之（大正七六・六〇二上九〜一四）

この「東寺流秘抄」を伝承した法流に明恵についての逸話の類も伝承され、光宗までそれが伝えられたという可能性もあろうかと思われる。

①を含む巻六十三「密秘決事」については、執筆年時も不明であるが、ここで問題となるのは、①（及び①-2）と④（及び④-2）との関係である。両者が同一の話柄であることは明瞭であるが、微妙な差があることも否めない。話の内容としても、①は明恵が所期の目的を達するまで行法をやめなかったことを述べ、④は明恵が一日に多くの行法を修したことを述べている。①に対応する内容は、④では「或人ハ者毎日一座修レ之。或人ハ者七箇日一座修レ之。或人ハ者一月ニ一座修レ之」というように一般論として語られるのみである。④及び④-2では明恵は、一日乃至一期にわたって一座を行ずる人と対比して位置づけられており、これは①とは対照的な明恵像である（これは、③で明恵が一尊のみに限らず諸尊を本尊として行法を修したとされるのと、同一方向にある）。要するに、①（及び①-2）と④（及び④-2）は、行法の長短というテーマは同一でも、明恵の位置づけは異なっており、別々の話とすべきであろう（その他の教理的な説明でも若干の齟齬がある）。光宗が「師」の物語を忠実に記録したのだとすれば、違う話者であると考えざるをえない。①と④（及び③）に見られる明恵像の差異については、どちらからどちらへと発展したといった前後関係を想定することは難しく、密教者としての明恵という原イメージから話題に応じて変容したものと考えたい。

三　考察

『渓嵐集』所収の明恵説話は、大きく二つのグループに分けることができる。それは、①③④のグループと、②

とである。前者は明恵を密教者としてとらえており、後者は戒師としてとらえている。

明恵説話の集大成とも言える『栂尾明恵上人伝記』（特に下巻）では、戒律への関心が強く打ち出されており、②の説話はこの方向性にあるものと言える。この説話では、天狗が山臥（山伏）となって明恵のもとを訪れるが、中世に於いては天狗は魔道の代表者と観念され、魔道には破戒の僧侶が堕ちるものと考えられていた。(5) 明恵本人も菩提心のない僧侶が魔道に堕ちると発言しており、(6)『栂尾明恵上人伝記』にも破戒により魔道に堕ちた僧侶の物語が語られる。(7)『栂尾明恵上人伝記』では、明恵は持戒清浄の聖者として造型されており、魔道に堕ちた者（天狗＝山伏）が受戒のために明恵を訪れるというのは、こうした明恵像の展開に対応するものである。②の説話で注目されるのは、山伏（＝天狗）が受戒した後、明恵に教示する三つの行為である。特に二番目の「聖教等幷一切物直可レ置レ之」については、明恵が高山寺での規則として定めた「房中護律儀」との関係が想定される。この「房中護律儀」では、「文机下ニ聖教不レ可レ置レ之」「輪、板敷ニ直不レ可レ置、高可レ置レ之」など、聖教などの扱いを細かに定めており、(8) これらを踏まえて山伏（＝天狗）の言葉が構成されたと考えられる。なお、②の説話には、引用部分の後、以下のような解説がついている。

又云、示云、アヤウキ巌石ヤケナムト者不レ可レ居也。諸天魔波旬等ハ如レ此難所ニ居住スルナリ。又、一切聖教等直置事。天魔等陥（諂?）曲、不レ取レ直ヲ以為レ体。物ヲ直クニ不レ置人ハ天狗根性物也。何（仍?）為レ魔被ニ障礙一也云云。又、阿闍梨、障子内ニ火トモサザル事者、遠見ガ闇ニ似タリ。仍、天狗等、為ニ肉食一集来ル。真実ニハ非レ間（闇?）ニ。故、起ニ瞋恚一成ニ障礙一也云云（七三〇下一四～七三一上一二）

これは山伏の言葉とも考えられるが、「示云」という表現は、一般には師からの教示を記す時に用いられているので、ここでも物語をした師による解説と考えられる。

一方、①③④の説話では、明恵を密教者として描いている。これは、『栂尾明恵上人伝記』を典型とする明恵説話では持戒や修善といった面に力点を置いて明恵を描いているのとは、大きな違いがある。『栂尾明恵上人伝記』は禅家に於ける明恵受容を反映しているとされるが(9)、それに対して、『渓嵐集』の①③④の説話は密教者の中での明恵受容を示すものと考えられる。

③に見られる機根観は明恵自身のものに近いが(10)、このように諸尊を「打替打替」して行法を行ったことは確実な史料による限り知ることはできない。もっとも、明恵が生涯にわたって様々な行法を行ったことは確かであり、それがこのような説話の淵源となっていることは想定できる。

①④は、既に触れたように、行法の長短に関わる問題を扱っているが、これまた確実な史料には事跡として見えない。もっとも、『却廃忘記』には、次のようにある。

又、そのかみは、行法、三時は、おほかた、えし侍らず。初夜の時は、よひにいりて、後夜以後、たい体《てい》、あか月、出堂しぬれば、朝の時はてゝ、やがて入道場しぬれば、夕方こそ出道場するほどに、只二時にて、三時は、かなはざりき。それは、金剛界の𑖦𑖘の字を両眼に観ぜよなど云るを、如法に眼に見が如〱に現前令《せしめ》むとするほどに、一々に此くの如くして、ひさしき也。近来は、あまりにざ（＝坐）せしちからにて、はじむれば、やがて心中にうかみて、はやくするときも、あるべきほどは、皆せらるゝ也。（原カナ表記。明資二・五五九・九～五六〇・一三）

これによると、明恵は若年の頃は、如法に観ずることができるまで行法を行ったため、一日に三時の行法をする時間がなく、二時の行法しかできなかった。しかし、最近では、これまでの努力（「あまりに坐せし力」）により、行法を始めれば、すぐに心中に浮かぶようになり、早くする時も、なすべきことは全てできるというようになった、と言うのである。このような明恵の姿は、①・④いずれの説話をも生み出すものと言える。すなわち、如法の観察ができるまで時間をかけるという姿勢は①に近く、多年の修行によってただちに観察が成就するようになったという姿からは④のように一日に多くの行法を行いうるというイメージが生じる。つまり、所期の目的を達成するまで行法を行うという明恵の修行姿勢に注目するか、その結果として得られた達人的境地に着目するかで、①と④とが分かれるが、その根本にあるのは同一の明恵像であると言える。

まとめ

『栂尾明恵上人伝記』と比較してみる時、『渓嵐集』の明恵説話の特徴は、密教者として明恵をとらえる説話にあると言える。それは、中世に於ける明恵受容の広がりを示しており、さらに言えば、そうした様々な説話群を特定の視点から取捨した結果として『栂尾明恵上人伝記』が成立したことを逆照射しているものと言えよう。

註

（1）『渓嵐集』からの引用は大正七六巻により、頁・段・行のみを示す。

（2）文中に引用される「各称二本習二而入二ル円乗一。本習不同ナレハ円乗不レ一二」は湛然『法華玄義釈籤』（大正三三・八五八上八〜九）からのもの。

（3）明恵伝の根本史料である『行状』の他、説話を多く含んだ『栂尾明恵上人伝記』にも見当たらない。明資一には伝記史料として、『行状』はじめ二十二篇を収録するが、いずれにも見当たらない。著作や聞書類に関しても該当する記事はない。

（4）ただし現存する『渓嵐集』は、近世に於ける再編纂を経ており、光宗自身の構想を忠実に伝えるものではない。また、光宗自身が集成したのではない資料も含まれている。詳細は田中［二〇〇三］第Ⅰ部「『渓嵐拾葉集』の基礎的研究」参照。

（5）田中［二〇〇三］第八章「『渓嵐拾葉集』に於ける「怪異」の諸相」では、この説話を含め巻六十七「怖魔　私苗」に於ける天狗について考察している。

（6）『却廃忘記』下巻（明資二・五七二・五～五七三・三）。

（7）『栂尾明恵上人伝記』下巻（上人集　一六七～一七〇）。

（8）『大日本史料』第五編之七（五六一～五六三）。

（9）田中［一九六二］二〇五～二一六頁参照。

（10）たとえば『摧邪輪』では、機根が多様であるが故に修行も多様であるとして、称名のみを正行とする法然を批判している。本書第二部第三章三参照。

第五部　明恵以後の展開

第一章　日本華厳宗に於ける明恵の位置づけ

はじめに――問題の所在――

鎌田［一九七三］「日本華厳に於ける正統と異端――鎌倉旧仏教に於ける明恵と凝然――」は、日本華厳宗史の理解に於いて今日に於いても大きな影響力のある論文である。表題にもあるように、この論文では鎌倉時代の華厳教学を凝然と明恵によって代表させ、前者を「正統」、後者を「異端」としてとらえる。図式化すると以下のようになる。

凝然（正統、東大寺系）：理論的、法蔵と澄観の総合

明恵（異端、高山寺系）：実践重視、宗密・李通玄・朝鮮華厳（元暁・義湘）の影響

凝然と明恵とで中世の華厳学を代表させ、前者を理論的、後者を実践的とするのは、近代以後の華厳学研究書一般の傾向である。(1) 鎌田論文の独創性は、それを中国華厳学の受容の問題と連動させた点にある。

ここで問題となるのは、「正統」「異端」という分類は適切か否かという点である。

鎌田［一九七三］六二頁には、以下のようにある。「学派や宗派に於いて正統、異端ということは、正統があって異端が生れるのではなく、異なった学派や宗派のなかに於いて、教団史的な勢力関係などの社会的条件や、思想、学説、教義などの解釈をめぐって異端と正統とが定められてゆくのにすぎず、きわめて相対的な関係から生れたも

のにほかならない」。

この認識そのものは極めて妥当である。逆に言えば、正統や異端という場合、どのような文脈に於いてそのように表現するかということが意識される必要があるということである。鎌田［一九七三］では、法蔵・澄観の総合という路線を、日本華厳学に於ける主流の立場と考えて、宗密・李通玄・朝鮮華厳などを摂取した明恵系をそこからの逸脱と考えているようである。

ここでまず考えてみたいのは、明恵・凝然をそれぞれ「異端」「正統」の代表者とするのが妥当か否かという点である。

一　凝然の「新しさ」

凝然・明恵にいたる華厳学の系譜を示すと、以下のようになる。

……光智─松橋─延幸─深幸─定暹─隆助─弁暁─道性─良禎─宗性─宗顕─公暁─凝然
　　　└観真─観円─延快─勝暹─良覚─景雅─高弁（明恵）

凝然と明恵とが系譜上は、別の系統に属することは間違いないが、では、凝然が正統で、明恵が異端と言えるのであろうか。ここで、注意すべきことは、東大寺の華厳学の中心は尊勝院であるが、凝然は戒壇院に属する律僧であることとである。宗性（一二〇二～一二七八。権僧正。尊勝院院主、東大寺別当）に代表されるように、東大寺の華厳学の基本的目的が、法会の際の論義に備えるものであったことからすると、法会に出仕することのない凝然をそのような意味での「正統」や「主流」と見なすことはできない(2)。

また、論義の題に基づき諸説の会通をしていくのが日本華厳学の基本的スタイルであるが、凝然の著作は本文にそった注釈が中心であり、形式的にも異質である。これは宋代華厳学の影響と考えられる。

凝然が「正統」として確立されていくのは、近世に於ける現象と考えられる。たとえば、江戸時代の鳳潭は凝然の存在を全く無視している（鎌田［一九八一］）。また、鳳潭の後に出た普寂は凝然の『五教章通路記』を参照しているが、時に批判的である（たとえば「然公（＝凝然）雖下用二心教理一而精密乎上、不レ領下向所レ謂今宗法義一切依二十地道一而建立之旨上故、釈義如二隔靴抓痒一」『五教章衍秘鈔』巻一　大正七三・四一上六～八）。鳳潭・普寂は、概して智儼・法蔵と澄観・宗密とを弁別する立場を取るが、彼らを批判する人々の中から、法蔵・澄観を一貫したものととらえる芳英のような立場（高峯［一九四二］四八〇頁）が出てきて主流となり、凝然がその先蹤として「正統」に位置づけられることになる。

二　明恵の位置づけ

明恵の特色として李通玄思想の受容が言われるが、仏光観のみにとどまり、全面的な依用ではない。骨格をなすのは法蔵・澄観であり、これは明恵の弟子の喜海に於いても同様である。

朝鮮華厳の受容も明恵の特色とされるが、これは師である景雅からの影響と考えられる（横内［二〇〇二］）。一方、十二世紀後半からは、意識的に朝鮮仏教の影響がネグレクトされていったとされ、凝然の場合もその流れの中にあると言える。明恵が関与したものとして元暁・義湘を描いた『華厳縁起』が有名であるが、喜海が著した『華厳祖師伝』では、華厳五祖（杜順～宗密）と李通玄を挙げる（田中［一九八二］所収「義林房喜海の生涯」、柴崎［二〇〇三〕一七八～一八八頁）。つまり、高山寺でも必ずしも元暁・義湘を重視しているとは言えないのである。

まとめ――今後の展望――

正統・異端という二分法ではなく、大陸からの影響を受けた中世華厳学独自の展開の中で明恵・凝然らの位置を考えていく必要がある。凝然が東大寺の教学的伝統をそのまま集大成したと考えるのも、彼の教学がそのまま継承されていったと考えるのも当を失するであろう。明恵についても「異端」を代表するものではなく、一方には景雅からの影響があり、一方では彼自身の独自性にとどまった点がある。両者を適切に位置づける中世華厳学史が必要である。

註

（1）たとえば、湯次〔一九二七＝一九七五〕一二六～一二九頁では、明恵を実行派、凝然を理論派とする。高峯〔一九四二〕三九三～四〇五頁では、明恵を叙述するにあたって、しばしば「実践」の語を使用している。

（2）藤丸〔二〇〇六〕は「学僧ではあるが、学侶ではない」凝然の特殊な立場に注意をうながしている。

第二章　高山寺教学の展開——喜海の華厳学をめぐって——

はじめに——喜海の位置づけと『起信論本疏聴集記』——

喜海（義林房、治承二年〈一一七八〉～建長二年〈一二五〇〉）は明恵の最初期からの弟子の一人であり、明恵が賜与された栂尾高山寺にあっては経営に尽力し、明恵死後は学頭に任じられている。(1)彼は特に華厳学にすぐれていたらしく、明恵に始まる、いわゆる「高山寺系華厳」の伝承を考える上で、重要な位置にいる。

彼には幾つかの著作が残されているが、本章で取り上げる『起信論本疏聴集記（以下、本疏聴集記）』は、法蔵の『大乗起信論義記（以下、義記）』に対する明恵及び喜海の講義を順高（明恵の弟子である高信の弟子）が編集し、関連典籍からの引用を付し、時に私見を加えたものである。(2)明恵の講義がどちらかというと達意的であり、重要な箇所のみを講義しているのに比べると、喜海の講義は『義記』の全体にわたっており、(3)実質上、喜海の著作と見なしてよいものである。講義の聞書という性格上、喜海の語り口は平明であり、彼の思想をうかがうには好適なものと思われる。本章では、『大乗起信論（以下、起信論）』自体の理解と、教判論とを中心にして、喜海の所説を検討することにする。

一　『起信論』理解の特色

『義記』は『起信論』の注釈書であり、喜海の講義は法蔵及び子璿（宋代の華厳学者。『起信論疏筆削記』の著者）の解釈に依拠して『起信論』解釈を述べている。以下、『起信論』の主要概念に対する喜海の解釈を見てみることにしたい。

（一）真如と無明

『起信論』の中心は、真如と無明との相互関係によって、迷いから悟りにいたる仏道修行の全体像を描き出すところにある。そこで、まずこの二つの概念を中心に喜海の理解を見ていきたい。

喜海は、真如についての様々な名称のうち「真如」だけがそれ自体につけられた名称で、他の名称は他の諸法の側からつけられたものとしている（十三本　三二上一三～一五）。そして、「縁起のことはりが、やがて真如にてはある也。（中略）此の諸法の理の至極は真如也」（同上　三一中一一～四）と述べ、縁起する諸法は究極的には真如そのものであるとしている。それ故、「内外を論ぜず、真如の外に法ありと思を法執と云也」（十二末　二五中一六～下一）とし、「無明の縁をうくる方よりは縁起也。いかにも無明の縁をもかれ（＝借れ）、真如が起る方よりは性起と取る也」（十三本　三三上一五～中一）として、この縁起は真如の側から言えば性起であるとしている。

『起信論』では、真如の絶対性を示す心真如門と、無明との交渉によって諸法を展開する心生滅門との二門を立てるが、喜海はこの両者が一体不二であることを、以下のように述べている。

真如門と云ひつれば、生滅門の本覚の外にあるやうに人思ひたり。此義、爾らざる也。又、さればとて、真如門の真如と云つるが本覚にてはなき也。本覚のしたうらは真如門、上うらは生滅門にてある也。（九　二五五下二～五）

しかし、真如の側からすれば、「生滅門は真如の正き義にはあらず」（七末　二二七中一六）であり、生滅門に於ける無明も実体のないものであり、実体がないからこそ、真如による熏習もあるとしている。

物をすこし「たうとや」と思ふは、内の真如が上《う》へにをい《（ママ）》出て無明に熏ずる也。若無明実体あらば、此の義はあるまじき也。無体の故に此の如し。（十三末　五二上一四～一六）

無明はそもそも真如を体とするものであり、本覚や始覚と言っても、本来一体のものである。喜海はこのことを諸処で注意している。

無明の闇がてらされて闇が亡じて光が出たるを始覚と云也。其が無明をのけて明なるにあらず。無明の即体が明と成る也。（九　二五八上一～三）

此の如く始覚修進すればとて、無明が何の所へぞにげて行く事はなし。無明の体がやがて始・本の体と同き也。（同上　二五六中一二～一三）

ここから、「無明が無始無終である」という一見奇異な主張が出てくる。

問。無明は初めはなくて終り有と云ふ可き耶。

答。初めがあらばこそ終りありとは云はめ。初めある物こそ終りはあれ。生死を無始無終と云も義を以て云ふ也。又、其無明と云つるも、本覚の外にはあらばこそ。無明、ちやうと本覚にそい《（ママ）》てある時に、本覚あらむかぎりは無明も終りあるべからず。（同上　二五六上八～一三）

無明は本質的には本覚と一体であるが故に、本覚が無始無終である以上、無明も無始無終ということになる。無明が無始であることは『起信論』自体の言うことであるから[4]、喜海の独自性は「無明は無終である」という点にある。喜海によれば、無明に終わりがあると言われるのは、衆生に仏道修行をうながすためである。

染法は無始有終、浄法は有始無終也。此れは一衆生の発心にむけて此の如くはいふ也。さればとて、生死にをはりあり、浄法に始のあるにはあらず。ともに無始無終なる物也。（十四本　五九下一二～一五）

これに関連して、煩悩を断ずることについても、喜海は次のように述べている。

其の断と云は、但し煩悩のあるやうを知るを断と云也。（中略）さますといふ、其のさますと云は、迷をひるがへして煩悩のやうを知りたるを覚すと云也。（十三本　三〇中八～一一）

『起信論』では、無明から三細六麁（九相）[5]と通称される心識が展開するとされるが、喜海は、これらが段階的に成立しているのではなく、一つの心の内部構造を示したもので共時的に存在しているものであることに注意をうながしている（このような理解は、明恵を踏襲するものである）[6]。

九相は刹那にある也。世に人多く「不重出」と云ふ文を心得ずして、文にひきのべて出たるを見遣て九相前後して思たり。（中略）刹那に九相共にある也。此のあらく迷たる下に、正しく真如にそい《ママ》てちかく迷たるに随て、根本無明とも業相とも転相等とも云也。（九　二五一下四～一〇）

心性を中に置て九相を四角八方に置て、まどふもさとるも、まんまろに心にまどひ、心性を悟る也。業繫苦相をば下に置くべし。此のまどひたるを覚の方より見下て、細より麁に見て九相の差別を立る也。全く前後別体あるにはあらず。（十末　二七八中一五～二〇）

無明についての発言に端的にあらわれているように、喜海は、心生滅門で示される無明と覚とを二つの極とする相互交渉の関係を、動態的に生成するものとしてではなく、静態的な構造として理解しようとする傾向がある。つまり、無明も覚も、無始無終なる真如を根拠としており、それ自体として無始無終である、といった理解がなされているのである。「煩悩のあるやうを知るを断と云也」との言葉は、こうした無明の理解と相即している。すなわち、無明が無始無終であるのと同様、煩悩も無始無終であり、滅するということはない。それ故、煩悩の「断」とは、実は、煩悩の在り様を知ることに他ならない、と言うのである。

（二）修行論

喜海は、『起信論』に於ける修行を「頓悟漸修」と見なしている。

当時の位は信・解・行・証の中の信の位なれども、信の中に解・行・証を置て信解・信行・信証と云て、信の中に証を作る也。余位又此の如く解証・行証等云云。さて、此信証の義を以て初心即極の義とも云也。此の如く修行して登るは頓悟漸修にてある也。頓悟と云は心性を悟て初後差別なしと知れば頓悟也。漸修とつくるは、頓々々々と覚を行て、そばより見て、漸なる方を漸と云也。頓悟の辺は全く初後の差別なし。第十地満に成仏せん時も、当時より深く覚る事もあるまじき也。（十末　二七二上二一～中二）

「頓悟漸修」は中国華厳宗の宗密を通じて明恵が受け入れた立場であるが、[7] 喜海もこの立場を受け入れていることが知られる。この信について、喜海は、「信」の字形にちなんで、次のように述べている。

本覚性が上にをい《ママ》出るを信と云ふ。下には自性本覚くいほる。上には聞熏教法熏入す。仍て煩悩悪業、中につめられて自然にうすらぐ故に心《ここ》ろきよくなるを信と云ふ也。信は初心が本にてある也。則ち信の字は人の言とかきたり。初心の信をば随他言の信と云ふ。人の言《こと》ばにつきてを《ママ》こる也。仍て人言と書く歟云云。和尚微咲、云云。（五

末　一七三中三〜八）

また、仏道修行の出発点としての発心について、喜海は「此宗の機は業識の発心」（十一本　二九一上一八）としている。業識は、無明の力によって不覚の心が起動する最初の段階であるが、喜海は次のように述べている。

業識といふ事は権宗にはいわず（ママ）。今此の宗に云ふ事也。業識の発心とは、業識と云は、無明起動の最初也。此動則ち真如の外にはなし。真如のまどふ故に起動の最初ありけるを見るを業識の発心といふ也。（十四本　五九中一〜八）

この業識の発心を、喜海は「始覚の智」（同上　五八中一〜八）とも呼んでいるが、要するに、無明が真如を本体とし、そこから出現していると理解することが、仏道修行の出発点として把握されていると言えよう。

具体的な実践の内容としては、『起信論』に説かれる「止観」について、喜海は次のように述べている。

権教にも止観をばならべてはいふとも、或は恵増、或は止増にてあり。此論には初心より止観をならべて修入する也。此れを斂心定と云也。

明、問云、数息観等をも随分に止観の義ありと云ふべしや。

答、爾らざる也。只息かずへたる計にてこそある。（十五末　八五上一三〜中一）

止門は宗《むね》と凡夫の執を遣る。観門は宗と二乗の執を遣る云云。是等は大きなる一乗の心也。（同上　九二中一四〜一六）

これらをまとめるなら、喜海は『起信論』の立場を止観双修と見ており、それを一乗の立場ととらえていることになる。数息観などを「観」と見なさないことは『起信論』自身が述べるところであるが[8]、喜海は、「観」の具体的内容として「無念」と「真如観」とを重視している。

「雖説雖念」等と云は、能念・所念皆悉く無念と知る念をば無念と取る也。是は全く有念の心を以て無念の真理を観ずとは云はざる也云云。
問、此の如く観ずる位は何の位ぞや。
答、我等が位也。（八末　二三九上六～八）
「順於無念」と云は、無念なりといふことばを聞て、此れを念ずる智の初心なるをば、「名随順」といふ。此れ方便観也。此れを久く観じて此の念に安住するを正観といふ也云云。
問、方便観・正観は何の位耶。
答、大きにわくるには、三賢は方便、十地は正観也。然るに、信位より分分の方便・正観はある也。（同上二三九中二一～二六）
「然此二心竟無二体」と云は、真如の外には生滅はなき也。（中略）此空真如に向て迷て生滅の相を生ずれども、此れをさとる時は、生滅とて去る物もなく、真如とて来る物もなき也。此故に、真如即ち生滅、生滅即ち真如也。此義をあらはさんが為に、生死即涅槃、煩悩即菩提とも説也。此の如くのことはりを目うちひさぎて思ひゐたるを真如観といふ也。（九　二四六下二〇～二四七上二）
真如観は、やすかりぬべき物也。只目うちひさぎつれば、やがて観ぜらるる也。（八末　二三九下一～二）
以上の引用の中で、無念を観ずることを「我等が位」のこととし、真如観を「やすかりぬべき物」と言っていることは注目される。『起信論』の所説を具体的な実践と結びつけて理解する点では、喜海は明恵と軌を一にするが[9]、その実践の在り方はかなり違うように思われる。そこには、先に見た真如理解との関係が考えられるが、これについては後に考えることにする。

なお、衆生と仏との関係について次のように述べているのは注目される。

「本覚名如」と云は衆生の本覚性なる故也。「始覚名来」と云は此の本覚をさとりて如の所へきたる故に来と云也。(七本　二〇四中一一～一二)

衆生には如去と云名あり。真如のみやこをさる故。又、所去の真理に還来するを来と云ふ。故に如来と云ふ也。(同上　二〇四下三～四)

明恵は『華厳唯心義』の中で〝衆生はもと仏であり、真如の都を去って衆生となった〟といった理解を批判しており[10]、喜海の理解はこれとは距離がある。もっとも、この喜海の説に対しては、『本疏聴集記』編者の順高も不審を表しており[11]、明恵門下の中では一般的な意見ではなかったのであろう。

二　教判論と他宗観

華厳宗の基本的な教判は五教判[12]であり、喜海もこれを用いて、『起信論』所説と他教との差異を明確化している。また、喜海当時の仏教界の状況を反映して、禅宗や浄土宗への言及も見られる。これらを通じて、喜海の仏教理解を見てみたい。

(一) 大乗始教と法相宗の扱い

『義記』に於いて、法蔵は『華厳五教章』などで示した五教判ではなく、四宗判を示している。五教判と四宗判との関係について、喜海は次のように述べている。

今四宗を五教に望めば、真空無相と唯識法相とは始教也。但し真空宗は始門、唯識宗終門なるべし。（三末一三五中四～五）

このように、真空無相宗（三論宗に相当する）を大乗始教の始、唯識法相宗を大乗始教の終に配当するのは、明恵の理解を踏襲するものであるが、(13)喜海には以下のような理解も見られる。

般若は浅深重重也。初めざまの般若は、あさし。大品般若は以ての外に深なり。天台には其の重重に釈したりげなる（割註略）。実相般若・観悲（照？）般若は仏性也（割註略）。其の辺は実に深き也。則ち弘法大師の『十住心論』にも三論を以て法相より深く立られたり。般若は深密より深く思《おぼ》し食《め》さる歟。（三本一二四上七～一二）

すなわち、三論宗の所依である般若経の中に浅深を認めることで、三論宗を法相宗の上に置く解釈をも容認しているようである。『十住心論』の所説については、明恵も配慮しているが、その論拠は喜海とは異なる。(14)

五教判の中では、『起信論』は終教に相当するが、始教（特に法相宗）との相違については以下のように述べられる。

始教は煩悩・所知を別して先づ煩悩障を断じて後に所知を断ず。終教は煩悩・所知を分たず。只麁細とわけて麁より細まで皆断じ〳〵する也。（十二末一二五中四～七）

「自信已性」等云、此の如く五位に配釈するは一相の配当也。実には諸位に皆此義はある也。其に、信にては住所等の智行等を修する也。されば、実教已上の修行はすこしづ、物を修し加ふる事はなき也。初心より諸行を皆な行《み》ずる也。（十三末五二下一五～一九）

一乗の定は皆止観双運する也。相宗は止観を別修する也。（十五末九二中一七～一八）

このように、始教が段階的に修行を進めて煩悩を断じていくのに対して、終教（実教）では初心から諸行を行じていく、とする。

また、法相宗の心識論との差異についても論じられている。

> 唯識等の宗にては、七識はいつも能熏、八識所熏也。此宗の心にては、八識、七識に熏ずる義あり。其と云は、八識の中の本覚が七識へ熏ずる也。かく云へば又七識が立返て八識と成る也。さればこそ、七識、八識の中にありなんと云ふ事はあれ。（十三末　五二上二四～中二）
>
> 妄、内へ向ひたるをば無明、外に向ひたるをば七識と云ふ也。（九　二五一中一～二）
>
> 実には七識が種子を第八識の任持する義辺を以て、七・八の不同とする也。（同上　二五一中二六～下一）

『起信論』では、七識（末那識）が説かれていないが、それを以上のように会通している。[15] また、『起信論』に於ける第八識の性格については以下のように述べている。

> 余論には第八識に心所具せずと云事をばいわず（ママ）。只此論ばかりに云也。（十三本　三二下三～五）

法相宗の四分説を『起信論』の体系にあてはめた以下のような所説も見られる。

> 広く四分を論ぜば真如是証自証分なるべし。（十二本　三下五～六）

（二）終教と頓教・円教

既に述べたように、『起信論』は終教に相当する。この終教の位置づけについて、喜海は次のように述べている。

> 頓教・円教の語の起る定は終教也。終教にて理性のある様を説くに、誠にさりけりと云ふ理のある所こそ頓教にてはあれ。されば終に頓教には言の起り所がなき也。（十五末　八四下八～一一）

このように、「理性」を説き明かす終教を基盤にして頓教・円教も起こるとしているが、まず終教と頓教との関係については次のように述べている。

浄名の黙理と云も、此理を超て深き事なき也。（八末　二四五下三～四）

文殊のは能詮、此れ依言真如也。浄名は理性・所詮、此れ絶言真如也。故に、文殊の不二は終教、浄名のは頓教と云へり。又、能詮・所詮合して頓教に摂すとも云へり。（十本　二六一上二〇～二二）

「説即不説」の義は終頓二教の意也。「説即不説」と云へばとて、強《あながち》に頓教一門に限る可からず。終教にも此の如く云ふ義辺ある也。（五本　一五九上一～三）

有人、問云、真如門に依て断惑の義有りと云べしや。

答。有る可からざる也。真如門の修行と云は、是頓教の義に相当る。（中略）全く浄穢の分別もなく煩悩・菩提の差異もなし。只言を以て語を遣りて、頓に一理を詮ずる也。（十本　二六一上一〇～一四）

頓教の代表的な経典は『維摩経』であり、特に維摩（浄名）居士が沈黙によって不二法門を説き明かす箇所が頓教の例とされることが多い。喜海も『維摩経』を例に取り、維摩の沈黙は頓教にあたり、それを言葉によって説明する文殊は終教にあたるとする。しかし、頓教の所説は、終教に説かれる真如の理（「此理」）を超えるものではなく、言説を絶するという点は終教にも含まれているとしている。また、『起信論』の体系の上からは、終教は依言真如、頓教は絶言真如にあたり、（生滅門と対比される）真如門の修行に相当するとしている（この理解は『華厳五教章』に基づく[16]）。なお、中国華厳宗の澄観以来、頓教を禅宗に比定するのが一般的であるが、禅宗に対する喜海の見解は、後に検討する。

終教と円教との差異については、次のように述べられている。

「衆生旧来入涅槃」云云。此れらを「一切衆生本来成仏」とも云ふ也云云。

信、申云、此の如くいはゞ、終教分に已に「旧来成仏」と云ふ。法華の気味もなきやう也。如何。

答。師云、法華以前は因車を説て果車を説かず云云。法華は果車を説く。仍て、此論等に衆生の仏性のそろい（ママ）たる方をいふ。則ち因車也。法華等は正しく「一切衆生悉皆成仏」と説。此れ果車也。此を以て異と為す。何ぞ気味なからんや。（十二本　一二下一〇～一八）

『法華経』は、華厳宗の立場からすると、円教の中の一乗同教に相当する（一乗別教が『華厳経』）。終教が仏因としての仏性の遍在を説くのに対して、円教では一切衆生悉皆成仏という仏果のすがたを説く、と見なしているのである。また、別の角度から以下のようにも述べられる。

「不離菩提樹」等は終教にも此の如くは云ひつべけれども、事にへて、こ、即ちかしこ、かしこ即ちこ、と云事を云はざる也。是れ事事円融の義を談ぜざるが故也。（六本　一九一上二三～二六）

喜海は円教の特質を「事事円融」に見出しているが、これは「諸法の事の全理なるを事の中にて見るが深き也」（十三本　四三下四～五）、「一乗は相を壊せずして諸法の因縁生を見る所に性が顕る、也」（十二末　一二下五～六）など「事」や「相」を重視する発言と符合する。つまり、終教は真如の「理」を説くが、それを具体的な「事」に即して顕す点に、円教の特質を見出しているのである。

（三）他宗観

他宗と言っても、天台宗や三論宗に対する言及はそれほど特色がない[17]。一方、浄土宗・禅宗（達磨宗）・真言宗などについては数も多く、喜海の思想的立場をよく表している。真言宗に関わるものは、項を改めて検討するので、ここではまず浄土宗に対する発言を見てみたい。

「林師、専修の輩、難につまるまじき事を示さるる次に（後略）」[18]（十三末　四九下三）とあるように、喜海は専修念仏者に高い評価を与えていない。専修念仏者の多くが遁世者であったことを考えると、以下の言葉は専修念仏者たちに向けられたものでもあろう。

近来、法門の理にそひて仏道に入り出離を求る者、惣てありがたき歟。籠居遁世と云も、経論聖教をば皆《み》な捨つ。あさましき事共也。（同上　四九下一〇～一三）

一方、喜海自身の浄土観・念仏観は、以下のようなもので、これは完全に明恵の理解を引き継ぐものである。[19]

「顕現法身本覚義也」云云。此れぞ実の成仏のやうにてある。浄土にても成仏は只此の如くあらむずる也。（十一本　二八二中一二～一三）

林師云、念仏三昧と云は即真如観也云云。

又云、念仏三昧、如何。

師云、諸仏の功徳を念ずる故に念仏と云也。

又問云、称名は念仏に入らずや。

師云、「称名は口業に属ず。心にあらざる故に、念仏に非ず」と清涼釈したまへり。又、称名は仏名をとなうる（ママ）故に念仏に摂と。（十五本　八一中一二～下二）

問。今の釈迦の土の如く穢の中の仏土に生ずる事もあるべしや。

答。若し生ぜば、此土則ち一向に浄土と見るべし。其前は更に穢土にはあるべからず。（中略）「若求如来正修行者、義無大小皆成仏果」と、いはるる也。其は内に仏性を具足し、仏の根欲性智に依て浄土にふつと生ずる也。聊も大乗に結縁しなんは廻心せず入寂する事はあるまじき也。うははらか念仏申て往生せんよりは、ここにて此の如く大乗正法を見聞して、一二万劫もさがりてまいるとも、浄土にては彼等が師をせずる也。（四末　一五〇中一二～一五）

浄土宗以上に多くの言及がなされているのは、禅宗に対してである。以下の引用に見るように、喜海は禅宗に対してはかなりの知識があったようである。

論「大智恵乃至真実識知義故」云云。今の義は達磨宗等に智・知の別を立るが如くにはあらず。浅深なき也。達磨宗は智をば浅く、知をば深しと思たる也。知と云は霊妙の義と云て、性の自性清浄にしてち（て？）りたるを知と云ふ。智と云は、此を知る能縁の智也。（十四本　六〇下一〇～一五）

禅宗の南宗の義には、「真如は本性きよきが故に、みがく事あるべからず。此れを観ずれば、を（ママ）のづからあらはる」等といふ。北宗は「本性きよしといふとも、鉱垢をさけずは、いかゞあらはれん」とて、みがく義也。（十四末　七四上一七～二一）

また、『起信論』の所説を禅宗的に理解している箇所もある。

論の「不依文字」と云は、心を以て心を伝ふと云ふ義なるべし。（十五本　七八上一二～一三）

喜海自身の禅宗観を示すものとしては、以下のような発言が挙げられる。

問。一生に四相をさます事あるべしや。

答。林師云、一生にさてはつるぞとや。ここより無量の僻見も起る事は出くる也云云。さてさます事は初心より一念に四相をさまし〳〵して登る也。近来の見性の御房達、我等があたり分をばさしおきて、をどりこえたる思を成せり我等が位を十地証位の如く思たりと云也。（十末　二七二上七～一二）

> 頓教・達磨宗等は此不動なる所の性へのみ入て相沙汰がなき也。（十一本　二八五上三〜四）
>
> 惣て俗智が深き也。真智は三賢の証位にかなはんとしたる処にこそ用なれ。地上已上は此真智を俗出して、俗中にて真を見たる、是を深しと云ふ也。達磨宗の深しと云は、俗の中にて、此俗諦の外に真諦があらばこそとて、俗をやりたるをきらい《（ママ）》たる也。其が、俗即真と云下には、又はらはる、義辺はある也。されば、此深しと云性離の義にては、対治離がなき也。大きに南北二宗に配するに、北宗は対治離が面に成り、南宗は性離が面に成りたる也。（十四末　六七下七〜一五）

これらの引用から喜海の禅宗観をまとめるなら、〝達磨宗に於いては、「相沙汰」や「対治離」の側面が欠けており、修行者の実際の修行段階を無視して、既に悟りを得たかのように見なしている〟ということになろう。逆に言えば、喜海の考える仏教に於いては、「性」「真諦」を認識するだけでは不十分であり、それに即して「相」「俗諦」が成立している構造の全体を認識することが必要であるということになろう。これは、先に見た「事」や「相」の強調と符合するものである。

これを『起信論』の体系に即して言い換えれば、真如門即生滅門という構造に於いて、生滅門に重点を置くかたちで、真如を理解するということになる。前項で引用した「諸法の事の全理なるを事の中にて見る」とは、こういうことに他ならない。ここから、既に指摘した喜海の真如理解の特質も説明できよう。すなわち、生滅門の一々が真如に即して成立していると考える以上、覚と無明を両極とする運動（生滅）自体に第一義的な意味はなく、生滅門はその全体が真如の顕現する様態と考えうる。この立場からすれば、生滅門が記述しているものは共時的な構造なのであって、その一要素としての無明も無始無終ということになる。また、真如観が「やすかりぬべき物」であるのは、このような真如理解を前提として、生滅する事物をそのまま真如と観ずるからである。

（四）真言宗と『釈摩訶衍論』

真言宗に対する認識は、基本的には明恵と同様、〝華厳宗と真言宗とは本質的には一致する〟というものである[20]。そして、その違いとして、〝実践面に於いて、華厳宗は意業に中心を置くのに対して、真言宗は身業・口業が中心である〟という点を挙げている（なお、註(22)参照）。

真言・花厳、三密平等の義は同じ。而に花厳は意業の方より意業を身・語に置て三密平等を云也。真言は身・語が本に成てある也。則ち印・真言を説て身・語の方より平等を作る也。顕宗は意遍を身・語に置て三輪平等を云ふ、此別はある也。（十四本　六三中一八～二二）

華厳・真言共に事の成仏なるに、其異と云は、華厳は言業遍の方より事成を談ず。真言は三業成転依成三秘密門の義にて是が深き也。（十四末　六七上二二～中一）

また、以下のように密教の字輪観についての言及もある。

諸字輪観に、𑖄字を中に置て、或は仏頂ともいふ事は、此の生滅の細相の尽る処《とこ》ろ、是仏なるが故に、諸字の麁生滅が中にて、不生なる義をあらわさんれ《（ママ）》うに、𑖄字流注生滅不可得の字を中にをき《（ママ）》て、不生の義をあらわす《（ママ）》也。本尊の種字を中に置事あり。其は、𑖄字を生滅に取て、此不生なる処は本尊の種字也とて、本尊の種字より入る也。或、𑖀字を中に置く事あり。其は、諸字の不生𑖀字なるが故に。或は、何にても初の字を中に置く事あり。（十三末　四四下六～一四）

生起の次第、無明に依て三細あるが故に、無明滅する時、三細滅すと云也。字輪観の順逆観の如し。（同上　四六中一一～一三）

真言宗に関わる問題で特記すべきは、『釈摩訶衍論（釈論）』の扱いである。本書は竜樹作とされる『起信論』の注釈書であり、空海以来、真言宗の中では重んじられているものである。『本疏聴集記』の中では、「律」という略称で呼ばれる人物が、しばしば『釈摩訶衍論』の所説に言及し、喜海と問答をしている。この「律」が如何なる人物であるか、詳細は分からないが、空海の『弁顕密二教論』にも言及しており[21]、真言教学に詳しい人物であったと推測される。喜海の講義には、高野山の僧である楽寂房[22]も参加しており、「律」もそうした真言僧であった可能性もある。喜海の発言を見ていくと、『起信論』所説と『釈摩訶衍論』所説との間に一定の距離を置こうとしているように見える。

「遍知」云云、『釈論』には「遍智」云云。仍《すなは》ち十遍四智を立る也。今の所釈に相違する也。（六本　一九〇上一四～一五）

業相の起動は起は真如、動は無明也。真如の起動せんとしたる所を起と云也。

律云、『釈論』に根本無明を業相の前に置く。其釈に、三子亡ずれば父亡ずと云云。根本無明を父にし三細を子にする也云云。

林師云、其の亡ずと云ふに義あるべし。死ぬとぞ多くは云はんずる。其が、今は只子と云事なければ、父と云ふ事なしと云ふにこそ。

律云、反流門の時に三細をすつるに、別に根本無明なき義を以て云ば、死とも心得可し。

師云、其も爾也。（十二末　一八中一三～下五）

律云、『釈論』には末那ありと見えたり。何処にあるぞと云ふに、其処分明ならず。然を、「言意識者即此相続識」論文。是こそ末那よと云也。智相相続を、されば末那と取る。（中略）

林師云、爾らば、第六識は何処あるべきぞや。海東の釈は、所依の末那を本として能依の第五（六？）をうらにして説たり。大師の御心は所依の末那をしたにかくして、能依の第六を面にして釈したる也。（十二末　二五上九～一九）

律云、『釈論』の建立に、真如門に能入機、生滅門能入機を別に立る事、如何（割注略）。

答。林師云、生生に約すれば頓なる者なしと云が故に、頓入の機と漸入の機とを分ちたるにこそ。

律云、上巻の真如門・生滅門の真如は、いかゞかわる《（ママ）》と云ふを、真如門の真如は理自ら理也。生滅門の真如は智自ら理也云云。

師云、「其理自理也」と云ふも、智がなくてはあるべからず。智を理と取て「自理也」と云也。即する能入を作れば智こそ入らぬ。（十三本　三二上一六～二四）

律云、『釈論』には真如門の機・生滅門機を分てり。

師云、其は、浄名の點（黙？）理を頓とし、卅二菩薩を漸と云が如きなるべし。六種性の利鈍の如くにはあらじ。（十四本　六〇中三～五）

律云、此文、『釈論』には、此を実にかくあらんずるにてはなくて、只教道ばかりにて、真如・生滅の二門各別して執する此執を遣らん為に此門あり、と見えたり。

師云、其の教道は、されば虚妄にてや。執を遣ると云は、此の如き処に釈する事、常事也。其の執を遣ては即生滅の寂する処は真如門へ入れんとする也。（十四末　六七上一六～二一）

明恵も以下のように述べて、『釈摩訶衍論』の所説と華厳宗の『起信論』解釈との相違については注意しているので、喜海の立場はこれを踏襲するものと言える。

「摩訶衍者惣説有二種」の論文、『釈摩訶衍論』は、「摩訶衍者惣也」と読む可しと聞へたり《ママ》。（中略）而を、此『釈摩訶衍論』、華厳の祖師、尤も用ゐる可きの処に、一切に末師等も之を引き用ゐず。仍て人、偽論と称す。（中略）今疏（『義記』）の意にては、惣説するに二種有りと読む可き也。（七末　二二一下九〜一五）

まとめ

以上、『本疏聴集記』に於ける喜海の所説を検討してきた。検討すべき問題は多いが、とりあえず、本章で指摘した範囲に於いて、喜海の華厳学の特徴をまとめてみたい。

喜海の立場は、『起信論』解釈に於いても、教判的立場に於いても、おおむね明恵を踏襲するものである。その上で、注目に値するのは以下の点であろう。

『起信論』解釈の問題としては、真如理解の在り方が挙げられる。真如門と生滅門とは一体であり、生滅門に於ける迷悟（覚と無明）はいずれも真如を根拠としているが故に、（真如が無始無終であるのに即応して）無始無終であるとされる。ここから「無明も無始無終である」という特徴的な言い方が出てくる。また、煩悩を断ずるというのは、煩悩それ自体を滅するのではなく、煩悩が真如に他ならないと覚ることであるとするのも、以上述べた理解に対応するものである。こうした立場は、『起信論』の体系を推し進めた場合の一つの帰結であって、必ずしも特異なものとは言えないかも知れないが、やはり「無明が無終である」との理解は特徴的である。注目すべきは、この理解と「真如観は、やすかりぬべき物也」という実践的立場との関連である。喜海に於いては、生滅門は静態的な構造として理解されており、無明が滅するということは考えられていない。実践の中心は、生滅即真如と覚ることに置かれている。すなわち、煩悩を漸次滅していって真如に達するというのではないわけで、この意味で「やすかりぬべき物」との判断が導き出されることになる。と同時に、こうした真如観の理解は、喜海の理解した南宗禅の立場（「真如は本性きよきが故に、みがく事あるべからず。此れを観ずれば、をのづからあらはる」）に近似している。喜海自身は禅宗には批判的であるが、にもかかわらず、真如の絶対性を強調する点で軌を一にしている。少なくとも観法に関する態度について言えば、生涯にわたって人法二空の証得を目指し様々な観法を実修した明恵とは、かなりの相違がある。明恵に発する高山寺系の華厳学は「実践的」と評されることが多いのであるが、生滅即真如を自明の前提とする喜海の立場は、実践的というより観照的性格が強いように思われる。『本疏聴集記』の所説だけから判断するのは危険であるが、この問題は、明恵の華厳学が高山寺に於いてどう伝承されたのかという点について検討すべき点があることを示唆していよう。

註

（1）喜海の生涯・著作については、田中［一九八二］「義林房喜海の生涯」参照。なお、他に「唯心義短籍」が『南都仏教』七号（一九五九年）に翻刻されている。

（2）『本疏聴集記』の成立・構成などについては、柏木［一九八二］参照。本書の解題としては、他に望月信亨『大乗起信論之研究』（東京・金尾文淵堂、一九二二年）第二篇「大乗起信論注釈書解題」中の該当箇所（二八〇～二八四頁）、日仏全(新)解題（高崎直道執筆）がある。以下、『本疏聴集記』の引用は日仏全(新)二七（七一～三〇一　巻一本～巻十一末）・同二八（一～九四　巻十二本～十五末）により、巻数と頁数・行数を記す。原文は漢文交りカナ表記であるが、カナは平仮名に改め、漢文部分は書き下すなど、表記を若干改めた。

（3）或る箇所の注釈で、喜海は以下のように述べている。「是等の故実は、やすきに似て大事也。此の如き故実を心得ずは、此論は、ふつと心得らるまじき也。くるり〳〵とつゞきて行たる様を釈する時《と》きに、此の如く云はでは、かなふまじき也」（十三末　四八下一～四）。ここに見られるような周到な姿勢は、喜海の注釈態度に一貫していると言えよう。

（4）『起信論』に「無始無明」（大正三二・五七六下一）とあり、明恵も「無明は真理に依止す。真理本有なれば無明も亦無始なり」（原カナ表記。『華厳唯心義』巻下　日仏全(新)三六・二三一中一〇～一一）と述べている。

（5）三細は無明業相・能見相・境界相、六麁は智相・相続相・執取相・計名字相・起業相・業繋苦相。

（6）明恵『華厳唯心義』巻下「此中、流転門、次第に任せて細より麁に至りて次第を列すと雖も、実に四相同時和合して起滅するを衆生と名く。更に前後時限差別有るに非るなり」（日仏全(新)三六・二三二上六～九）。四相（生住異滅）は三細六麁（ただし業繋苦相を除く）と対応関係を有するので、趣旨としては喜海の所説と同じである。

（7）第二部第四章参照。

（8）『起信論』「若修止者、住於静処、端座正意、不依気息、不依形色、不依於空、不依地水火風、乃至不依見聞覚知」（大正三二・五八二上一六～一八）。

（9）『漢文行状』巻下によれば、明恵は『起信論』によって真如観を修し、夢に七～八尺もの月輪が出現したことがあった。『行状』では「依二『起信論』真如生滅二門随流返流教門一、修二真如観一」（明資一・一三三・七）と表現されている。

（10）『華厳唯心義』巻下「『一切衆生は昔《むか》し本覚の都にあり。妄執にさそわれて今生死の凡夫と成る』と云ふ。空しく此邪言を吐きて、自損損他の大過を招く」（日仏全(新)三六・二三二上一五～一七）。

（11）「衆生を如去と名づくと云ふ事、本説、之を勘ふ可き也」（七本　二〇四下八～九）。なお、子璿『金剛経纂要刊定記』巻五に「衆生垢染但名如去。仏位清浄名曰如来」（大正三三・二二七中七～八）とある。

（12）五教は小乗教・大乗始教・大乗終教・頓教・円教。四宗は随相法執宗・真空無相宗・唯識法相宗・如来蔵縁起宗。

（13）第一部第五章参照。

（14）「弘法大師は法相よりは三論を深く立てられたり。其は、空を説く教なるに依て阿字本不生と云ふ真言教にとなれば（＝隣れば）、ふかく立らる、歟」（三末　一三五上一二～一四）。

（15）なお、本章（四）に引用した「律」と喜海との問答をも参照。そこでは、『釈摩訶衍論』に依拠して相続識を末那識とする「律」に反論し、あわせて元暁（海東）・法蔵（大師）の相違にも説き及んでいる。

(16)「又、如『起信論』中、約頓教門、顕絶言真如。約漸教門、説依言真如。就依言中、約始終二教、説空不空二真如也」(大正四五・四八一下六～八)。

(17) もっとも、湛然の『金錍論』に言及したり(一九四上二一～二三)、「三論に『理内修行は一念成覚す。理外の修行は三大僧祇を経』と」(十四本　六〇中一～二)と述べているので、知識がなかったわけではない。なお、諸宗の位置づけについては、下記の発言も参照。「華厳宗は法相・三論等の宗には親しき也。法花天台にうとし。其故は法相・三論等は論宗なる故に」(二末　一〇五下二三～二五)。第一部第五章三参照。

(18)「難につまるまじき」というのは、論難に負けないということであるので一見称賛しているようであるが、文脈から考えれば、「非学匠は理につまらず」(日蓮『諸宗問答鈔』『昭和定本日蓮聖人遺文』一・二九)、「非学者、論議に負けじ」(狂言『宗論』 大系四三・二三〇)などの成句同様、「専修の輩」はもともと無学なので、論争しても自分の非を認めない、という趣旨であろう。

(19) たとえば、念仏と称名との関係について、明恵『摧邪輪』巻上では、喜海同様、澄観の解釈に基づき、念仏三昧の本質は「真念」であって、称名そのものではないとする(旧仏教　三二八上一八以下)。また、浄土に往生することより、正法に結縁することを重視することは、『摧邪輪』巻中「此結縁徳、設雖㆑不㆑生㆑解、而能信向、以成㆓堅種㆒。(中略)設因㆓余過㆒堕㆓於三途㆒、聞経信力、速能証悟。(中略)外道闡提、雖㆔聞生㆑謗堕㆓於地獄㆒、一薫㆓耳識㆒、功不㆓唐捐㆒、終令㆑獲㆑益、乃至成仏」(旧仏教　三四六下一六～二一)とある。

(20) 明恵の真言宗理解については、第一部第四章・第五章参照。

(21) 以下の問答を参照。

律、問云、三世間の中の智正覚世間は人法の中には何哉。

林師云、恒には人に取る也。

律云、弘法大師の御釈には『二教論』、法に取れたる事あり。如何。(十二末　一九中三～五)

(22)「楽寂坊、高野山住侶也」(八末　二四五上一六)、「高野山一心院住楽寂房」(十末　二七二上一五)。なお、直接関係があるかどうかは分からないが、頼瑜『大日経疏指心鈔』巻四には以下のような記述がある。「一心院僧都云。故上人明恵房云。華厳一乗雖㆑明㆓三密平等義㆒、不㆑及㆓秘宗談㆒。所謂華厳雖㆑云㆓身語帰㆑心而平等㆒、全無㆘以㆓意密㆒帰㆗身語㆖。以㆓一心㆒為㆑本故。密宗不㆑然。意密亦帰㆓身語㆒。六大為㆑本故。故浅深大異矣」(大正五九・六二一上一四～一九)。

結論

結論として、本論全五部を貫くモチーフを浮き彫りにし、一つの明恵像を提示してみたい。

第一部では、修学期の明恵を中心として、同時代の思想との関係を見た。そこで明らかになったのは、教理の論理的一貫性を重んじる明恵の姿勢であった。華厳学や教判だけでなく、密教に於いても事相のみを重視する密教者への批判的態度は、このことを物語っていよう。密教と顕教との一致という明恵の立場も、この観点から考えることができる。

第二部では、明恵の実践の展開を、「人法二空による真如の顕現」という理念に基づいて考察した。これは、教判論に於いて、有・空の問題が大きな関心の的であったことに対応している。仏教の核心を人法二空に見出し、それを実現するための方途を見出そうとしたのが明恵の諸実践であり、この探求は観察主体自体を空とする仏光観によって一応の結末を迎えたのである。

第三部は戒の問題を扱ったが、第一章で示したように、ここには仏光観との深い関わりがある。自己を空と観ずる仏光観の実践は、戒による自己の清浄性と連関していたのである。

第四部で検討した『夢記』に端的に表れているように、明恵の行動にある種の宗教的直感やイマジネーションが働いていたのは事実であるにしても、それが明恵の全てなのではない。それを、理念的な言葉で分析し、さらに新たな実践を生み出していくという姿勢にこそ明恵の特色を見出せるのではないだろうか。

単なる理論家でもなく、単なる実践者でもなく、両方を往復しながら、それらを包括するような在り方こそ明恵の志向したところであろう。しかし、それが極めて困難な道であったことも事実である。

第五部で考察した喜海の華厳学は、明恵の志向するところとはかなりの違いを見せている。このことは明恵が希有な個性であることを示しており、後に「異端」と目されるにいたった遠因でもある。

それは逆に言うと、明恵の歴史的位置づけの難しさということにもつながる。明恵は中世仏教の様々な動向に関与しているが、直接的に後世に及ぼした影響は驚くほど少ない。明恵が何故に、いわば埋没してしまったのかを考えることは、中世以後の日本仏教の特質を考えることになろう。

柴崎［二〇〇三］は、今後の明恵研究の課題として、以下の四点を挙げている。

（一）『摧邪輪』『摧邪輪荘厳記』の研究

（二）明恵の密教思想の研究（五秘密、聞書類の内容、光明真言）

（三）明恵作とされる講式の研究

（四）『夢記』の研究

この問題整理に照らせば、本書は（一）（二）（四）の諸点について一歩を進めえたと言えるが、まだまだ残された課題は多い。とりわけ、（三）についてはほとんど取り上げることができなかった。また、明恵についてはいまだ公刊さえされていない資料も数多い。それらの地道な翻刻も必要である。

それは明恵個人についての研究にとどまらず、中世日本仏教、延いては日本仏教・日本文化そのものの正当な認識にとって必要な作業である。明恵はそれほどに中世仏教の諸方面に関与している。にもかかわらず、再度繰り返せば、明恵が「埋没した」思想家であることも事実である。今後の明恵研究はそのことにも答えうるものでなければばならないし、それは延いては日本仏教とは何かを問い返すことにもなるであろう。このような問題意識のもと、さらに研究を進めていきたいと思う。

引用文献略称

旧仏教　鎌田茂雄・田中久夫校注『鎌倉旧仏教（日本思想大系一五）』東京・岩波書店
山外本　高山寺以外で収蔵される『夢記』諸本。小林他［二〇〇八］の目録番号を付す。
上人集　久保田淳・山口明穂校注『明恵上人集』東京・岩波書店（岩波文庫）
真全　『真言宗全書』
新大系　『新日本古典文学大系』東京・岩波書店
図版目録　京都国立博物館編『京都国立博物館蔵品図版目録　書跡編　日本』京都・京都国立博物館
高古　高山寺典籍文書綜合調査団編『高山寺古文書』東京・東京大学出版会
大系　『日本古典文学大系』東京・岩波書店
大正　『大正新脩大蔵経』
聴集記　納富常天校注『解脱門義聴集記』（金沢文庫研究紀要四）神奈川・神奈川県立金沢文庫
伝記集成　奈良国立文化財研究所監修『西大寺叡尊伝記集成』京都・法藏館
日蔵（新）　『日本大蔵経』（新版）
日仏全（新）　『大日本仏教全書』（新版）
卍続　『卍続蔵経』台北・新文豊出版公司
明資　高山寺典籍文書綜合調査団編『明恵上人資料』（第一〜第五）東京・東京大学出版会

参照文献

荒木　浩編［二〇〇二］『〈心〉と〈外部〉――表現・伝承・信仰と明恵『夢記』――』大阪大学大学院文学研究科広域文化表現論講座共同研究研究成果報告書
石井　教道［一九二八］「厳密の始祖高弁」『大正大学々報』三→明恵上人と高山寺編集委員会編［一九八一］に再録
石田　瑞麿［一九五〇］「平安中期における在家信者の受戒精神の展開」『仏教史学』四→石田［一九八六］に再録
［一九六三］『日本仏教における戒律の研究』東京・在家仏教協会（再刊　東京・中山書房　一九七六年）
［一九八六］『日本仏教思想研究2　戒律の研究　下』京都・法藏館
［一九九五］『女犯――聖の性』東京・筑摩書房
石田　充之［一九六六］『鎌倉浄土教成立の基礎研究』京都・百華苑
磯部　彰［一九九七］「『大唐三蔵取経詩話』と栂尾高山寺――鎌倉時代における唐三蔵物語の受容――」『東北アジア研究』一号→磯部［二〇〇七］に再録
［二〇〇七］『『西遊記』資料の研究』仙台・東北大学出版会
今谷　明［二〇〇一］「平泉澄と権門体制論」上横手編［二〇〇一］所収
岩田　親静［二〇〇〇］「明恵房高弁の「宗」の観念について」『印度学仏教学研究』四九・一
［二〇〇三］「明恵と『菩提心論』」『印度学仏教学研究』五二・一
［二〇〇四］「『菩薩戒幷沙弥戒伝授記』について」『印度学仏教学研究』五三・一
上横手雅敬［一九八九］「貞慶をめぐる人々」『日本の宗教と文化（平松令三先生古稀記念論集）』京都・同朋舎出版
上横手雅敬編［二〇〇一］『中世の寺社と信仰』東京・吉川弘文館
大隅　和雄編［二〇〇〇］『中世の仏教と社会』東京・吉川弘文館
大竹　晋［一九九八］「如心偈を事事無礙とみる解釈のこと」『印度学仏教学研究』四七・一
［一九九九］「「本覚の都」考」『日本文化研究（筑波大学大学院博士課程日本文化研究学際カリキュラム紀要）』一〇

奥田　勲［一九七八］『明恵――遍歴と夢――』東京・東京大学出版会
［一九八〇］「明恵上人関係典籍の奥書・識語について――附・明恵上人夢記第十篇錯簡考――」高山寺典籍文書綜合調査団編［一九八〇］所収
小原　仁［二〇〇〇］「九条家の祈禱僧――智詮を中心に――」大隅編［二〇〇〇］所収
柏木弘雄［一九八二］「明恵上人門流における華厳教学の一面――『起信論本疏聴集記』をめぐって――」『仏教教理の研究（田村芳朗博士還暦記念論集）』東京・春秋社
鎌田茂雄［一九七一］「南都教学の思想史的意義」旧仏教「解説」
［一九七三］「日本華厳における正統と異端――鎌倉旧仏教における明恵と凝然――」『思想』五九三
［一九八一］「覚洲鳩の華厳宗史観」『東洋文化研究所紀要』八六
龜田　孜［一九五九］「華厳縁起について」『華厳縁起（日本絵巻物全集７）』東京・角川書店
河合隼雄［一九八七］『明恵　夢を生きる』京都・京都松柏社
木村清孝校注［一九七五］『華厳信種義聞集記』『金沢文庫資料全書』二　神奈川・神奈川県立金沢文庫
窪田高明［一九八四］「明恵試論」竹内整一・西村道一・窪田高明編『日本思想史叙説』第二集　東京・ぺりかん社
グュルベルク、ニールス［一九九八］「明恵作『持経講式』について」『大正大学綜合仏教研究所年報』二〇
黒田俊雄［一九七五］『日本中世の国家と宗教』東京・岩波書店
高山寺典籍文書綜合調査団編［一九八〇］『高山寺典籍文書の研究』東京・東京大学出版会
小泉春明［一九七九］「明恵周辺――仏光観の実践を中心として――（上）」『南都仏教』四二
［一九八〇ａ］「明恵周辺――仏光観の実践を中心として――（下）」『南都仏教』四五
［一九八〇ｂ］「明恵上人の仏光三昧観に於ける光明真言導入に関して」高山寺典籍文書綜合調査団編［一九八〇］所収
小島岱山［二〇〇〇］「五台山系華厳思想の日本的展開序説――明恵に与えた李通玄の影響――」『印度学仏教学研究』四八・二
小林あづみ他［二〇〇八］「「明恵上人夢記」目録」『国文』一一〇号
小林実玄［一九六九］「明恵の実践仏教について」『印度学仏教学研究』一八・一

小林太市郎［一九四六］『禅月大師の生涯と芸術』東京・創元社
小松　茂美編［一九七八］『華厳宗祖師絵伝（華厳縁起）（日本絵巻大成一七）』東京・中央公論社
小宮　俊海［二〇一一］「明恵の即身成仏観について――明恵門下聞書類を手掛りとして――」『智山学報』六十輯
坂本　幸男［一九五六］『華厳教学の研究』京都・平楽寺書店
柴崎　照和［一九八七］「明恵上人の実践観と「仏光観法門」」『仏教学』二一→柴崎［二〇〇三］に再録
［一九九一］「明恵と仏光三昧観――実践観から見たその受容の理由及び背景――」（一）『南都仏教』六五→柴崎［二〇〇三］に再録
［一九九二］「明恵と仏光三昧観――実践観から見たその受容の理由及び背景――」（二）『南都仏教』六七→柴崎［二〇〇三］に再録
［一九九七］「明恵における修学と華厳教学」『密教文化』一九七→柴崎［二〇〇三］に再録
［二〇〇三］『明恵上人思想の研究』東京・大蔵出版
島地　大等［一九三三］『日本仏教教学史』東京・明治書院
下間　一頼［二〇〇二］「貞慶像の形成――戒律実践の真相――」中尾堯編『中世の寺院体制と社会』東京・吉川弘文館
白洲　正子［一九六七］『栂尾高山寺　明恵上人』東京・講談社
末木文美士［一九九三］『日本仏教思想史論考』東京・大蔵出版
［一九九八］『鎌倉仏教形成論――思想史の立場から――』京都・法藏館
鈴木　善鳳［一九九四］「選択本願の意味するもの――『摧邪輪』の批判を通して――」『武蔵野女子大学仏教文化研究所紀要』一二
平　雅行［一九九二］『日本中世の社会と仏教』東京・塙書房
高峯　了州［一九四二］『華厳思想史』京都・興教書院
竹中信常・水谷幸正編［一九八四］『法然浄土教の綜合的研究』東京・山喜房仏書林
舘　隆志［二〇一〇］『園城寺公胤の研究』東京・春秋社
田中　貴子［一九九三］『外法と愛法の中世』東京・砂子屋書房
［二〇〇三］『『渓嵐拾葉集』の世界』名古屋・名古屋大学出版会

田中　久夫［一九六二］『明恵』東京・吉川弘文館
［一九七六］「講義聞書にみられる明恵上人の思想」『千葉大学教育学部研究紀要　第一部』二五→田中［一九八二］に再録
［一九七七］「講義聞書にみられる明恵上人の思想（続）」『千葉大学教育学部研究紀要　第一部』二六→田中［一九八二］に再録
［一九八二］『鎌倉仏教雑考』京都・思文閣出版
竺沙　雅章［一九九五］『范仲淹』東京・白帝社
塚本　善隆［一九七五］「嵯峨清涼寺史　平安朝篇」『塚本善隆著作集』第七巻　東京・大東出版社
辻　善之助［一九二一］「明恵上人」『歴史と地理』七・五→明恵上人と高山寺編集委員会編［一九八一］に再録
土谷　恵［二〇〇三］「春華門院の追善仏事」『明月記研究』八
土井光祐編著［二〇一〇a］『鎌倉時代法談聞書類の国語学的研究　影印篇（一）』東京・汲古書院
［二〇一〇b］『鎌倉時代法談聞書類の国語学的研究　影印篇（二）』東京・汲古書院
土井光祐・金水敏［二〇〇二］「高山寺蔵「観智記」鎌倉時代中期写本・解題並びに翻刻」『實踐國文學』六一
中野　達慧［一九三一］『明恵上人と其師資』京都・高山寺
中村　薫［一九九一］「明恵『華厳信種義』について」同著『華厳の浄土』所収　京都・法藏館
仲村　研［一九六三］「神護寺上覚房行慈とその周辺――寺院と武士団――」『文化史学』一七
西山　厚［一九八一a］「明恵研究序説――顕密の行者としての明恵――」『芸林』三〇・二
［一九八一b］「明恵の思想構造」『仏教史学研究』二四・一
野村　卓美［一九八八］「明恵作『華厳唯心義』試論――引用典籍をめぐって――」『北九州大学　国語国文学』二→野村［二〇〇二］に再録
［一九九一］「明恵作『大方広仏華厳経中唯心観行式』試論」『北九州大学　国語国文学』五→野村［二〇〇二］に再録
［一九九二］「明恵説話の変容――『古今著聞集』の明恵説話を中心に――」『国語国文』六一・一一→野村［二〇〇二］に再録

野呂　靖［二〇〇二］『明恵上人の研究』大阪・和泉書院
［二〇〇六］「明恵の顕密観――五秘密与五聖同体説を中心に――」『印度学仏教学研究』五四・二
［二〇〇七a］「明恵門下における『即身成仏義』解釈――高信撰『六大無碍義抄』上巻翻刻――」『佛教學研究』六二・六三合併号
［二〇〇七b］「中世華厳教学における浄土義解釈」『印度学仏教学研究』五六・一
袴谷憲昭［一九九七］「明恵『摧邪輪』の華厳思想」鎌田茂雄博士古稀記念会編『華厳学論集』東京・大蔵出版
［一九九八］『法然と明恵――日本仏教思想史序説――』東京・大蔵出版
［一九九九］「法然親鸞研究の未来――松本史朗博士の批判に対する自叙伝的返答――」『駒澤短期大學佛教論集』五
平岡定海［一九六〇］「日本弥勒浄土思想展開史の研究」同著『東大寺宗性上人之研究並史料』（下）東京・日本学術振興会
平野多恵［二〇〇四］「明恵と尼僧たち」奥田勲編『日本文学　女性へのまなざし』東京・風間書房→平野［二〇一一］に再録
［二〇一一］『明恵――和歌と仏教の相克――』東京・笠間書院
平野多恵・小林あづみ・奥田勲［二〇〇九］「「明恵上人夢記」新出資料紹介」『十文字国文』一五号
平野多恵・前川健一［二〇一〇］「建久十年四月十八日条「明恵上人夢記」翻刻と注釈」『十文字国文』一六号
平松令三［一九九八］『親鸞』東京・吉川弘文館
福原隆善［一九八四］「法然歴訪の学匠」竹中・水谷編［一九八四］所収
藤丸　要［二〇〇六］「凝然と東大寺」『龍谷紀要』二八巻一号
ブロック、カレン［一九八八］「義湘絵における善妙の描写――その意義と受容――」（原口志津子訳）『佛教藝術』一七六
堀池春峰［一九六七］「明恵上人『夢の記』について」奈良地理学会編『奈良文化論叢』奈良・堀井先生定年退官記念会
松尾剛次［一九九八］『〈新版〉鎌倉新仏教の成立――入門儀礼と祖師神話――』東京・吉川弘文館
松本史朗［一九九八］「書評　袴谷憲昭著『法然と明恵――日本仏教思想史序説――』」『駒澤大學佛教學部論集』二九
三田全信［一九七四］「法然上人の戒観史考」『仏教思想論叢（佐藤密雄古稀記念）』東京・山喜房仏書林→森編［一九九九

三〕に再録
道端　良秀〔一九八三〕『羅漢信仰史』東京・大東出版社
　〔一九八五〕『中国仏教史全集』巻八（羅漢信仰史）東京・書苑
明恵上人と高山寺編集委員会編〔一九八一〕『明恵上人と高山寺』京都・同朋舎出版
村上　素道〔一九二九〕『栂尾山高山寺　明恵上人』京都・栂尾山高山寺
毛利　久〔一九五五〕「運慶・快慶と高山寺・十輪院」『史迹と美術』二五五→明恵上人と高山寺編集委員会編〔一九八二〕に再録
森　章司編〔一九九三〕『戒律の世界』東京・渓水社
山田　昭全〔一九六四〕「僧文覚略年譜考」『立教文学』一二
　〔一九七三〕「神護寺聖人上覚房行慈伝考」『高僧伝の研究（櫛田博士頌寿記念）』東京・山喜房仏書林
　〔二〇一〇〕『文覚』東京・吉川弘文館
湯浅　治久〔二〇〇九〕『戦国仏教――中世社会と日蓮宗――』東京・中央公論新社
湯次　了榮〔一九二七〕『華厳大系（増訂四版）』京都・龍谷大学（再刊　東京・国書刊行会　一九七五年）
横内　裕人〔二〇〇二〕「高麗続蔵経と中世日本――院政期の東アジア世界観――」『仏教史学研究』四五・一→横内〔二〇〇八〕に再録
　〔二〇〇八〕『日本中世の仏教と東アジア』東京・塙書房
吉津　宜英〔一九八五〕『華厳禅の思想史的研究』東京・大東出版社
吉原シケコ〔一九七六〕『明恵上人歌集の研究』東京・桜楓社
米澤実江子〔二〇〇六〕「『荘厳記』について」『佛教大学総合研究所紀要』別冊「浄土教典籍の研究」
　〔二〇〇九〕「『摧邪輪』における「以聖道門譬群賊過失」についての一考察」『佛教大学総合研究所紀要』一六
和歌山県立博物館編〔一九九六〕『明恵――故郷でみた夢――』和歌山・和歌山県立博物館

Girard, F. [1990] *Un moine de la secte Kegon a l'epoque de Kamakura, Myoe (1173–1232)*, École française d'Extrême-Orient, Paris.

Lévi, S. et Ed. Chavanne [1916] Les seize Arhat protecteurs de la loi. *Journal asiatique*, 11e série tome 8 nos. 1–2.

Tanabe, G. [1991] *Myōe the Dreamkeeper: Fantasy and Knowledge in early Kamakura Buddhism*, Harvard University Press, Cambridge and London.

Unno, M. [2004] *Shingon Refractions: Myōe and the Mantra of Light*, Wisdom Publications, Boston.

初出一覧（他は書き下ろし）

第一部
第一章〈補論〉「文覚の没年について——明恵関連資料からの再検討——」第五十五回智山教学大会（別院真福寺）で口頭発表、二〇一一年五月二十一日
第二章「景雅・聖詮の華厳学と明恵」『印度学仏教学研究』四八巻二号、二〇〇〇年
第四章「聞書類に見える明恵の密教思想」『印度学仏教学研究』四九巻一号、二〇〇〇年
第五章「明恵の教判説について」『東洋哲学研究所紀要』一四号、一九九八年

第二部
第二章「明恵と『大乗起信論』」『印度学仏教学研究』四七巻一号、一九九八年
第三章一「摧邪輪」日本仏教研究会編『日本仏教の文献ガイド』京都・法藏館、二〇〇一年
第三章二「明恵と「本覚思想」——袴谷憲昭氏の所説を手がかりとして——」『東洋哲学研究所紀要』一五号、一九九九年
第三章三「明恵『摧邪輪』における「以聖道門譬群賊過失」」『東洋哲学研究所紀要』一三号、一九九七年
第三章四「『摧邪輪荘厳記』について」『印度学仏教学研究』四六巻一号、一九九七年
第四章「明恵に於ける宗密の受容」『印度学仏教学研究』五〇巻二号、二〇〇二年

第三部
第一章「「明恵＝一生不犯」説をめぐって」『仏教学』四三号、二〇〇一年
第二章「治病者としての明恵——修法から授戒へ——」『死生学研究』二〇〇五年春号、二〇〇五年
第三章「『栂尾説戒日記』に於ける明恵の思想」『東洋哲学研究所紀要』一七号、二〇〇二年

第四部
第一章「明恵（高弁）の羅漢信仰について——新出『夢記』を中心として——」『智山学報』六〇輯、二〇一一年
第五部
第一章「日本華厳宗の正統と異端・再考」「シンポジューム　南都仏教の中世的展開」（大谷大学真宗総合研究所）で口頭発表、二〇〇六年十月六日
第二章「真如観はやすかりぬべき物也——『起信論本疏聴集記』に於ける喜海説——」『東アジア仏教——その成立と展開——（木村清孝博士還暦記念論集）』東京・春秋社、二〇〇二年

付録（資料紹介）

『納涼房談義記』翻刻

（はじめに）本書は、明恵が神護寺納涼房で『菩提心論』を講義した際の聞書である（慶應義塾大学三田メディアセンター所蔵。全十五紙）。明恵の密教観や仏教全般の知識をうかがう上で重要な記載が含まれている。本書については既に、岩田［二〇〇三］・小宮［二〇一二］に一部翻刻され、内容についても検討されているが、これまで全体の翻刻はなされていなかった。読解にあたっては、平野多恵氏をはじめ多くの方々よりご教示いただいた。記して感謝申し上げたい。猷然は徳治二年（一三〇七）五月三日に神護寺成身院で『不空三蔵表制集』を書写していることが知られる（同書奥書、大正五二・八六〇下一二～一四）が、『納涼房談義記』も同時期に写得されたのではないかと推定される。【菩提】などは、原文では略字を使用していることを示す。〈　〉内は割註である。文字の大小は前川の判断に基づく。

（一オ）　　　　神護寺成□□□（身院經）藏本

猷然

（二オ）

納涼坊談義記〈【菩提】心論／嘉禄元年九月四日〉　　嘉禄元年九月四日於神護

寺納涼房傳法會被始之

（一ウ）　　　　所談

【菩提】心論
學頭
梅尾上人御房
學衆
禎遍　聖範不參　隆詮
玄暁　隆弁
〽金剛頂瑜伽中等　可有六種尺
剛即金持業金剛之頂依主金
（二ウ）
剛頂即瑜伽持業　金剛瑜伽之
中依主如此有六種尺
金剛頂□□（瑜伽）中等題ハ金剛界ニ
可限欤金剛□云ハ智義也【菩提】心
者智惠也胎藏界理也義分シテ
強ニ胎藏ヲ取ト思ハ其モ又无違
〽大阿闍梨云者問律中和上阿闍
梨ト云テ和上大師阿闍梨小師也

何閣《サシヲキテ》大師擧小師耶
答阿闍梨者細々威儀法則ヲ
授ル師也乃至剃手等ニモ通ス
然ニ眞言教ハ事相ヲ細々授ヲ
爲旨故大師阿闍梨ト云テ此ヲ以テ
（三オ）
大師トスル也
〽上根上智者上根ハ信等五根上智ハ
此五根ノ中ノ惠心所也
無惑者　无迷惑也
〽不樂外道二乘法者　種々異説アリ
上タル教ニテ見下テ余教ヲ外
道ト云ハム事更無ニ難一雖然數論
勝論等ヲ云ハ可宜欤　又二乘ト云ニ
大小二乘ト云事アリ雖然打任
タル義ニテ□（聲）聞縁覺ヲ二乘ト
云ム事可然欤　花嚴宗超二乘地

云事ヲ尺スル二二乗ノ言ノ中ニ置
大乗超三乗地云事アリ此ノ言ニ
（三ウ）
准テ云ハ大小二乗ト云□依憑□□ル
ヘシ雖然此ハ一家ノ尺也
〽大度量者□(智)恵能也
〽勇鋭无惑者勇猛也無惑ハ無
迷惑也
〽魔宮振動者　魔宮ハ邪道
業果也有ハ人修六ハラ宀(蜜)第六
天广(魔)王其一也住邪心修故生邪
道修六度故广(魔)王ト成ル依邪道
故生广(魔)宮尺迦ハ如實修給故成
佛ス魔宮ハ邪道極ナリ【菩提】心ハ
佛道極其極位寄合時節ハ振
動スル也當此時十方諸佛證知給フ

（四オ）
〽常在人天受勝快樂事如何
瑜伽中諸【菩薩】成テ不至大日位サテ
有ナムト思者有歟
唯眞言教中即身成佛顯教
中不説之歟凡顯教小乘等マテモ
成佛スル定ハ皆即身成佛也
即身成佛ハ從何位論之乎遇
此教人不論前生結縁即身成佛
スル歟
凡眞言教ハ十地ヲ好テ立テ不論
地前其故ハ十地ハ眞如ヲ證スル位也
同ク地位ヲ云ヘクハ證位ヨリ立ト云テ
分證ノ位ヲハ明昧ニ隨テ初地二地等ト
立テ滿位ノ佛果ト立ル也雖然
（四ウ）
地前ヲ不二ニハ立非ス大日經ニモ奥サマニ

皆地前支位見タリ顯教ハ委
立之故地前ノ位ヲ分明□立タリ
〽一切智者證眞如智眞如ハ遍一切法
故證此理時一切ノ法ヲ知ル也自然
智□（ト）自悟智也不從他也自然智ハ
通達位也無㝵智心無㝵智也

五日

〽外道二乘法者　外道ト云言ニ顯
教諸乘皆可攝云事甚非也
凡外道者背如来法印名也即
（五オ）
數論六句義立勝論廿五諦ヲ
立有大有性諸法ヲ令有因縁
有テ諸法ヲ令有トハ不云此等
背如来法印故外道ト云ヘシ
楞伽經中有廿種外道即小
乘廿卩（部）也此ハ義説シテ小乘ヲ
外道ト云人空法有ト云カ故人法
二空ヲ立ル法印ニ背カ故外道ト云
ヘシ同二空ヲ説ヨリハ更不可有外
道之義也
若擧一不可一外道ノ名ヲ得ハ金剛
界ノ大日ニ對テ胎藏ノ大日ヲ外道
ト云欤胎藏大日ハ不具智故也
（五ウ）
米齋ヲ又名鳩鵲外道是數論也
惜暇故不乞食夜出人家飲食落
散拾テ食ス國人貴之故衢設食
夜出食之夜出似鳩鵲鳥因爲名也
秘密主遍一切處加持力故巡歷諸
趣常在佛會云々
此モ常在人天等ト同事也常在人天
ト見ハ凡夫所見也佛見前ニハ更不

死即行者觀智ノ前也異熟依身ハ
爛壞ス此ハ人所見也
〽常在人天受勝快樂事即身成
佛スル人在人天受快樂也即身
成佛ト云ハ一座觀智徹佛境時
自身同大覺位不限自身所依國
（六オ）
土皆成密嚴國土余人不見之
出觀時本人也入觀時即身成佛
ト云也此人在人天受快樂也不限
此在々所々トモ云ヒ又生々世々トモ
云フ常事也大日經密印品ニモ
世々生々トモ云フ皆觀智純熟
人報也〈ハ大悉地ヲ得テ周遍法界ニテ／自他見位ニモアルヘ
シ〉
〽於諸教中闕而不書ト云ハ三密具
足成佛ハ諸教闕セリ翫一心利

刀顯教振三密金剛密藏云々
顯教ハイカサマニモ身語ヲ空テ一心ニ
歸スル也
反《(變)》易生死ト云ハ微細生滅第八識ヲ
爲躰第八識中ニハ業相爲躰尺論
（六ウ）
抄三細梨耶反《(變)》易躰也云ハ惣相
シテ第八識ト云フ再論尅躰時ニハ
可限業相反《(變)》易ト云名言ハ此生死
躰無漏爲因無明爲縁其躰勝妙也
眞如□相副《ソヘ》ヘリ眞如ノ常住ニ翻テ
反《(變)》易スレバ反《(變)》易生死ト云フ此反《(變)》易
生死ヲ受ニ種々ノ差別アリ地上
【菩薩】ハ其身瑠璃《(瑠璃)》頗梨也他受用身
同之意生身ト云是也他受用身受
反《(變)》易云事如何
答清涼大疏第四欤反《(變)》易身從初

至佛地云々
意生身ヲ尺スルニ意識速疾縁
惣今此身モ速疾也故譬意云々

（七オ）

普通ニハ従意生スレハ名意生身
然今尺不審也　又此疏云此反(變)易
身ヲ名反(變)易不名生死云々　此事
又不審也反(變)易ナラムニハ何不云生
死耶　能可尋之
〽入無余二乘ハ滅盡三昧ニ入ル〈非九次／第定〉
〈中滅定殊／勝定也〉此間ハ七八二識生滅也微
細生滅ニシテ如无色界有情廻心
聲聞ハ同法者前示現【涅槃】ト云テ入
【涅槃】ノ相ヲ示テ人天等モ不見之此ハ
神□也如此ノ一シテ増壽反(變)易シテ
三大僧祇ヲ送ル也
反易□(生)死凡夫受之二乘受之云事ハ

（七ウ）

分修□□(伏時)也反(變)易顯ル丶也
入無余間遍空諸佛驚覺ヲ蒙
テ廻心ストト云大師尺不得其意入
無余間ハ七八二識許有テ驚覺ヲ
可知事無之无色界衆生説法化
導事無カ如ク
〽無余衆生界一切衆生者　無余衆生
ト云ハ惣標也一切衆生者尺成也ノコ
ス事無ク一切衆生ヲトルト云事也
花嚴宗衆生形世界ヲ云ニ衆生
身中八万戸虫ハ衆生ヲ以テ所依ノ
國土トス以此思ニ無余衆生界ト云ハ
惣ノ衆生也一切衆生ト云ハ無余
衆生界ノ中ノ衆生ト云事也
〽従凡入佛位者亦超十地【菩薩】境

（八オ）

界者秘藏記所行々非所得果云々
一座観智佛境《ニ》徹《ル》時大日位《ニ》
至《ル》其後出観同凡夫㆒故所行々
ト云也顯教中《ニ》四位《ノ》證《アリ》信位《ニ》
佛果ヲウルヲ初發心時便成正覺《ト》
云カ如《ク》眞言ノ即身成佛《ハ》信位《ノ》
即身成佛《ナルヘシ》
〽前以相説今以旨陳等者　權教《ニハ》
相性別《ナリ》□《ハ》相《ヲ》談《スルニハ》性《ヲ》カネス
別教一乘性相無㝵《ナリ》次第行
布《ハ》相ヲ談《シ》円融相攝《ハ》性《ヲ》談《ト》
云事甚非也円融相攝《ノ》時《ニモ》
殊《ニ》相《ヲ》旨トスレハコソ事々無㝵《ノ》
道理ニテアレ眞言教モ亦如此名

（八ウ）

事相□甚深《ノ》義《ト》スル者也轉識
得智《ノ》如《ハ》瑜伽唯識等性相也此《ヲ》
以テ甚深《ニ》ナスヲ眞言教《ト》㆒云也
喩善士砂塵等ヲ以《テ》惣形《ヲ》
作リ立ル如シ
〽但具此心者能轉法輪自他倶利
者轉法輪《ハ》必不限佛果如上心《ヲ》
具ル者衆生ヲ化スヘケレハ轉法輪□（云）也
胎藏《ノ》入佛三マヤハ信位　法界生《ト》㆒云《ハ》
十住眞實法生《ス》轉法勢ト㆒云ハ十地也今《ノ》
能轉法輪《ト》㆒云是也
〽無我法中有眞我者　浄樂常我《ノ》
四倒《ヲ》治《テ》苦空無常無我《ノ》四行
□爲《ス》是《ハ》小乘也此《ノ》四行《ヲ》空《テ》
常樂我浄ノ四德《ヲ》立《ッ》是《ハ》大乘也

（九オ）

眞我ト㆒云ハ【涅槃】ノ自在《ノ》德也
已上論文被引事《ハ》初心極位《ヲ》□□（引）
ス事《ヲ》證《セムカ》爲也

〽本有薩埵者本有ノ【菩提】薩埵《ト》云
事也言略スレトモ義必具足《スル》也
〽観日月輪者　爲破愚痴闇令観
日月輪也此中《ニ》日輪観《ハ》少分也
〽悉含普賢之心者　人解行《ノ》
三《ノ》普賢《アリ》含普賢之心云テ
如来心《ヲ》含スト不云事《ハ》如来《ノ》位《ハ》
等覺【菩薩】尚不能知果分不可説也
因分可説《ノ》果分《ヲ》普賢《ト云フ》
行者所知《ノ》分齊《ニ》當《カ》故《ニ》

（九ウ）

普賢《ノ》心《ト》云フ善財善知識
ニモ見因廣大相《ノ》知識《ト云ハ》普
賢也因廣大《ト》云《ハ》果分ヲ取テ
因位《ニ》置也初文殊《ノ》信智ヲ
起《テ》終《ニ》普賢《ノ》理《ニ》入現身
成佛ト云ハ是也

〽三广（摩）地【菩提】心者勝義《ノ》智惠無自
性観門《ヲナシ》行願大悲縁衆生
此《ノ》悲智ヲモテ心ヲ餝《テ》三广（摩）
地《ノ》行《ニ》住《スル》也必シモ非修惠聞
思相應攝論意言无分別観
等也

（十オ）

〽五方佛位各表五智等者顯教《ハ》
十方皆空《ニシテ》智眼《ノ》前《ニハ》東等
西等ノ方角无シ今眞言《ハ》方角《ヲ》
以テ爲五方佛位《ト》云モ五帝龍王
五帝夜叉等《ノ》陰陽ノ作法《ト》同《ス》
陰陽《ハ》我法分別前《ノ》五方也
大乘《ニハ》空之眞言《ハ》還テ先《ノ》
所空《ノ》方角《ニ》付テ立ツ方角《ヲ》
取《トリ》捨《ハ》非空方角有リ此《ハ》
因縁生ノ故有《ノ》道理《アリ》縁

生ナレハ又空也〈實教大乘／亦同〉然眞
言教ハ即事而眞ニシテ火ト思ヘハ眞ニ
※「ニシテ」は「眞」の右傍に後補。
（十ウ）
火ニテヤカテ物ヲ焼顯乘ハ観
門ノ前ニハ然レトモ事ニ歴テ不
燒眞言事々法ニ歴燒或??洞所
謂[illegible][illegible]等也眞言ニテ見下ハ
五帝龍王五帝藥叉ト五方佛
位ト同也大日等流身也陰陽師
上ヘ見上テ五方位也云ハ、我法分
別中ニ取故邪見也
大円鏡智成○所作智□佛果得之
※「成」は別字の上に重ね書き。
余二智ハ因位得之
〽十六大【菩薩】者見道十六心也
故不空仁王般若陀羅尼尺
（十一オ）
中如此云ヘリ聲聞乘ハ有
作四諦也今无作四慢也四
諦ト云ハ四佛也大日ハ无余
【涅槃】也聲聞无余【涅槃】ハ灰断テ
盡ヌ大日不然方便究竟シテ
化度ノ行ヲ成ス苦諦四行ハ
四親近【菩薩】也集諦等亦如此
阿閦四親近ハ阿閦ヲ造ル【菩提】
心門佛ナレハ初地ノ浄【菩提】心ニ入テ
【菩提】心躰ヲ金剛サタト云フ此【菩提】
心自在□□王ト云フ【菩提】心ヲ起テ
（十一ウ）
諸佛ニ愛セラル愛セラレテ
善哉ト歎セラル寶生尊ハ【菩提】
心ノ寶ヲ得ゥ故寶也此寶
光アリ此寶ヲ幢《ハタホコノ》上置ク寶

ヲ雨テ咲《エム》已上行也行満テ法ヲ
説ク法ハ所説ノ法利ハ利益
已上能々可尋之
如此四【菩薩】ヲヨセアハセテ一佛トス
此四佛大日ヲ成ス佛以佛
眷屬トセサレハ四ハラ密ヲ生シテ
大日ノ眷屬トス見道位ニ十六心
アリ今眞言ノ初地ニ入テ十六大
（十二オ）
【菩薩】ノ功徳有ルヘシ
問初地ニ具テ第二地等ニハ不具之
歟
初地以後ノ位ハ可有歟不可有
歟沙汰今一定事也
〽於心質中有一分浄性者　心質者
質多心也心ト云フ漢語ト質多ト
云フ梵語ト相合擧也一分浄性ト
云ハ第八識ノ中ノ浄分也此浄分ヲ
分出シテハ第九識ト云フ染浄合
シテハ第八識ト云也
〽金剛拳位衆行円満不立大日
事ハ五秘密軌ノ金剛サタヲ中
（十二ウ）
臺トスルカ如シ一万タラ諸【菩薩】皆
金剛サタノ位ニ至ヲ至極トス此即
花嚴ノ普賢ヲ見因廣大相ノ
知識ト立テ此所ニ至テ果位ヲ
究竟スルカ如シ此ハ因分可説ノ
果分也果位ハ等覺【菩薩】尚不
能知ノ位ナレハ皆金剛拳ニ至ヲ
至極トス此ハ因位【菩薩】所知分
齊ナリ
證無生智者　分證無生智也
〽阿字本不生者　天竺世間童

子等无《ト》云ムトテハ阿《ヲ》地躰〈ニ□ノテ〉

（十三オ）

惣ヲ具テ无《ト》云梵語《ハ》一字

不詮義多字合成詮法故《ニ》阿

余字《ヲ》具《テ》无ヲ詮《ス》无ヲ詮

《スルニハ》必有阿此阿ヲハ皆世間童

子等无《ト》知其《ノ》无《ハ》法《ヲ》拂

共然《ニ》眞實道理前ヘニハ

其法國《止》因縁《ノ》故《ニ》空也出《ハ》躰

※「國」字の左傍にミセケチの符号。

扇《ハ》工巧師成功故出生《ス》功力《ニ》

由カ故《ニ》躰空也此《ノ》空理《ハ》是不

生義也此《ノ》不生義《ハ》本有也故本

不生《ト》云フ

〽一是通達心等者心性心《止》ヲ見徹《ス》

※「心」字の左傍にミセケチの符号。

（十三ウ）

故通達《ト》云フ見徹《ハ》【菩提】心也

此心堅固ナレハ金剛《ト》云フ此心《ヲ》

具スレハ依身堅固也堅固依身《ハ》

佛身也

〽此觀若成等者　觀法《ノ》智《ニテ》成

就シヌレハ自在《ニテ》十方佛刹《モ》皆

現前《ス》以有空義故一切法得

成就《ス云》是也

〽又散善門中等者　沈空位是

定《ニ》沈《ム》无余ヨリ起ヲ散善

門《ト云》也

〽密嚴國土者　顯教密嚴國

（十四オ）

土《ト云ハ》八九十地【菩薩】所居土也

今大日土密嚴國土《ト》云与彼

同也異如何

嘉禄元年九月自四日至七日
四个日之間於納涼坊【菩提】心論被
談學頭梅尾上人御房學衆
十余人上人御房御語少々注
置之定謬多欤談義七个日也
殘日々各談之
求【菩提】沙門隆詮記之
※（十四ウ）・（十五オ）・（十五ウ）は白紙。

『神護寺如法執行問答』翻刻

（はじめに）本稿は、奈良国立博物館所蔵『神護寺如法執行問答』（高山寺旧蔵）を翻刻したものである。同博物館のホームページ上で画像が公開されているほか、『奈良国立博物館の名宝――一世紀の軌跡――』（一九九七年四月、奈良国立博物館）一六五頁、『奈良国立博物館蔵品図版目録　追録』（一九九九年一月、奈良国立博物館）四八頁などに画像が掲載されている。本書は、法蔵の『梵網経菩薩戒本疏』によって寺内の具体的な問題を決定しており、「律には梵網疏」（聴集記　一〇八）という明恵自身の言葉を裏づけるものとなっている。先に挙げたホームページ上の画像などで容易に確認できるので、字体や訓点等は通行のものを用いた。判読にあたっては、平野多恵氏他のご教示を得た。記して感謝申し上げたい。

1 神護寺如法執行問答
2 　性禪問　高辨答
3 一問テ曰金堂ノ礼堂ニ有往年ノ故-疊一改テ安スルカ
4 新疊一ヲ故ニ其ノ故-疊□□□ニ在リ之一レ取テ其ノ
5 薦等ヲ刺《サシテ》于疊一ニ欲フ安置諸房中ノ持
6 佛堂一ニ如何
7 答香象大師ノ梵網經ノ疏ニ引テ寶梁經一ヲ
8 云・佛法二物ハ不得《サレ》互用一コトヲ由五テ无ク能ク与ニ佛
9 法物一ノ作《ナリ》主一ト復无四ニ處《トコロ》三可《ヘキ》二諮白一ス不《ス》同セ僧
10 物ノ和合スレ者《ハ》得ニハ用一ヲ略抄
11 准スルニ此ノ文一ニ雖トモ在ト佛前一ニ已ニ是レ僧物也況ヤ復
12 可シ被《ル》安置セ持佛堂一ニ非ル犯一ニ歟

13 一問曰兩部ノ大万タラノ樻無用ニシテ而在リ之一レ
14 破テ之ヲ一作テ小樻ニ一欲フ安-置ト餘ノ佛像ヲ一如何
15 答同疏云二《二一》一ハ佛受用物・謂佛堂帳
16 座等及ヒ佛ノ衣鉢等・倶ニ曾テ經《ヘテ》佛及ヒ像ニ一
17 定メ用タラムヲハ皆ナ不レ得《エ》易コトヲ一以テノ一切ノ天人敬コト如ヲ塔ノ一
18 故ニ如シ前ノ寶梁經ニ説カ云々　解曰如ト寶
19 梁經ニ説カ一者《ハ》指ス前ノ互用ノ文ヲ一也然ラ者《ハ》同ク
20 可シ被ル安置セ佛像ヲ一是ノ故ニ非ル犯ニ一欤
21 問テ曰同疏ノ下ノ文ニ云ク六ハ局-佛-物如シ本ト造ヘカラムヲ
釋
22 迦ノ像ヲ一後ニ改メテ作ル弥陀ニ一等ノ善見論云欲ニ供
23 養セムト此ノ像ヲ乃チ供-養スレハ彼ノ像ヲ一得小罪ヲ一准スルニ此ニ一
望メハ
24 境ニ一理-實ニハ義通セリ倶ニ違スレハ施心ニ一得《ウ》互用罪ヲ一云々
25 准スルニ此ノ文ニ一已ニ局テ爲《ス》兩界万タラノ樻ト一改メテ之ヲ一
26 容《イレムハ》餘ノ佛像ヲ一非ス犯ニ一乎《ヤ》答曰兩部曼荼
27 羅ノ中ニ通攝スルカ一切ノ諸尊ヲ一故ニ安セムニ餘ノ佛像ヲ一
28 理亦可シ無ル犯一問曰准ニ上ノ所引ノ疏ノ文ニ望ムレハ
29 境ニ一義通ス違スレハ施-心ニ一得互用罪ヲ一云々然ラ者《ハ》
30 彼ノ樻屬ス兩部ノ諸尊ニ一兩部ハ是レ惣也一
31 二尊ハ是レ別也惣別相待シテ不ム成セ互用ヲ一
32 乎《ヤ》是ノ故ニ疏ノ下ノ文ニ云若シ施心通シテ擬セハ於供
33 養ニ一理亦无シ犯取意依ニ此ノ文ニ一同ク是レ佛像カ
34 故ニ雖下トモ望メハ境ニ一无ト中過上若シ施ヌル樻ヲ之人若局テ
35 大万タラニ一不通《ス》セ別尊ニ一者《ハ》豈ニ不ム成セ互
36 用ヲ一乎《ヤ》答曰樻ノ主ト者《ハ》即チ是レ寺僧等也
37 彼ノ心ノ中ニ已ニ无シ局-心一又設ヒ雖トモ非スト寺僧ニ一兩
38 部ノ万タラ有ラム御要一之程《ホト》雖トモ八可シト七有ル六云フ四
39 不ト三爲《セ》二別尊之《ノ》樻ト一局心ハ五爲ニ万タラノ一都テ
40 无ラム用一之時不《ス》八可カラ七有ル六云フ四不《シト》三容《イレ》二別尊ヲ一局心五
41 然ニ此ノ樻已ニ爲ニ万タラノ一永ク无シ用爲ニ餘ノ
42 別尊ノ一用ニ之ヲ一更ニ无キ犯一欤
43 一問曰平岡ノ堂ノ跡ニ近年作ル田ヲ一制スル之ヲ一處ニ作-
44 人・請テ曰ク然ラ者《ハ》置テ堂ノ古跡許ヲ一基跡ノ傍ニ
45 欲作《ス》ト田ヲ一如何
46 答曰此ノ中ニ有二一一堂ノ本跡二一其ノ近邊ノ

地也
一　先本跡事
同疏云佛堂ノ基土及ヒ泥水金石曾テ作テハ
佛像及ヒ受用ノ者ノ二并ニ合三シ供養二スル不レ得
轉用一ヲ也文　准ニ此ノ文ニ除テ供養ヲ佛ニ外ハ无シ轉用ノ義如
文可知
一　次四邊ノ地事
同疏云三ハ屬佛物除テ供養セムヲ佛ニ餘ハ不レ
得用ヲ々レ者《ハ》即犯ス盜ム佛物一ヲ罪一ヲ略抄
解曰六重ノ佛物ノ中ニ彼ノ地ハ可三シ攝二ス於局-佛-
物一ニ然ラ者《ハ》不ル可有人用ノ義一也
条々ノ御-問皆ナ爲《タリ》興法利生之《ノ》秘計一也拜-
見之《ノ》處ニ悲喜甚タ深シ自非《ス》禪師一ニ者《ハ》誰カ
有ラム此ノ誠心一乎《ヤ》恐ル三愚-説　黷《ケカサムコトヲ》二　貴問一ヲ仍テ任テ教
量一ニ陳ス之ヲ所ハ願フ佛日再ヒ曜キ高尾之《ノ》峯一ニ
法雨　倍《マス〱》　灑カム　清瀧之《ノ》流而已
貞應三年三月七日依深證御房仰
注進之　　沙門高辨

御報

あとがきと謝辞

明恵（高弁）を描いた「樹上坐禅図」はあまりにも有名だが、あの絵には明恵の右耳が描かれていない。

これまたよく知られているように、明恵は若い頃、自らの慢心を断ちきるため、仏眼尊の前で右耳を傷つけた。「無耳法師」との自称のとおり、じかに接した人々にとって、明恵は何よりも異形の人であった。肖像で、わざわざ傷痕を描く必要も無いが、そのことによって明恵の大事な一面が隠されていることも事実である。明恵を右側から描いた図像も幾つかあるが（たとえば『春日権現験記絵』）、こちらはなぜか右耳が普通にあるように描かれていて、またしても明恵の異形性は隠されてしまっている。

ゴッホを引き合いに出すまでもなく、自ら耳（耳たぶ）を切るというのは、狂気そのものではないにしても、何かしら常軌を逸した衝動を示すものではあろう。『行状』では、〝眼・耳・指・鼻のうち、修行する上で最も支障のない耳を切ることにした〟とされているが、本当にそんな冷静な判断が働いたのだろうか。しかし、明恵という人を知れば知るほど、それはそれで、ありそうな気もしてくる。「耳を切る」という異様な行為と、「耳たぶだったら、なくても大丈夫」という冷静な計算が同居しているのが明恵なのだ。その振幅の激しさを端的に表すものが右耳（の傷痕）である。

筆者は、明恵の右側にまわり込もう、まわり込もう、としてきたような気がする。これまであまり光の当たっていない側面や、見過ごされてきた問題を取り上げることで、右耳の秘密に迫ろうとしたのである。もっとも、今のところは「頭をば見候はず」（徒然草）というところかも知れない。

本書は、二〇〇二年三月に東京大学大学院人文社会系研究科に提出した博士論文「明恵の思想史的研究——諸実践の展開とその基礎理念を中心として」に、その後執筆した関連論文等を加え、加筆・修正・再構成したものである。

博士論文は、末木文美士先生を主査として、斎藤明・丘山新・島薗進・松尾剛次の諸先生より審査を受け、二〇〇二年七月に学位をいただくことができた。審査にあたっていただいた諸先生には、この場を借りて改めて御礼申し上げたい。

恩師である末木先生からは早く出版するよう何度となく言われていたが、口頭審査の際に指摘された点や、不備な点を何とかしようとしているうちに、日が経ってしまい、見るに見かねた末木先生から法藏館をご紹介いただき、何とか出版までこぎつけることができた。筆者自身の身の振り方も含め、あいかわらず課題は山積しているが、やはり本が出るというのは嬉しいことだ。

ここまでくるには、本当に多くの人にお世話になった。大学院での指導教官であった末木先生からは、学問上多くのことを学んだだけではなく、今回の出版をはじめ、いつも温かいご配慮をいただき、本当に感謝してもしきれない。

東京大学インド文学・インド哲学・仏教学研究室の諸先生・諸先輩からは、専門分野を超え、多くのご教示にあずかった。中国仏教の木村清孝先生からは、在任中、華厳教学をはじめ多くのことをお教えいただいた。丘山新先生のゼミでは、文献の扱いについて、いつも学ぶことが多かった。非常勤講師として出講されていた松本照敬先生の授業には、単位取得という不純な理由で、のこのこと顔を出していたが、畑違いの学生である私にも温かく接してくださり、たいへん恐縮した。

後輩の方々からも種々お教えいただいたことは多かった（し、今でも多い）。特に留学生の徐海基師や張文良氏からは華厳教学について学ぶことが多かった。浄土教を研究されていた涂玉盞さんとやっていた読書会で『摧邪輪』を取り上げたことが、明恵に本格的に取り組むきっかけになった。

平野多恵氏のご紹介で、長年にわたり高山寺での調査に従事し、『夢記』研究の第一人者である奥田勲先生から、直接ご指導をいただけるようになったことは本当に幸いであった。奥田先生を中心として開催されている『夢記』研究会では、荒木浩先生や平野氏をはじめとする第一線の研究者の方々から、多くのことを学ばせていただいている。また、著書・論文などを通じて野村卓美先生・柴崎照和先生・フレデリック＝ジラール先生から受けた学恩は計り知れない。言うまでもなく、『高山寺資料叢書』をはじめ高山寺典籍文書綜合調査団の諸先生の業績無しでは、明恵研究を始めることすらできなかった。米澤実江子氏はじめ、明恵に関心を持つ多くの方から、様々な機会に有益なご助言をいただいたことも記しておきたい。

菅野博史先生からは、研究室の先輩として、また、所属する東洋哲学研究所の主任研究員として、公私にわたり、様々なアドバイスをいただいており、そのたびにありがたい思いで一杯である。吉津宜英先生・小島岱山先生・石井公成先生・蓑輪顕量先生からも、折に触れ、有益なご教示をいただいた。また、松尾剛次先生には、博士論文の審査にあたっていただいただけでなく、山形での合宿勉強会や叡尊『御教誡聴聞集』訳注研究など様々な機会に、お世話になった。

大学院修了後、東京大学大学院人文社会系研究科ＣＯＥプログラム「死生学の構築」に所属させていただいたが、リーダーである島薗進先生ほか、様々な分野の方々と接する機会を与えられ、大きな刺激を受けた。また、短期間ではあるが、医学系研究科ＣＯＥプログラムUT-CBELにも所属させていただき、どれだけ貢献できたかは心許ないが、得るところは大きかった。

ロバート・ローズ先生には、「シンポジューム　南都仏教の中世的展開」に招いていただき、たいへんお世話になった。発表内容をもとに論文集も出す予定であったが、どうしてもうまくまとめることができず、ご迷惑をおかけした。この場をお借りしてお詫び申し上げます。あの時は本当にすみませんでした。

慶應義塾大学三田メディアセンター・奈良国立博物館には、貴重な資料の翻刻を許可していただいた。その他、資料の閲覧にあたっては陽明文庫・京都国立博物館・栂尾山高山寺・施無畏寺・神奈川県立金沢文庫・東京大学史料編纂所・古美術祥雲などのお世話になった。記して感謝申し上げたい。

研究員を務めている東洋哲学研究所では、所長である川田洋一先生、主任研究員の菅野先生をはじめ、多くの研究員・スタッフの皆様のおかげで、研究活動の上で便宜を図っていただいた。また、創価学会教学部の皆様からも種々ご支援いただいた。創価大学・清泉女子大学・昭和の森看護学校はじめ、非常勤講師として出講させていただいている各学校にも、あわせて感謝申し上げたい。

なお、大蔵経テキストデータベース（SAT）・電子仏典協会（CBETA）など各種データベースには、言葉に尽くせないほどお世話になりました。特に記して感謝申し上げます。

その他、学生時代お世話になった駒場の皆様など、縁した全ての方に御礼申し上げたい。

筆者が東京大学印度哲学科に進学した時に主任であった江島恵教先生も、同じく助手であった谷澤淳三先生も、既にお亡くなりになってしまった。一緒に勉強した沈仁慈さんも李妍淑さんも今は亡く、研究会などでご一緒した野村真紀氏も鈴木順氏も、いずれも将来を期待されながら、若くして亡くなられてしまった。こうした方々に本書をお見せできないのは、とても残念である。お名前を記し、せめてもの手向けとしたい。

本年（二〇一一年）は、高山寺典籍文書綜合調査団の代表として、明恵研究者を裨益し続けてくださった築島裕先生がお亡くなりになった。『高山寺資料叢書』も発行を終了し、明恵関連資料の調査・研究も新しい段階を迎えようとしている。先生の多大のご尽力に深く感謝をささげるとともに、今後の明恵研究のため微力を尽くしていきたい。

智山勧学会よりは平成二十二年度智山勧学会奨励研究助成（共同）「明恵上人夢記の集成・注釈と密教学的視点からの分析研究」（研究代表者　小宮俊海）として『夢記』研究に関し助成を賜った。記して感謝申し上げたい。

出版にあたっては、法藏館の関係各位、とりわけ、担当の戸城三千代・秋月俊也両氏のお世話になった。また、迂闊極まりない原稿を丁寧にチェックしてくださった校正担当の方々にも、心から御礼申し上げたい。

本書は、平成二十三年度科学研究費補助金（研究成果公開促進費　課題番号二三〇〇五七）の交付を受けて刊行される。審査にあたってくださった諸先生方、ならびに未曽有の国難のさなかに血税を使わせていただく国民の皆様にも深く感謝申し上げたい。

まるで円谷幸吉選手の遺書のような文章になってしまったが、これでおしまい。

最後に、遠くから見守ってくれている父・母・弟と、常に支え続けてくれている妻の孝子と、師匠である池田大作先生に、拙い本書をささげたい。

西暦二〇一一年十一月十八日　　　　前川　健一

索　　引

Ⅰ．人　　名

あ　　行

か　　行

さ　行

た　　行

な　　行

は　　行

ま　　行

や　　行

ら　　行

Ⅱ．書名・著作名

あ　　行

か　　行

さ　行

た　行

な　行

は　行

ま　行

や　行

ら　行

Ⅲ．研究者名

あ　　行

か　　行

さ　　行

た　　行

な　　行

は　　行

ま　行

や　行

ら　行

Ⅳ．その他事項

あ　行

か　行

さ　行

Ⅳ. その他事項

た　行

な　行

は　行

ま　行

や　行

ら　行

前川健一（まえがわ・けんいち）

1968年三重県名張市に生まれる。1991年東京大学文学部印度哲学専修課程卒業。

2002年東京大学大学院人文社会系研究科アジア文化研究専攻インド文学・インド哲学・仏教学専門分野修了。

日本学術振興会特別研究員、東京大学大学院人文社会系研究科COE（研究拠点形成）プロジェクト「死生学の構築」特任研究員、東京大学大学院医学研究科グローバルCOE「UT-CBEL」特任研究員などを経て、現在、公益財団法人東洋哲学研究所研究員。

博士（文学、東京大学）。専攻は日本仏教思想史・生命倫理学。

明恵の思想史的研究
——思想構造と諸実践の展開——

二〇一二年二月二〇日　初版第一刷発行

著　者　前川健一
発行者　西村明高
発行所　株式会社　法藏館
京都市下京区正面通烏丸東入
郵便番号　六〇〇-八一五三
電話　〇七五-三四三-〇〇三〇（編集）
〇七五-三四三-五六五六（営業）

装幀者　高麗隆彦
印刷・製本　亜細亜印刷株式会社

ISBN 978-4-8318-7362-0 C3015

王法と仏法　中世史の構図〈増補新版〉　黒田俊雄著　二、六〇〇円

中世天照大神信仰の研究　伊藤　聡著　一二、〇〇〇円

神仏と儀礼の中世　舩田淳一著　七、五〇〇円

神・仏・王権の中世　佐藤弘夫著　六、八〇〇円

日本中世の歴史意識　三国・末法・日本　市川浩史著　三、六〇〇円

新・八宗綱要　日本仏教諸宗の思想と歴史　大久保良峻編著　三、四〇〇円

儀礼の力　中世宗教の実践世界　ルチア・ドルチェ　松本郁代編　五、〇〇〇円

鎌倉仏教形成論　思想史の立場から　末木文美士著　五、八〇〇円

明恵　夢を生きる　河合隼雄著　二、〇〇〇円

法藏館　価格税別